公司法

Corporation Law

李东方 著

图书在版编目(CIP)数据

公司法/李东方著. —北京:北京大学出版社,2019.3
21世纪法学规划教材
ISBN 978-7-301-30375-7

Ⅰ.①公… Ⅱ.①李… Ⅲ.①公司法—中国—高等学校—教材 Ⅳ.①D922.291.91

中国版本图书馆 CIP 数据核字(2019)第 033320 号

书　　名	公司法
	GONGSIFA
著作责任者	李东方　著
责 任 编 辑	孙战营　李　铎
标 准 书 号	ISBN 978-7-301-30375-7
出 版 发 行	北京大学出版社
地　　址	北京市海淀区成府路 205 号　100871
网　　址	http://www.pup.cn
电子信箱	law@pup.pku.edu.cn
新 浪 微 博	@北京大学出版社　@北大出版社法律图书
电　　话	邮购部 010-62752015　发行部 010-62750672　编辑部 010-62752027
印 刷 者	北京溢漾印刷有限公司
经 销 者	新华书店
	787 毫米×1092 毫米　16 开本　15 印张　337 千字
	2019 年 3 月第 1 版　2020 年 10 月第 2 次印刷
定　　价	48.00 元

未经许可,不得以任何方式复制或抄袭本书之部分或全部内容。
版权所有,侵权必究
举报电话:010-62752024　电子信箱:fd@pup.pku.edu.cn
图书如有印装质量问题,请与出版部联系,电话:010-62756370

作者简介

李东方 男,重庆人。西南政法大学首届经济法学博士,北京大学经济法专业金融证券法方向博士后,美国哥伦比亚大学高级研究学者,中央党校哲学社会科学骨干研修班学员。现为中国政法大学教授,博士生导师,法商系副主任。原中国政法大学经济法研究所所长,院学术委员会委员,经济法研究生导师组组长。主要社会兼职:中国法学会经济法学研究会理事,中国证券法学研究会常务理事,中证中小投资者服务中心调解员,全国律协环境与资源法律委员会委员,中国侨联法律顾问委员会委员,司法部国家司法考试命题专家组成员,北京市经济法学会常务理事,北京市金融服务法学研究会常务理事,北京市律师协会资本与证券市场专业委员会委员,成都市委、市政府法律顾问,广州、重庆、成都、南京仲裁委员会仲裁员,中豪(北京)律师事务所主任,股份有限公司、上市公司独立董事,曾任北京房地集团有限责任公司外部董事,现任北京市政路桥集团有限责任公司、中国北京同仁堂(集团)有限责任公司外部董事。

长期以来从事经济法、民商法和文化遗产保护法的实践和理论研究。代表性的学术著作有:《上市公司监管法论》(独著)、《证券监管法律制度研究》(独著)、《公民的物权》(合著)、《社会保障法律制度研究》(合著,中华社科基金项目成果,获部级三等奖)、《公司法教程》(独著)、《公司法学》(独著,"十二五"国家重点图书出版规划项目)、《房地产法学》(独著,"十二五"国家重点图书出版规划项目)、《人文资源法律保护论》(领著,国家重点课题《西部人文资源的开发、利用与保护》的成果之一)、《经济法学》(主编,"十二五"国家重点图书出版规划项目)、《市场管理法教程》(主编)、《经济法案例教程》(主编)、《证券法学》(主编)、《证券法》(主编)、《从遗产到资源——西部人文资源研究报告》(副主编,西部人文资源研究丛书)等。

丛书出版前言

秉承"学术的尊严,精神的魅力"的理念,北京大学出版社多年来在文史、社科、法律、经管等领域出版了不同层次、不同品种的大学教材,获得了广大读者好评。

但一些院校和读者面对多种教材时出现选择上的困惑,因此北京大学出版社对全社教材进行了整合优化。集全社之力,推出一套统一的精品教材。

"21世纪法学规划教材"即是本套精品教材的法律部分。本系列教材在全社法律教材中选取了精品之作,均由我国法学领域颇具影响力和潜力的专家学者编写而成,力求结合教学实践,推动我国法律教育的发展。

"21世纪法学规划教材"面向各高等院校法学专业学生,内容不仅包括了16门核心课教材,还包括多门传统专业课教材,以及新兴课程教材;在注重系统性和全面性的同时,强调与司法实践、研究生教育接轨,培养学生的法律思维和法学素质,帮助学生打下扎实的专业基础和掌握最新的学科前沿知识。

本系列教材在保持相对一致的风格和体例的基础上,以精品课程建设的标准严格要求各教材的编写;汲取同类教材特别是国外优秀教材的经验和精华,同时具有中国当下的问题意识;增加支持先进教学手段和多元化教学方法的内容,努力配备丰富、多元的教辅材料,如电子课件、配套案例等。

为了使本系列教材具有持续的生命力,我们将积极与作者沟通,结合立法和司法实践,对教材不断进行修订。

无论您是教师还是学生,在适用本系列教材的过程中,如果发现任何问题或有任何意见、建议,欢迎及时与我们联系(发送邮件至 bjdxcbs1979@163.com)。我们会将您的意见或建议及时反馈给作者,供作者在修订再版时进行参考,从而进一步完善教材内容。

最后,感谢所有参与编写和为我们出谋划策提供帮助的专家学者,以及广大使用本系列教材的师生,希望本系列教材能够为我国高等院校法学专业教育和我国的法治建设贡献绵薄之力。

北京大学出版社
2012年3月

前　言

这是一本为本科生学习公司法而写的书,也是为高校教师本科教学提供方便而写的书。基于这一定位,笔者尽量做到用较短的篇幅清晰阐述公司法原理和《中华人民共和国公司法》(2018年修正)(以下简称《公司法》),注重培养本科生理论联系实际的能力,且将平时的教学与将来法律职业资格考试(以下简称"法考")结合起来,帮助学生为将来顺利地通过"法考"奠定基础。在上述指导思想下,本书特点如下:

第一,本书的体例和逻辑结构与现行《公司法》的体例和逻辑结构基本保持一致。本书的体例是按照我国《公司法》规定的有限责任公司和股份有限公司两类法定的公司形式来安排章节,外国公司分支机构无法直接纳入这两类公司里面去,因此,单列一章。

与此体例相结合的逻辑结构及主要内容如下:第一章公司法导论,包括公司概述、公司法概述、公司设立制度、公司人格制度;第二章有限责任公司法律制度,包括有限责任公司概述、有限责任公司的设立、有限责任公司的组织机构、有限责任公司的股权转让、一人有限责任公司和国有独资公司;第三章股份有限公司法律制度,包括股份有限公司概述、股份有限公司的设立、股份发行和转让、股份有限公司的组织机构、上市公司组织机构的特别规定;第四章两类公司通用的法律制度,包括公司董事、监事、高级管理人员的资格和义务,公司资本制度,公司债券,公司的财务会计制度,公司的合并、分立与组织变更,公司的解散和清算;第五章外国公司分支机构,包括外国公司分支机构概述、外国公司分支机构的权利和义务、外国公司分支机构的撤销与清算;第六章公司法律责任,包括公司法律责任的概念和特征、公司法律责任的形式、公司法律责任的具体内容。

第二,为了训练本科生理论联系实际的能力以及为将来顺利通过法律职业资格考试做好准备,本书在每一章节后面根据教材相对应的内容,解读了2009—2017年公司法的司法考试真题。[①] 这些司法考试真题均是通过案例的形式体现的,有较强的实践性和应用性。

---

① 在解读这些真题的过程中也适当参考了司法部国家司法考试中心组编写的《国家司法考试试题解析汇编2009—2014商法卷》(法律出版社2014年版)和《试题解析汇编2012—2017商法卷》(法律出版社2018年版),在此对商法卷的相关作者深表感谢!另外,本书收集的司法考试真题始于2009年,这期间经历了2013年的《公司法》重大修改,故对于本书中的测试题解析均以现行《公司法》为准。

第三,本书紧扣《公司法》(2018年修正)和最高人民法院《关于适用〈中华人民共和国公司法〉若干问题的规定》(一～四)展开论述,便于读者熟练掌握现行法律规范,从而帮助读者在介入实务的过程中尽快上手,达到学以致用的效果。

由于个人水平有限,本书的缺点和错误想必难免,敬请各位读者批评指正!

李东方(字修远,号德元)

2018年9月16日落笔

2018年10月30日于《公司法》

最新修订后再次修改落笔

于北京·蓟门·修远居

目 录

第一章 公司法导论 ··· 1
　第一节 公司概述 ··· 1
　第二节 公司法概述 ·· 10
　第三节 公司设立制度 ··· 18
　第四节 公司人格制度 ··· 37

第二章 有限责任公司法律制度 ··· 49
　第一节 有限责任公司概述 ··· 49
　第二节 有限责任公司的设立 ·· 53
　第三节 有限责任公司的组织机构 ·· 56
　第四节 有限责任公司的股权转让 ·· 68
　第五节 一人有限责任公司和国有独资公司 ································ 75

第三章 股份有限公司法律制度 ··· 83
　第一节 股份有限公司概述 ··· 83
　第二节 股份有限公司的设立 ·· 87
　第三节 股份发行和转让 ·· 95
　第四节 股份有限公司的组织机构 ·· 104
　第五节 上市公司组织机构的特别规定 ···································· 111

第四章 两类公司通用的法律制度 ·· 120
　第一节 公司董事、监事、高级管理人员的资格和义务 ··············· 120
　第二节 公司资本制度 ··· 127
　第三节 公司债券 ·· 156
　第四节 公司的财务会计制度 ·· 177
　第五节 公司的合并、分立与组织变更 ···································· 184
　第六节 公司的解散和清算 ··· 193

第五章 外国公司分支机构 ······ 206
第一节 外国公司分支机构概述 ······ 206
第二节 外国公司分支机构的权利和义务 ······ 211
第三节 外国公司分支机构的撤销与清算 ······ 213

第六章 公司法律责任 ······ 216
第一节 公司法律责任的概念和特征 ······ 216
第二节 公司法律责任的形式 ······ 217
第三节 公司法律责任的具体内容 ······ 220

第一章

公司法导论

公司是现代企业的重要组织形式,在现代社会经济生活中具有重要地位,作为规范公司组织和运作的法律制度的公司法在整个商事法律体系中居于核心位置。通过本章的学习,在了解公司的基本概念、法律特征、典型分类以及公司法的历史沿革、基本原则的基础上,应重点掌握公司这一组织形式所体现的制度优势和公司法的基本精神和理念。掌握并理解公司设立的实质条件、公司设立与公司成立的关系、公司设立失败的法律效果以及公司章程作为自治规则的规范对象和具体效力。掌握并理解公司独立人格与股东有限责任是现代公司制度的基石,公司的行为能力,必须通过代表人或者代理人的行为来实现。由于公司人格制度在具体应用过程中可能出现股东滥用公司独立人格与有限责任而侵害债权人利益的情形,因此,公司法通过设立公司人格制度来平衡股东和债权人的利益。

第一节 公 司 概 述

一、公司的概念及其沿革

(一) 公司的概念

"在过去的几个世纪里,公司改写了人与人相处的秩序、国与国竞争的规则。今天我们生活的这个世界,从有形到无形的种种成就,纷纷写下公司之名。公司是一种组织、一种制度、一种文化。公司是一种生存方式,也是一种生活方式,在不同的国家,它呈现出不同的面貌,引领了各具特色的发展道路。"①

公司是现代企业的重要组织形式,是企业之一种,在现代社会经济生活中具有举足轻重

---

① 摘自《公司的力量》。《公司的力量》是中央电视台央视财经频道(CCTV-2)于 2010 年 8 月 23 日开始播出的大型电视纪录片。该片"以世界现代化进程为背景,梳理公司起源、发展、演变、创新的历史,讨论公司组织与经济制度、思想文化、科技创造、社会生活等诸多层面之间的相互推动和影响,旨在以公司为载体观察市场经济的演进,探寻成长中的中国公司的发展道路"。建议读者在阅读本教材的过程中,观看这部十集电视片,以增强对公司和公司法的感性认识。

的地位,但对于公司概念的表述,各国却由于立法传统和法律体系的不同而存在差异。仅就"公司"这一术语而言,其英文表达方式有 corporation、company 两种,前者为美国所采用,后者则为英国所采用;德文表述为 Handelsgesllschaft;法文表述为 societe commerciale;日文则表述为会社。如同术语表达上的差异,要在法律上就公司进行统一而精确的界定亦绝非易事。英美法系国家有关公司概念的界定较为宽泛,如《布莱克法律词典》将"corporation"界定为在法律上承认的拥有不同于其成员的权利、特权和义务的一个独立法律实体,是一个仅在法律上存在的虚构物;"company"则泛指一切由个人组成的以从事工商事业或者其他事业为目的的社团或者联合体,而无论其享有法人资格与否,也无论其具有营利目的与否。相对而言,大陆法系国家传统公司法理论中对公司概念的界定要概括、简单得多,如《日本商法典》规定公司是一种依法设立的营利性社团法人。因此,正如英国著名公司法学家高维尔所言:"尽管公司法在法律领域已是公认的法律部门,有关这方面的著述也是汗牛充栋,但却依然无法准确把握其范畴,因为公司一词并没有严格的法律含义。"

就我国而言,《中华人民共和国公司法》(以下简称《公司法》)第 2 条规定:"本法所称公司是指依照本法在中国境内设立的有限责任公司和股份有限公司。"第 3 条规定:"公司是企业法人,有独立的法人财产,享有法人财产权。公司以其全部财产对公司的债务承担责任。有限责任公司的股东以其认缴的出资额为限对公司承担责任;股份有限公司的股东以其认购的股份为限对公司承担责任。"

根据我国《公司法》的上述规定,公司是指依照公司法规定的设立方式,由符合法定人数的股东,以其认缴的出资额或认购的股份为限对公司承担责任,公司以其全部财产对公司债务承担责任的企业法人。

(二) 公司的沿革

公司制度是资本主义生产关系的产物,但公司的萌芽早在中世纪就已经有了。在中世纪时,有两个因素对于以后出现的公司具有重大意义:一是合伙制度的巨大发展,出现了由两个以上的出资人共同经营的经济实体;二是法人制度的巨大发展,出现了一些具有法人地位的经济实体,这二者的结合就形成了早期的公司形式。①

最早出现的公司形式是无限责任公司,无限责任公司与合伙型的经济实体并无本质区别。在罗马法中合伙就已被区分为简易合伙和普通合伙。前者又称单种交易合伙,即一次性实施某一种法律行为的合伙,如合资购买一艘船或共同做一笔生意。这种合伙的特点是不形成一种经营性组织。而普通合伙则是以营利为目的而相互约定按一定比例出资共同经营某种事业,一般是以企业这种固定组织形式出现。无限责任公司与合伙实体的不同主要在于前者的出资人是股东,而后者的出资人是合伙人,股东的权利义务和无限责任公司的组织形式要比合伙人的权利义务和合伙实体的组织形式更明确、更稳定、更受法制性规范的约束。但是,尽管如此,无限责任公司在公司制度的演进中并没有起什么划时代的作用,而后

---

① 江平主编:《公司法教程》,法律出版社 1987 年版,第 36 页。

来股份有限公司的出现,则在公司制度的发展史中,起到了意义极为深远的作用。①

早期的资本主义国家进行资本积累的一个重要手段是进行海外殖民掠夺,最初的股份有限公司就是从这些海外掠夺性贸易中产生的。15世纪末至16世纪初,随着迪亚士(葡萄牙人)、达·伽马(葡萄牙人)、哥伦布(意大利人)、麦哲伦(葡萄牙人)等探险家航海探险的先后成功,东西方的航海线得以开辟,从而使世界贸易大为改观,国际贸易由原来的地中海扩展到大西洋,由西半球延伸到东亚、南亚,世界贸易的规模日益扩大。由于海外贸易竞争激烈,同时殖民地人民对于来自西方的海外掠夺进行强烈的反抗,因此,就要求有新的组织形式来代替少数个人进行这些海外贸易。17世纪初,出现了一批海外贸易公司,这些海外贸易公司多数已具有股份有限公司的特点,他们在全国范围内筹资,每次航海结束后进行结算,参与者按股本的多少来获取利润。其中,1600年成立的英国东印度公司和1602年成立的荷兰东印度公司是最早的股份有限公司。这两家公司当时大都从事经营风险大、需要巨额资本的海外贸易。从1612年开始,荷兰东印度公司允许其股票在阿姆斯特丹贸易所公开出售,后来,英国效仿之。此外,英国东印度公司是第一家发行固定面额股票的公司,也是第一个将资本和利润公开,把利润用来分红,资本却由公司保留的公司。1630年,英国东印度公司还发行了一种特殊的股票,其持有者对公司承担债务的责任只限于股票面额,从而开现代股份有限公司之先河。

二、公司的法律特征

结合前面对公司的界定,我们将公司的法律特征概括如下:

(一)依法定条件和程序成立

《中华人民共和国民法总则》(以下简称《民法总则》)对各种法人均提出了依法成立这一共同要求;同时,《公司法》对公司这一特殊法人的成立条件和程序均设置了不同于一般法人的特殊性规定,如公司的组织形式、注册资本规模、股东认股与缴纳出资、公司的组织机构、公司的设立登记等,公司必须严格遵循这些法定条件和程序始得有效成立。这一特征反映了商事主体及其活动由传统自由主义向现代国家干预主义的转化,同时也是商主体法定主义原则在公司领域的体现。

(二)以营利为目的

《民法总则》以是否以营利为目的作为标准,将法人区分为营利法人和非营利法人。《民法总则》第76条规定:以取得利润并分配给股东等出资人为目的成立的法人,为营利法人。营利法人包括有限责任公司、股份有限公司和其他企业法人等。作为企业法人组织形式之一的公司,具营利属性、以营利为目的,自属当然,亦是其区别于其他非营利性社团和组织的重要法律特征。所谓以营利为目的,是指公司应当从事经营活动,并以将该等经营活动所生之利益分配给其成员为最终目的。

公司的营利属性,是其存在和发展的原初动因,同时也是其追求利润最大化、最大限度

---

① 江平主编:《公司法教程》,法律出版社1987年版,第39页。

地满足股东投资回报要求这一目标的体现。公司由股东出资设立,是股东实现其投资利益的法律工具。但值得注意的是,随着公司社会责任理论和实践的发展,传统公司法中营利性要求之下的"股东利益至上"原则受到一定程度的限制和弱化。如我国《公司法》第5条即明确规定了公司的社会责任,要求兼顾相关利益者的需求。

（三）具有独立法人人格

我国《公司法》第3条将公司明确定位为"企业法人";同时,《民法总则》的相关规定将企业法人界定为具有民事权利能力和民事行为能力,依法独立承担民事责任的营利性经济组织,即承认企业法人亦具有独立的法律人格。由此可见,在法律上,公司与自然人一样,享有独立的人格,而且正是这一独立法人人格使其能够区别于作为其成员的自然人而独立存在。公司法人独立人格的特征在于其独立的财产、独立的组织机构以及能够独立对外承担民事责任。有关公司法人人格的具体内容,见本章第三节的论述。

（四）以股东出资为基础的社团法人

大陆法系将法人分为社团法人和财团法人两类。前者是指以社员的结合即人的集合为成立基础的法人,如公司、合作社、各种协会、学会、俱乐部等;后者则是以财产的集合为成立基础的法人,如慈善机构、基金会等。公司是一种社团法人,故其须有若干成员发起、设立,并在存续过程中亦应当由符合相应人数规定的成员组成。另外,对于性质不同的公司,其社团法人的属性在法律上的要求不尽相同,一般而言,封闭性的有限责任公司的股东人数相对较少,开放性的股份有限公司的股东人数相对较多。如我国《公司法》规定,有限责任公司由50个以下股东出资设立;而设立股份有限公司,则应当有2人以上200人以下为发起人。值得注意的是,我国2005年《公司法》承认了一人有限责任公司并且设专节对其相关制度予以规制。这表明,一人有限责任公司作为一种例外,已经成为现代公司法对公司社团法人属性的突破。

三、公司的分类

对于公司的分类,我们可以从法律规定和学理两个角度来进行分析。

（一）公司的法定分类

1. 英美法系国家对公司的法定分类

（1）美国公司法上有关公司的分类。在美国公司法中最基本的分类是封闭公司与公众公司,此外,还存在着所谓的"有限责任公司"。

一般认为,封闭公司的资产相对较少、规模相对较小;公众公司的资产相对较多、规模相对较大,但并不完全绝对。实际上,除经济规模外,封闭公司与公众公司之间更为重要的区别在于股东的人数及其股份的流动性是否存在限制的问题。美国法学会（American Law Institute,即ALI）制定的《公司治理指南》将封闭公司界定为股权证券由少数人拥有并且不存在为这些证券提供活跃的交易市场的公司。除此之外,美国的一些州对封闭公司予以专门立法,对其予以明确界定。封闭公司具有下列特点:① 股东人数较少,一般为30人以下,且股东多亲自参与公司管理;② 不面向公众发行股票,其股份未注册为公开发行股份;③ 其股票交易不存在公开的外部市场,股份转让受到限制。与之相对应的,即为公众公司,其特点为:① 股东人数众多,且多数股东不参与公司管理,对公司管理持不同意见的股东可"用脚投票",即以出售其股份的方式离开公司;② 其股份公开发行,且须进行登记注册;③ 其股票交易在公开市场上进行,如证券交易所或"柜台市场"。

1977年怀俄明州率先颁布了《有限责任公司法》,之后美国国内税务机关于1988年裁决有限责任公司可以免缴企业所得税,大大刺激了有限责任公司的发展,美国统一州法全国委员会于1994年制定了《统一有限责任公司法》作为示范,截至1996年,美国50个州及哥伦比亚特区均制定了自己的有限责任公司法。值得注意的是,美国立法中的有限责任公司与传统的有限责任公司不尽相同,它实际上是立足于中小投资者的需要、为中小企业量身设计的一种公司类型。一方面,出资人享有传统有限责任公司中出资人以出资为限对公司债务承担有限责任的特权;另一方面,出资人又可以灵活选择管理模式,可以采两权分离的管理模式,也可像合伙企业中出资人那样直接经营管理公司,仅缴纳个人所得税,从而避免双重纳税。美国的有限责任公司是合伙和传统有限责任公司的结合体,具有有限责任、一次纳税、管理模式灵活等多方面优势。相关立法的繁荣及其自身的优势,使得有限责任公司这一组织形式具有蓬勃的生命力,是众多中小企业乃至大型企业设立之初对公司组织形式的最优选择。

(2) 英国公司法上有关公司的分类。英国以是否注册为标准,将公司分为注册公司与非注册公司。注册公司,是指依照1948年的《公司法》登记注册成立的公司,是英国最为普遍和重要的公司形式。非注册公司,是指注册公司之外的依照特许令或者特别法而成立的公司,根据具体设立依据的不同,又可以分为"特许公司"和"法定公司"。所谓"特许令或者特别法",主要包括皇家特许令状、国会特别法案以及某些专门法令等。

以股东人数及其股份能否自由转让为标准,将公司分为私人公司与公众公司。这是英国普通法中关于公司的最基本分类。私人公司,是指由具有人数限制的股东共同出资设立且其股份转让受到限制、不对外公开招股并实行封闭式经营的公司。英国1908年的《公司法》对私人公司予以专门界定:成员不超过50人;对股份转让加以限制;禁止向公众发行股份。公众公司,则是指股东人数无法定限制,依照法定程序可对外公开招股,且其股票可在公开市场上自由转让的公司。英国1980年的《公司法》对公众公司予以专门界定:① 须在公司组织大纲中明确规定其为公众公司;② 须遵守公司法上有关登记注册要求;③ 须在公司名称中标明"公众公司"字样;④ 公司正式营业前须满足法定最低资本限额要求。

2. 大陆法系国家对公司的法定分类

(1) 无限公司(unlimited company, unlimited liability company)。无限公司,其全称为无限责任公司,是指由两个或两个以上的股东组成、股东对公司债务承担无限连带责任的公司。这是最早的一种公司形式,其原始形态是中世纪时期的家庭经营团体,现仅存在于大陆法系国家和地区,是大陆法系国家法律中特有的公司类型。例如,德国《商法典》第105条规定:"各股东以共同商号经营商业,对公司债权人负无限责任的公司,为无限公司。"法国《公司法》第10条规定:"无限责任股东均有商人资格,应就公司债务负无限连带责任。"

无限公司具有以下主要特征：① 须由两个或两个以上的自然人股东组成。公司存续过程中发生股东仅剩一人之情势时，应当予以解散或者变更为独资企业。另外，无限公司的股东必须为自然人，法人不得成为无限公司的股东。② 股东对公司债务承担无限连带责任。所谓无限责任，是指股东对公司债务的清偿不受其出资额的限制，除其出资外，股东还应以其他个人财产担保公司债务的清偿。所谓连带责任，是指各个股东均对公司债务负有全部清偿责任，部分股东全部清偿了公司债务或其清偿债务超出其应负份额时，则有权向其他股东追偿。③ 具有典型的人合性质。无限公司的设立基础是股东的个人信用，因此，法律对无限公司股东的出资采相对宽容的态度，如无最低注册资本额限制，股东出资形式相对灵活、可以劳务或信用出资，资本的增加和减少不受限制、无须公开账目等，但股东转让出资却受到严格限制。上述特征均表明无限公司具有典型的人合性。④ 具有法人资格。尽管无限公司股东之间的关系具有类似合伙人关系的特征，但除个别国家，如德国、瑞士外，大陆法系国家的法律中均赋予无限公司独立的法人地位。这是无限公司区别于普通合伙的关键所在。另外，无限公司在组织机构和规范性上，亦较普通合伙更为严密、审慎。

尽管无限公司具有设立程序简便、组织结构稳定、股东出资灵活、信用可靠等优点，但同时亦存在股东风险过大、难以吸引投资的弊端，使得其规模发展受到限制。实践中，采无限公司形式的多为中小企业，且日渐式微。

(2) 有限公司(limited company)。有限公司，又称有限责任公司，是指由法定人数的股东组成，每个股东以其认缴的出资为限对公司债务承担责任，公司以其全部财产对其债务承担责任的公司。依此界定可知，所谓"有限"，是股东责任的有限性，而非公司自身责任的有限性，正是基于这一特点，有限责任公司可以极大地降低股东的投资风险。

(3) 股份公司(joint stock limited company)。股份公司，又称股份有限公司，是指由法定最低人数以上的股东组成，公司全部资本分为等额股份，每个股东以其认购的股份为限对公司债务承担责任，公司以其全部财产对其债务承担责任的公司。

股份公司和有限责任公司是现代企业制度中最为重要的两种公司组织形式，二者具有一个共同的重要特征，即股东负有限责任。但同时，二者亦具有显著的区别：① 股份公司全部资本分为等额股份，股东依其认购、持有的股份数享有股东权益；有限责任公司的资本则不划分为等额股份，股东依其所持有的出资证明书标明的出资比例享有股东权益。② 股份公司可以向社会公众公开发行股份并自由转让其股票；有限责任公司则不得公开募集资本，仅得由股东认缴出资。有限责任公司股东的出资转让受公司法和公司章程的限制，不像股份公司那样存在公开的股票交易市场，可以自由转让。③ 股份公司股东人数众多，且具有公众性、开放性的特征，筹资渠道通畅，能够适应大规模社会集资的需要。因此，股份公司一般具有较大的经济规模，多为大型企业选择的组织形式。有限责任公司股东人数则具有法定的上限限制，股东间具有良好的人身信任关系，具有明显的封闭性特征，这在一定程度上限制了有限公司的筹资能力，影响其经济规模，因此，多为中小企业选择的组织形式。④ 股份公司股东众多、规模较大的特征，决定其必须采取两权分离的集中管理模式，专业化管理层的设置使得股份公司在财产结构和治理结构上均具有自身的特殊之处；有限责任公司股东多亲自参加公司经营管理,不具有明显的两权分离现象,集中管理的相对弱化在一定程度上降低了经理层职业化所引发的代理成本和道德风险问题。

(4) 两合公司(joint liability company)。两合公司,是指由一个以上的无限责任股东和一个以上的有限责任股东组成,其中无限责任股东对公司债务承担无限连带责任,有限责任股东则以其出资额为限对公司债务承担责任的公司。从本质特征上看,两合公司类似于普通法系以及我国的有限合伙。

具体而言,两合公司又可以分为一般两合公司和股份两合公司两种,前者如上所述,是无限公司和有限公司的结合;后者则是股份公司出现后,与无限公司相结合而产生的两合公司类型。股份两合公司与一般两合公司的区别在于其有限责任股东的出资划分为等额股份,有限责任股东以其认购的股份为限承担责任,并可以对外公开发行的方式募集股票,这使得其更容易吸收社会公众投资。

两合公司的最初设计理念是既吸纳无限公司中股东负无限责任的强大信用担保,同时又结合有限公司或股份公司中股东负有限责任的优点,吸引投资,扩大公司运营资金来源。但实践中的发展与其理论初衷渐生背离,一方面,无限责任股东的投资风险过大;另一方面,有限责任股东地位较低、无权参与公司经营管理,而丧失其投资吸引力。两合公司已日渐少用,目前仅德国、法国等少数国家还有保留。

3. 我国《公司法》上的公司法定分类

(1) 有限责任公司与股份有限公司。我国《公司法》第2条规定:"本法所称公司是指依照本法在中国境内设立的有限责任公司和股份有限公司。"根据这一规定可知,我国《公司法》对公司的法定分类为有限责任公司和股份有限公司,未承认无限公司和两合公司。

(2) 一人有限责任公司。我国《公司法》第57条第2款对一人有限责任公司进行了界定,对公司的社团性予以突破。根据该款界定,一人有限责任公司是指只有一个自然人股东或者一个法人股东的有限责任公司。

一人有限责任公司,虽本质上仍属有限责任公司范畴,与普通有限责任公司具有共通之处,但因其股东仅为一人,故其在股东出资、设立、组织机构以及责任承担等方面存有诸多特殊规定。

(3) 国有独资公司。除上述一人有限责任公司外,我国《公司法》中还存在另一种特殊形态的有限责任公司——国有独资公司。根据我国《公司法》的规定,国有独资公司是指国家单独出资、由国务院或者地方人民政府委托本级人民政府国有资产监督管理机构履行出资人职责的有限责任公司。

根据上述界定,国有独资公司在性质上仍属有限责任公司,但因其投资主体具有特殊性、单一性,涉及国有股权和法人所有权之间的复杂关系,且其所处行业的垄断性和保值增值的经营目的,使其具有不同于普通有限责任公司的特殊之处。

(4) 外国公司的分支机构。严格来讲,外国公司的分支机构并不是我国《公司法》上有关公司的分类,但基于我国《公司法》于第十一章设专章对其加以规范及其在社会经济生活中日益重要的地位,本书于此处将其作为《公司法》中有关公司法定分类的一种。

有关一人有限责任公司、国有独资公司以及外国公司的分支机构的具体内容和特殊规定，详见后文专门章节中的论述。

(二) 公司的学理分类

1. 人合公司、资合公司与人合兼资合公司

以公司的信用基础为标准，可以将公司分为人合公司、资合公司与人合兼资合公司。

人合公司，是指以其成员即股东个人的信用为信用基础的公司。公司外界的信赖，非产生于公司资产，而是产生于股东个人，股东个人对公司债务承担无限连带责任，即所谓"信用在人"。因此，此类公司就股东对公司出资的数额、方式等均无限制，但对于股东之间的连带关系、人身信任关系以及股东的退出机制和出资转让等设有严格的限制性要求。人合公司的典型形式是无限公司。有限责任公司也具有较强的人合性。

资合公司，是指以公司自身的资产为信用基础的公司。公司外界的信赖，非产生于股东个人，而是产生于公司资产，股东个人对公司债务仅以出资为限承担有限责任，即所谓"信用在资"。因此，此类公司对股东之间的连带关系、人身信任关系以及股东之间的出资转让和身份转换并无严格限制，但对于构成公司资本的股东出资、公司资本与资产制度、特定情形下对债权人的特殊保护等予以明确规定。资合公司的典型形式是股份有限公司。

人合兼资合公司，是指兼以股东个人信用和公司自身资产为信用基础的公司。公司外界的信赖，既产生于股东个人，也产生于公司资产，其中无限责任股东以其个人信用对公司债务承担无限连带责任，有限责任股东以其出资为限对公司债务承担有限责任。人合兼资合公司的典型形式是一般两合公司和股份两合公司。

2. 普通公司与特殊公司

以公司设立的法律依据和营业内容为标准，可以将公司分为普通公司与特殊公司。

普通公司，是指依照普通公司法设立的、从事普通商业经营活动的公司。这一界定表明，普通公司具有以下两个特征：① 依照普通公司法设立，所谓普通公司法是指规定公司这一组织形式基本问题的法律，如我国的《公司法》；② 从事普通的商业经营活动，如商品的制造、加工，商品的批发、零售，或者普通的服务业等。

特殊公司，是指依照商事特别法设立的、从事特别业务的公司。这一界定表明，特殊公司具有以下两个特征：① 依照商事特别法设立。所谓商事特别法，如我国的《商业银行法》《证券法》《保险法》《证券投资基金法》等。值得注意的是，特殊公司虽为依照商事特别法设立，但存有商事特别法无明确规定的事项时，仍须适用普通公司法的有关规定。② 从事特别业务。所谓特别业务，如商业银行业、证券业、保险业等金融行业，其特殊内容由商事特别法的规定而产生。

3. 公营公司与民营公司

以公司资本构成的所有制为标准，可以将公司分为公营公司与民营公司。

公营公司，又称为国有公司，是指在公司资本构成中，国有资本居独占地位或者国有与私人合资经营但国有资本居控股地位的公司。我国市场经济体制是由计划经济演化而来，转型时期的大部分公司是由国有企业改制而成，多数为国有资本居控股地位的公营公司，其

中国有独资公司为典型的公营公司。

民营公司，又称为私营公司，是指在公司资本构成中，私人资本居独占地位或者国家与私人合资经营但私人资本居控股地位的公司。以私有制为主体的市场经济国家的公司，大多数属于民营公司。

4. 母公司与子公司

以公司之间的控制与隶属关系为标准，可以将公司分为母公司与子公司。

母公司，是指拥有另一个公司一定比例以上的股份，或者通过协议等方式能够实际控制另一个公司的公司。与此相对，子公司是指其一定比例以上的股份被另一个公司拥有，或者通过协议等方式被另一个公司实际控制的公司。

所谓"一定比例"，通常指一个公司拥有另一个公司50%以上有表决权股份，但实践中，对于股东人数众多、持股分散的公司，无须达50%以上亦可取得实际控制权；所谓"实际控制"，通常指一个公司能够对另一个公司重大事项产生决定性影响并能够据此获得利益。值得注意的是，母公司和子公司均为独立法人，子公司"被实际控制"的事实状态不影响其在人格、业务、财产以及责任承担等方面的法律上的独立性。

5. 本公司与分公司

以公司内部的组织、管辖关系为标准，可以将公司分为本公司与分公司。

本公司，又称总公司，是指依法设立的，负责统一管辖该公司内部的业务经营、资金、人事等全部事项和组织机构的总机构。我国《企业名称登记管理规定》中要求，必须设有3个以上分支机构的公司，始得在其名称中使用"总"这一字样。本公司具有独立法人资格。

分公司，是指依法设立的，其业务经营、资金、人事等事项均受本公司管辖的分支机构。值得注意的是，分公司虽有"公司"之名，但不具有公司的独立法人资格，也不具有法律和经济上的独立性，其须按照本公司的授权从事业务活动，由此产生的一切法律后果亦由本公司承担。这也是本公司、分公司与母公司、子公司之间法律关系的根本区别，在实践中，公司多从自身情况出发来选择具体的设立形式。

6. 本国公司、外国公司与跨国公司

以公司的国籍为标准，可以将公司分为本国公司、外国公司与跨国公司。

有关公司国籍的认定依据，世界各国有不同的立法和学说，大致有设立准据法主义、股东国籍主义、设立行为地主义以及公司住所地主义几种模式。我国通说对公司国籍兼采设立准据法主义和设立行为地主义，即凡是依据中华人民共和国法律在中国被批准设立的公司均为中国的本国公司；凡是依据外国的法律而在外国被批准设立的公司即为外国公司。所以，本国公司，是指依照本国法律在本国境内登记设立的公司。由此可知，我国的中外合作经营企业、中外合资经营企业和外资企业均属本国公司。而外国公司，则是指依照外国法律在本国境外登记设立的公司。依照我国《公司法》的规定，外国公司可以在我国境内设立分支机构，进行经营活动。

跨国公司，是指以本国为基地或中心，通过对外直接投资，在不同的国家或者地区设立子公司、分公司或者其他投资企业，从事国际化生产经营活动的经济组织。严格地讲，跨国公司并不是一个公司法上的概念,也不是法律上的独立实体,仅其内部基于母公司与子公司的关系、本公司与分公司的关系或者其他参股投资关系而形成一种跨国(边)境的特殊公司联系形式。故在各国公司法中都没有专门用来调整跨国公司关系的内容,跨国公司内部子系统的关系,分别各自受相应的法律调整。

第二节　公司法概述

一、公司法的概念及其特征

(一)公司法的概念

公司法是指规定公司的设立、组织、运营、管理和解散以及其他对内对外关系的法律规范的总和。公司法主要调整以下两类社会关系:一是,在公司的设立、组织、运营、管理和解散过程中所发生的内部关系,主要表现为公司、股东、管理层以及相关国家主管行政机关之间相互作用的关系;二是,一定范围内的与公司组织属性相关的外部关系,如公司与债权人、特定交易相对人等之间的关系。

狭义上的公司法,又称形式意义上的公司法,是指以法典形式出现的、直接以"公司法"命名的法律规范,如《中华人民共和国公司法》。广义上的公司法,又称实质意义上的公司法,是指调整与公司有关的各种社会关系的全部法律规范,或者说是公司法律规范总称意义上的公司法、作为部门法意义上的公司法。任何国家都存在实质意义上的公司法,但并非所有的国家都制定有形式意义上的公司法。

(二)公司法的特征

1. 公司法是商法的一种,在性质上属私法,但具有较多强行性规范,是任意法与强行法的结合

商法是调整平等商事关系的法律规范的总和。中国目前虽然没有商法典,但有调整商事关系的实质意义的商法。公司法是商法中最重要的一个领域。公司法主要调整平等民事主体之间的关系,其调整目的是规范公司的组织和行为,保护公司、股东和债权人的合法权益,维护社会经济秩序,促进市场经济的发展。其主要调整方法是设定各相关主体之间的民事权利义务和相应的法律责任。因此,公司法在性质上属于私法,在公司法法律规范的属性上,有诸多任意性法律规范,以实现公司私法上的意思自治和权利本位。我国《公司法》中采用大量的"公司章程另有规定的除外""公司章程另有规定或者全体股东另有约定的除外"以及"除本法有规定的外,由公司章程规定"等表述,均为公司法私法属性和任意性规范的表现,同时赋予公司通过制定章程和会议决议等方式实现意思自治的权利和途径。

同时,公司法亦具有一定的公法属性,尤其进入现代资本主义时期,国家对经济生活进行较多的干预,公司法中出现大量的强制性规范,表现出一种"私法公法化"的倾向。例如,我国《公司法》中对公司的设立条件、公示登记、组织机构的设置、高级管理人员的任职资格、对外担保、股票与债券的发行条件、公司组织形式变更、终止的条件和程序以及法律责任等

问题均设定了相应的强制性法律规范,使得公司法在特征上表现出任意性规范和强行性规范的结合。需要说明的是,公司法中存在强制性规范的事实,并不是对公司自治的根本否定,亦不能改变公司法的私法属性。

2. 公司法具有人格法的特征

人格法的规范本属民法的构成部分。《民法总则》关于"人"的规定,包括自然人、法人和非法人组织三个部分。其中,有关法人的规定,又区别为营利法人、非营利法人和特别法人。如此广泛的范围,其人格法不可能全部局限于《民法总则》本身,而应依照《民法总则》规定的原则,由若干规范群构成。公司法就属于该群种之一,即公司法是关于公司人格的法律。它通过对公司的名称、公司的住所、公司法人资格的取得、公司的能力、公司的意思机关、公司的代表机关等的规定,使其独立于股东,自主地进行经营,由此赋予公司以法人人格。

3. 公司法是组织法,但兼具行为法的特征

公司法为公司这一经济组织体的形成、变更和终止条件及其程序的法律,具体规定了公司的设立、变更、终止,公司章程的制定、修改,公司的权利能力、行为能力,公司的法律地位、组织机构、经营管理,公司与股东之间以及股东之间的权利义务关系等内容。从而使得公司能够作为一个独立的权利主体存在,对内对外发生法律关系、享有权利、承担义务、参与社会经济活动等。所以,公司法首先表现为组织法。

同时,公司法又具有行为法的特征。公司的商业经营活动可以区分为普通的商业活动和与公司组织特点直接相关的业务活动两种。前者如商品购销活动,为一般商事组织均可以进行的活动,多由合同法、担保法等其他相关法律规制;后者如股票和债券的发行和交易,为公司特有的、与其组织特点直接相关的业务活动,仅此种商业经营活动才由公司法调整。我国《公司法》中对发行股票和公司债券的条件和程序、股票和公司债券交易、转让的方式和规则的相关规定即属后者。

4. 公司法是国内法,但具有一定的国际性

一方面,公司法就其本质特征而言,是一种国内法,它是一国发展经济的重要法律之一。但另一方面,公司法又具有一定的国际性。这种国际性,首先源于经济全球化的发展以及法律制度的移植和借鉴,使得各国在公司法内容上相互协调、渗透,趋于一致。例如,各国公司法律中有关公司的概念、类型、资本制度、治理结构、公司证券的发行交易、公司的解散与清算等方面的规定并无本质性差异。公司法是对市场经济活动客观规律的反映,而且有相当一部分公司法律规范具有很强的技术性特征,如公司的设立登记程序、决议表决方式、累积投票制度以及公司财务会计等,均具有客观规律和技术设计上的共通性。此外,区域性、国际性统一公司立法的实践和尝试,亦是公司法具有较强的国际趋同性的重要因素。例如,欧盟即采用制定公约、发布指令以及制定统一的欧洲公司法的方式来协调和统一成员国的公司立法。

5. 公司法是实体法,但兼具程序法的内容

在公司法中基本法律规范为实体法规范。但公司法也具有相当部分的程序法上的规范,如公司设立时的申请、登记程序,公司股东(大)会、董事会、监事会等组织机构召开会议、

行使职权的程序,公司合并、分立、清算、解散的程序等,上述程序性规定,对公司的有效成立、运营、管理乃至终止均影响甚巨,除具有辅助实现实体法上权利义务的意义外,亦具有独立的程序正义价值。

二、公司法的基本原则

公司法的基本原则,是指贯穿于公司法立法、执法、司法活动的各个方面和全部过程的基本理念和指导思想,是公司法律制度基本精神和价值目标的体现。公司法的基本原则是市场经济活动中公司关系现实状况和基本要求的反映,也是公司及其相关主体的行为规则和公司司法裁判中的适用规则。主要包括以下内容:

（一）鼓励投资原则

公司作为一种营利性组织体,其本质是投资者可以选择的股权式投资工具。公司法作为公司制度的基础性规范,其重要原则之一就是鼓励投资,从而为公司的发展和成长提供最优的规制环境,以便在激烈的全球经济竞争中获取制度优势,吸引投资者。我国《公司法》在修订过程中贯彻了这一基本原则,例如,取消普通公司注册资本最低限额、采取更加灵活的出资形式、允许分批缴纳出资、取消公司转投资法律限制、允许设立一人有限责任公司、取消股份公司设立审批以及更加注重对股东权益的保护等。

（二）股权、股东平等原则

这一原则由股权平等原则和股东平等原则合并而成,二者有着深刻的内在联系,说明如下:

(1) 股权平等原则。股权平等原则是指股东应按其持有的股份的份额和性质实行平等待遇,同种性质的股份应该享有同样的权利、承担同样的义务,不能有所歧视和实行差别待遇。或者说,股权平等原则是指股东在出资额或股份基础上的平等,而不是所有股东权利的同等。一切股东在资本面前人人平等,股东只能按其缴纳的出资额或所持的股份数享有权利、承担义务,股东享有的权利的大小与其向公司投入的资本额成正比。

(2) 股东平等原则。股东平等原则是指当大股东滥用股权平等原则而侵害中小股东正当利益时,法律将对其滥用行为予以矫正,以实现中小股东的实质平等。股权平等原则的具体运用必然是"资本多数决规则"的行使。资本多数决规则使得股东结构开始分化,即在公司内部形成大股东与中小股东之分。而大股东为了追逐经济利益最大化,往往可能滥用资本多数表决权规则,从而造成对中小数股东利益,包括法定权利和章程中所设定的权利的损害。股东平等原则的实质意义在于禁止持有多数资本的大股东的权力滥用。①

(3) 股权平等原则和股东平等原则的关系。股权平等的实质是资本平等,它的运行必然要求少数资本服从多数资本,资本多数决这一计量化的决议方式内生着多数资本持有者

---

① 我国现行《公司法》许多规范都体现了股东实质公平的原则。例如,股东的知情权及质询权、少数股东的股东大会召集权和主持权、请求法院否认股东会和董事会决议的效力、股东表决权的限制、累积投票制、异议股东股份收买请求权、股东代表诉讼制度、请求法院解散公司的权利等。

权力扩张的逻辑。股权平等原则内含的"资本多数决",需要内含"禁止权利滥用"的股东平等原则的制约,以实现大股东与中小股东之间权利的真正平等。可见,股权平等原则与股东平等原则之间存在形式平等原则与实质平等原则的区别,后者对前者具有制衡和矫正作用,能够实现实质正义。将这两项原则综合在一起,可以起到兼顾效率和公平的作用。

（三）有限责任原则

有限责任原则,又称为股东有限责任原则,是指股东作为出资者仅以其认缴的出资额或认购的股份为限对公司债务承担责任。股东有限责任是公司区别于其他经济组织形态的重要特征,同时也是现代公司法上的基本原则。我国《公司法》第3条即为这一原则的法律表述。

有限责任原则与公司的独立法人性密切联系,其理论基础即为公司人格与其成员人格的相互分离,公司与其股东既属两种不同的、各自独立的民事主体,自应分别对各自的行为承担责任。基于人格分离而确立的有限责任制度,对公司组织形式和公司制度的发展至关重要,它能够最大限度地分散投资风险、刺激投资者的积极性,进而促进股份的自由转让、带动证券市场和规模经济的形成等。但有限责任原则亦有例外,即遇有股东滥用有限责任、公司人格与股东人格混同等情形时,得适用公司法人人格否认制度,使股东对公司债务承担无限责任。值得注意的是,公司法人人格否认并非对有限责任原则的否定,而恰恰是在强调和坚持其理论基础的前提下对该原则的补充和完善。

（四）公司自治原则

公司自治是私法意思自治在公司法上的体现,其基本含义是指允许公司在法定的范围内自主决定公司的一切事项,允许以章程、决议及约定排除公司法中任意性条款的适用。在不违反强行性法律规范、不损害社会公共利益的情况下,公司的意思由公司自主做出,投资人对自己的决策、选择行为负责,自主应对市场的变化自主经营,对由此产生的一切后果自行负责。

公司法中有诸多任意性条款,这些任意性条款只供当事人选择适用,公司章程或决议可以另外的规定或约定排除任意性条款的适用。公司法既有强制性规范,又有任意性规范,它应当是二者有机结合、合理布局的公司法规范体系。在此体系中对其中的强制性规范一般不会忽视,也较少发生认识上的分歧。经常出现的问题是对公司法任意性规范的忽视,因此,为突出公司法的任意性规范,有必要强调公司法上的公司自治原则。

（五）公司社会责任原则

公司是股东投资设立的以营利为目的的社团法人,实现股东利益最大化是股东设立公司的根本目的。由此而产生的传统理念便是"股东至上"或"股东本位"主义。随着公司组织形式和公司制度的发展,公司以营利为目的、以追求股东利润最大化为唯一属性的弊端不断凸显,公司为了营利不惜违反法律法规、违背社会公德和商业道德,对公司债权人、职工、消费者、社会公众等利益相关者造成严重侵害,给社会经济生活带来负面影响。公司社会责任运动应运而生,要求公司在股东之外,考虑职工、消费者、债权人等利益相关者的权益,并将公司在产品质量、环境保护、税款缴纳、公益慈善等方面的义务和责任涵盖进来。

我国《公司法》第 5 条第 1 款明确规定:"公司从事经营活动,必须遵守法律、行政法规,遵守社会公德、商业道德,诚实守信,接受政府和社会公众的监督,承担社会责任。"该条即为这一原则的法律表述。除此之外,该原则在公司法的具体制度中亦有多处体现,如公司法人人格否认制度、职工董事、监事的设置等。

三、公司法的历史发展

(一)西方国家公司立法的历史发展

西方国家公司立法已有三百多年的历史。公司立法促进了公司制度的不断发展和完善,同时,公司立法也随着公司制度的发展而不断完善。大体而言,西方国家的法系可以分为普通法系(英美法系)和大陆法系两大类别,不同的法律传统和历史发展使得各国公司法具有自身的鲜明特点。同时,现代市场经济体制的普遍确立和经济全球化背景下法律文化的交流和融合,又使得各国公司法之间不可避免地具有相互影响、借鉴的价值和作用。

1. 英国

英国的公司立法对英美法系国家和地区影响很大。英国是资本主义经济发展最早的国家,也是股份公司最早出现的国家之一,但在资产阶级革命胜利前英国没有公司法。当时是采取两种特许法的形式设立公司:一是国王颁布的王室特许状;二是国会颁行的特别法案。上述特许法形式设立公司成本过高以及 1720 年"泡沫法案"的过分限制,使得英国公司发展过于缓慢。为适应并促进公司发展,1825 年英国废止"泡沫法案",1834 年颁布《贸易公司法》,允许国王以特许证书形式授予组建公司的权力,1844 年颁布《合股公司法》(Joint Stock Companies Act),允许私人以注册方式成立公司。1856 年,英国颁布《有限责任公司法》,正式承认有限责任公司的法律地位,但值得注意的是,英国公司法中没有关于无限公司、两合公司以及股份两合公司的规定,类似的组织形式分别由 1890 年的《合伙法》和 1907 年的《有限合伙法》予以调整。1862 年英国颁布新的《公司法》(Companies Act),1908 年制定《公司法》,19 世纪末英国商务部形成惯例,成立专家委员会每隔 20 年左右对《公司法》进行定期审查,提出修改意见,并延续至今。英国《公司法》于 1929 年、1948 年、1967 年、1976 年、1980 年、1981 年、1985 年、1989 年历经多次修改并日渐完善,以适应公司发展的最新需要,英国《公司法》的最近一次修改是 2006 年的修正,其核心理念体现为股东权利的回归。

英国虽为非成文法国家,但其公司法却以成文法的形式出现,其特点主要有二:(1)就调整对象而言,仅适用于有限责任公司;(2)调整范围广泛,包括证券法以及公司破产、清算、重整等内容。公司破产之所以规定在《公司法》,而不是在《破产法》中,是因为英国《破产法》只适用于个人而不适用于公司的破产,这也与其他许多国家不同。

2. 美国

美国公司立法虽然也属于英美法系,但又具有其自身的特殊性。在美国,公司立法权由各州议会享有,联邦政府仅有权制定有关公司破产的破产法和证券交易法。1807 年,纽约州颁布了美国第一个有关公司的法律,允许私人组织公司,其影响甚巨,为其他各州后续公司立法所效仿。这一时期的公司方面法律规范,不仅来源于立法机构,更多地来源于法院的判例。由于美国独特的立法体制，使得各州在股东权利、投资限制、优惠和豁免、设立程序以及税负等方面均有所差别，各州亦在公司制度方面展开竞争，制定各种优惠措施吸引投资，其中尤以1899年特拉华州的公司法最为著名。自20世纪始，为规范公司活动、统一各州立法，美国于1909年制定了全国统一的《股票转让法》、1928年制定了《统一商事公司法》、1950年制定了《标准商事公司法》，对各州公司立法产生了积极的影响。但上述立法仅为供各州参考的示范法，并不具有直接的法律效力。

3. 法国

通说认为，1673年法国国王路易十四颁布的《商事条例》（又译为《商事赦令》），是世界上最早的公司立法，该条例首次在商人部分专门规定了公司的有关问题，以法律形式确立了普通公司和康孟达公司的分类，并规定公司设立采取核准主义原则。1807年，法国颁布《商法典》。该法典第一编"商行为"中第三章即为关于公司的规定，首次对股份有限公司作出了较为完备、系统的规定。但该法典内容相对简单，难以适应公司发展的需要。1866年法国颁布了《公司法》，承认了股份两合公司的组织形式，将公司设立原则修改为准则主义，并对公司设立条件予以严格规定。1925年，法国颁布施行《有限责任公司法》，正式承认有限责任公司，后为大陆法系其他国家和地区所效仿。1966年，法国制定了一部全面调整各种公司形式的《商事公司法》，后陆续对其个别条文予以修订和增补。1985年法国议会通过的85-697号文件，正式承认一人有限责任公司的法律地位。1992年修订《商法典》，将1966年《商事公司法》整体纳入该法典之中。

法国属民商分立国家，其公司法大多体现在商法范畴，但在1978年的《民法典》修订中将公司法有关内容纳入第九编，从而使得法国公司立法具有了民商合一的倾向。法国公司法的特点在于其规定严格，多为刚性规范，对公司股东行为和出资转让等具有较多限制。但值得注意的是，法国公司法在21世纪初经历了较大的变革，如2001年制定《新经济规制法》、2002年制定《社会法现代化法》、2003年制定《金融安全法》《经济创新法》等均触及对公司法的重大调整，其中包括重新界定公司领导机关职权、取消最低出资限额、允许资本自由转让等，体现出扩大公司自治权的理念。

4. 德国

德国公司立法起步较晚，最早见于1861年的《商法典》（现称"旧商法典"），该法于第二章就公司相关问题予以规定。1896年德国《民法典》颁布，并确立法人制度，对公司法发展奠定了基础。1897年，德国颁布新的《商法典》，该法典第二编直接以"商事公司及隐名合伙"命名，对无限公司、两合公司、股份公司、股份两合公司的组织和活动予以规定。1892年，德国颁布单行的《有限责任公司法》，正式承认有限责任公司的法律地位，这是世界上第一个有限责任公司法，后于1980年予以修订，允许设立一人有限责任公司。1931年德国颁布单行法规对《商法典》中有关股份公司和股份两合公司的规定予以修正，并于1937年颁布《股份有限公司和股份两合公司法》（简称《股份法》）专门调整股份公司和股份两合公司，《商法典》中有关该两类公司的规定即告废止。第二次世界大战后，联邦德国政府对《股份法》予以修改，于1965年通过修订后的《股份法》，增加了康采恩等新型联合企业的详细规定。

1994年,再次修订《股份法》,允许设立一人股份公司。

德国公司法从其产生之初即受启蒙时代的个人主义精神影响,其显著特点为:(1)予以公司主体较大的自由弹性,任意性规范较多;(2)在公司内部管理体制上也颇具特色,如创设"职工参与制"、赋予监事会决策职能等;(3)对康采恩等联合企业予以全面规制,同时专门制定《公司转换法》,规定公司组织形式转化的条件和程序。另外,值得注意的是,欧洲统一运动使得德国国内公司法亦受到一定程度的影响。

5. 日本

日本公司立法始于1868年的明治维新以后。日本早期并无统一、综合性的公司立法,其公司法多表现为规定特种公司的单行法规,如《国立银行条例》《私营铁路条例》。日本第一部综合性公司立法是1890年以法国《商法典》为蓝本制定的《商法典》(现称之为"旧商法"),该法典第一编第六章是有关公司综合性的规定。1899年日本又以德国《商法典》为蓝本制定新的《商法典》,该法典第二编直接以"公司"命名,对除有限责任公司以外的所有其他公司形式予以全面规制,形成了日本公司法的基本框架。1938年日本颁布《有限责任公司法》,正式承认了有限责任公司的法律地位。第二次世界大战后,受英美公司法发展的影响,日本对《商法典》中有关股份公司的规定进行了重大调整。1990年对《商法典》和《有限责任公司法》予以修正,承认一人公司的法律地位。进入21世纪,日本公司立法修改尤为频繁,如2000年增设公司分立制度,2001年引入独立董事制度和执行经理制度,2002年简化中小型公司股东大会程序、改革股东表决方式、放宽新股发行限制等。尤其值得一提的是,2005年日本颁布《公司法》法典,取代《商法典》中原有公司方面的规定,废止有限责任公司形式、取消最低注册资本制度、创设新的"合同公司"形态,设立新的公司机构——会计顾问等,对相关公司方面立法予以整合、完善,统一规制。

日本公司立法的最大特点是其本身没有自己的独立体系,体现为对两大法系公司立法的借鉴和融合。就具体制度而言,新颁布的日本《公司法》法典,凸显了放松管制、强化公司自治、促进经济发展的理念。

(二) 改革开放以来我国公司立法的演进

1978年后,中国进入改革开放时期,公司发展较快,立法上亦表现出活跃性。1980年国务院发布《关于推动经济联合的暂行规定》,提出走联合之路,将现有企业改组、合并为各种联合公司;1986年国务院发布《关于进一步推动横向经济联合若干问题的规定》,推动建立领域广泛、形式多样的经济联合;1986年颁布的《民法通则》在"法人"一章中专门规定了联营。上述法律、法规共同构成联合性公司发展的法律基础。这一阶段亦着重对公司的整顿,国务院颁布了《关于进一步清理、整顿公司的通知》《中共中央、国务院关于清理、整顿公司的决定》,批准通过了《公司登记管理暂行规定》《工商企业名称登记管理暂行规定》,对公司制度的完善和发展具有积极作用。同时,受对外开放政策的指引,国家亦相继于1979年颁布了《中华人民共和国中外合资经营企业法》、1988年颁布了《中华人民共和国中外合作经营企业法》、1990年颁布了《中华人民共和国外资企业法》,以吸引外国投资。以外商投资公司为先导,股份制公司组织也逐渐复兴,为适应公司形式的发展,在立法方面出现了地方性法规,如1992年的《深圳市股份有限公司暂行规定》《上海市股份有限公司暂行规定》;同时也出现了全国统一的公司立法,如1992年的《股份有限公司规范意见》《有限责任公司规范意见》,对股份有限公司和有限责任公司的设立、组织机构、财务会计、合并与分立、终止与清算等事项予以系统规定。上述规范性文件,为《公司法》的颁布和顺利实施奠定了基础。

1993年12月29日第八届全国人民代表大会常务委员会第五次会议通过《公司法》,并于1994年7月1日起施行,该部《公司法》的颁布标志着中国公司法的发展进入了一个新的规范阶段。随着改革开放的深入和市场经济的发展,为适应公司制度的发展,我国于1999年、2004年和2005年对《公司法》进行了两次修正和一次修订。修订后的《公司法》降低了最低注册资本限额,授予股东诉权,请求司法解散权,设立累积投票制,健全董事制度,专节规定一人有限公司,国有独资公司,承认公司法人人格否认制度等,这些制度凸显了鼓励投资、保护股东权益和债权人利益等基本原则,使得我国公司法无论是在立法技术还是制度设置上均具有灵活性和前瞻性,为我国公司制度的发展和完善提供了法律支持。为配合2005年《公司法》的贯彻和实施,国务院于2005年12月18日修订、颁布了《中华人民共和国公司登记管理条例》。最高人民法院于2006年4月28日公布了《关于适用〈中华人民共和国公司法〉若干问题的规定(一)》(以下简称《公司法司法解释(一)》),后来又分别于2008年5月12日和2011年1月27日公布了《关于适用〈中华人民共和国公司法〉若干问题的规定(二)》(以下简称《公司法司法解释(二)》)和《关于适用〈中华人民共和国公司法〉若干问题的规定(三)》(以下简称《公司法司法解释(三)》)。

随着经济形势的发展,我国于2013年对《公司法》进行了第三次修正,修订的主要内容在于以下三个方面:(1)将注册资本实缴制改为认缴制:除法律、行政法规以及国务院决定对公司注册资本实缴有另行规定的以外,取消了关于公司股东(发起人)应自公司成立之日起2年内缴足出资,投资公司在5年内缴足出资的规定;取消了一人有限责任公司股东应一次足额缴纳出资的规定。转而采取公司股东(发起人)自主约定认缴出资额、出资方式、出资期限等,并记载于公司章程的方式;(2)取消注册资本最低限额的要求:除对公司注册资本最低限额有另行规定的以外,取消了有限责任公司、一人有限责任公司、股份有限公司最低注册资本分别应达3万元、10万元、500万元的限制;不再限制公司设立时股东(发起人)的首次出资比例以及货币出资比例;(3)简化登记事项和登记文件:有限责任公司股东认缴出资额、公司实收资本不再作为登记事项。公司登记时,不需要提交验资报告。为适应修改后的《公司法》,2014年2月20日最高人民法院修改并重新公布了上述三个公司法司法解释,2017年8月25日最高人民法院发布《关于适用〈中华人民共和国公司法〉若干问题的规定(四)》(以下简称《公司法司法解释(四)》)。最高人民法院的这四个《公司法司法解释》,对公司纠纷案件的审判实践具有重要的指导意义。

我国于2018年对《公司法》进行了第四次修正。将原《公司法》第142条公司不得收购本公司股份的除外情形增加了以下两项:(1)将股份用于转换上市公司发行的可转换为股票的公司债券;(2)上市公司为维护公司价值及股东权益所必需。

【测试题】

植根农业是北方省份一家从事农产品加工的公司。为拓宽市场,该公司在南方某省分别设立甲分公司与乙分公司。关于分公司的法律地位与责任,下列哪一选项是错误的?(   )(2017年国家司法考试,卷三第25题)

A. 甲分公司的负责人在分公司经营范围内,当然享有以植根公司名义对外签订合同的权利

B. 植根公司的债权人在植根公司直接管理的财产不能清偿债务时,可主张强制执行各分公司的财产

C. 甲分公司的债权人在甲分公司直接管理的财产不能清偿债务时,可主张强制执行植根公司的财产

D. 乙分公司的债权人在乙分公司直接管理的财产不能清偿债务时,不得主张强制执行甲分公司直接管理的财产

【答案与解析】

答案:D。

解析:本题考查本公司和分公司的含义及意义。根据《公司法》第14条第1款规定,公司可以设立分公司并应当向公司登记机关申请登记,领取营业执照。分公司不具有法人资格,其民事责任由公司承担。根据该规定,本题选项A正确,因为尽管分公司没有法人资格,但因获取营业执照而具有营业能力,因此,甲分公司的负责人享有在分公司经营范围内以根植公司的名义签约的权利;分公司在该营业执照所记载营业范围内的营业活动,应视为公司的对外授权,即分公司负责人在此范围内享有代理权限,这是回答本问题关于分公司法律定位与民事责任最为根本的规范基础。选项B、选项C和选项D均考察分公司的财产归属。按照《公司法》第14条的规定,分公司的民事责任由公司承担,这是因为分公司不具有法人资格,所以分公司直接管理的财产,均属于本公司财产的组成部分。因此,无论是本公司的债权人还是分公司的债权人,为实现其债权而采取强制执行措施时,公司以及各分公司名下的财产,均可作为被强制执行的财产,故选项B、选项C正确,而选项D错误。

第三节 公司设立制度

一、公司设立概述

(一)公司设立的概念和特征

公司设立,是指公司的设立人为了成立公司并使其具有法人资格而依法渐次进行的一系列活动的总称。其法律特征如下:

(1)公司设立的主体是公司设立人。公司设立人又称公司创办人,是指依法出资或认购股份并以筹建公司为目的进行一系列法律行为的人。股份有限公司的设立人称为发起

人,本书与我国现行的《公司法》相对应,仅对股份有限公司的创办人称发起人,其他场合则称包含了发起人在内的公司创办人为公司设立人。另外,《公司法》将从事有限责任公司的创办人直接称为"股东",似乎不够周延,因为公司设立一旦失败,此时创办人就不能当然取得股东的身份,故称"设立人"为妥。设立人可能是数人,也可能是一人;既可能是自然人,也可能是法人或国家等。设立人在公司法上具有特殊的主体地位,设立人对内执行设立业务,对外代表正在设立中的公司。若公司设立完成并依法成立,则设立人自动转为公司的股东;若公司设立失败未能依法成立,则由设立人对设立中公司的行为承担责任。

(2) 公司设立以公司成立并取得法人资格为目的。公司设立行为的目标是取得公司法人资格。公司不像自然人一样可以基于出生获得法律人格,而必须依照法律规定完成设立行为始可获得法人资格。设立中的公司并不具有法律上的权利能力,且只能从事与设立、筹建公司相关的行为,超出该范围的行为即属设立人的个人行为,与公司设立无关。

(3) 公司设立是一系列的法律行为,表现为一个过程。公司设立包括公司发起、筹建和成立的全过程,涉及订立设立人协议,选择公司类型,制定公司章程,决定公司名称、住所、经营范围、出资方式、资本总额,申请设立登记等一系列法律行为。值得注意的是,公司设立的具体内容会因公司类型的不同而有所区别。公司设立法律行为的性质,亦因公司类型的不同而具有不同的界定。一般情况下,公司设立行为是多个设立人基于共同的设立公司的目的指向,以设立人协议和公司章程的形式进行共同意思表示,并对设立行为引起的法律后果承担连带责任的法律行为,性质上属于多数人的共同行为。但在设立有限责任公司,尤其在一人有限责任公司情况下,其性质则表现为单独法律行为。

(4) 公司设立必须依照公司法的规定进行。公司设立包括一系列的实体条件和程序性要求,各国公司法对此均作出了严格规定,只有按照公司法规定的条件和程序完成设立行为,才能产生公司成立并获得法人资格的法律效果。

(二) 公司设立与公司成立的联系和区别

公司设立与公司成立既有紧密的联系,又有显著的区别。如上所述,公司设立是公司发起人以公司成立为目的而进行的一系列法律行为,而公司成立则是指公司发起人完成公司设立行为,经公司登记机关核准登记,领取营业执照,获得公司法人资格的一种法律事实。公司设立是公司成立的前提条件,公司成立是公司设立的行为目的和法律后果。二者的区别主要在于:(1) 发生阶段不同。一般而言,公司设立行为发生在公司取得营业执照之前,而公司一旦领取营业执照、取得法人资格,即告成立。(2) 性质不同。公司设立表现为发起人的一系列法律行为,其性质因公司类型的不同可以界定为共同法律行为或单独法律行为;公司成立则是一种法律状态,是由发起人的设立行为和行政机关的登记注册、颁发营业执照等行为而形成的法律事实。(3) 法律效果不同。设立阶段的公司并不具备独立的法律主体资格,且公司设立并不必然产生公司成立的法律后果。只有公司设立完成并依法成立、获得法人资格,发起人为设立公司而实施的法律行为才由成立后的公司承担责任,若公司设立失败,则由设立人对设立阶段行为承担连带责任。(4) 争议解决的依据不同。因公司设立行为产生的争议,属私法范畴,由相关的民事法律法规解决;公司成立因涉及公司登记机关的行政行为,具一定的公法属性,有关其争议的解决有适用行政法和行政诉讼法的可能。

(三)公司设立的原则

公司设立的原则经历了自由主义、特许主义、核准主义以及准则主义等几个不同的阶段。

(1)自由主义。自由主义,是指公司的设立完全听凭当事人的自由选择,国家不加任何干涉或限制。自由主义是欧洲中世纪公司制度萌芽时期各国对公司设立所采取的态度,但是,这一时期的公司形式多为合伙或无限责任性质的公司,所以在理解自由主义时应注重考察其适用对象。自由主义虽然便利公司的设立,但极易导致公司滥设的后果,难以对其进行有效控制。近代以来,自由主义原则基本不再适用。

(2)特许主义。特许主义,是指公司的设立需要国家元首特别许可或者议会颁布专门法令予以许可。这一原则起源于13~15世纪,旨在矫正自由主义弊端,并于17、18世纪在英国盛行。其形式主要表现为两种:① 经国王特许设立的"特许公司",如东印度公司;② 经议会特别法案特许设立的"法定公司",如早期经营运河、船坞、铁路、电力、煤气和自来水等业务的公司。受英国影响,美国于19世纪初仍采用该原则。特许主义对公司设立的限制过于严格,使得公司设立成为一项特权,阻碍了自由竞争和统一市场的形成,难以适应社会经济发展的需要。故该原则亦逐渐被近代公司立法所摒弃,除个别特殊性质的公司外,一般公司的设立不再适用这一原则。

(3)核准主义。核准主义,又称许可主义或审批主义,是指公司的设立除需要满足法定的一般条件外,还需要经过政府主管部门的审核批准,始得成立。该原则最早源于法国路易十四颁布的《商事条例》,后为法国1807年《商法典》和德国1861年《商法典》所采用,并逐渐扩展至其他国家。核准主义和特许主义并无实质区别,只是将置于后者之上的王室或立法特权置换为行政机关的特权而已。尽管程序上较特许主义更为便利,但核准主义仍对公司设立限制过多,且国家行政机关的介入极易引起权力寻租现象,有碍市场经济发展和公司设立自由。现代国家公司法中,为国家经济安全的需要,仅某些特殊营业公司的设立采取核准主义。

(4)准则主义。准则主义,又称登记主义,其本身又经历了从简单准则主义到严格准则主义的演变过程。所谓简单准则主义,是指法律预先规定公司设立的条件,公司只需满足法定设立条件即可取得法人资格,而无须主管机关的核准。简单准则主义是为了适应当时自由资本主义经济发展的需要,由英国1862年《公司法》最先确立,其初衷是为矫正核准主义的弊端,简化公司设立程序、便利公司成立。但同时,简单准则主义亦难脱自由主义原则失之过于宽松的缺陷,而容易导致公司滥设,为加强对公司设立行为的监管,逐渐发展出严格准则主义。所谓严格准则主义,是指尽管公司的设立仍无须经过行政主管机关的批准,但法律除对其规定一般要件外,还设置了相应的限制性条款,一旦违反这些限制性条款,即应承担相应的法律责任。严格准则主义既克服了特许主义和核准主义的程序繁琐和过于严格,又避免了自由主义和简单准则主义的过于放任和疏于监管,为现代公司立法所普遍采用。

我国对公司设立长期实行主管机关审批和登记机关核准相结合的制度,奉行核准主义原则。自20世纪90年代初实行社会主义市场经济体制以来,这一原则的弊端日益显露,如行政干预引起的权力寻租现象严重;带有计划经济痕迹的政企不分导致公司运作失灵;公司设立过度监管导致成本过高、效率低下等。因此,为营造公平竞争的市场经济环境,对公司设立和发展提供制度支持,1993年《公司法》对公司设立制度予以改革,采取核准主义和严格准则主义相结合的原则。就有限责任公司而言,区分两种情况:(1)一般的有限责任公司实行严格准则主义;(2)特殊行业和特殊经营范围的有限责任公司则依照法律、行政法规的规定实行核准主义。但对于股份有限公司,根据1993年《公司法》第77条"股份有限公司的设立,必须经过国务院授权的部门或者省级人民政府批准"的规定,则一律采取核准主义。

我国在1993年《公司法》中对有限责任公司和股份有限公司实行不同的设立原则并无充分的理论依据,而且对股份有限公司采过度限制的核准主义原则,亦不符合股份制发展的现实需要,故我国在2005年修订《公司法》的过程中确立了新的公司设立原则。修订后的《公司法》第6条第1款、第2款规定:"设立公司,应当依法向公司登记机关申请设立登记。符合本法规定的设立条件的,由公司登记机关分别登记为有限责任公司或者股份有限公司;不符合本法规定的设立条件的,不得登记为有限责任公司或者股份有限公司。法律、行政法规规定设立公司必须报经批准的,应当在公司登记前依法办理批准手续。"之后,2013年《公司法》和2018年《公司法》延续了此条规定。由此可知,我国现行《公司法》对公司设立采取的是严格准则主义和核准主义相结合的原则。具体而言,设立普通公司,包括普通的有限责任公司和普通的股份有限公司,采取严格准则主义,即只需满足法定的条件和程序,可直接向登记机关申请设立登记;设立法律、行政法规规定的特殊公司,采取核准主义,即除需要满足法定的条件和程序外,还须先取得主管机关的批准,始可申请设立登记。

(四)公司设立的效力

公司设立的效力,是指公司设立行为所产生的法律后果。概括而言,公司设立的结果包括两种情况:(1)公司完成设立程序,符合法定条件,依法成立并取得法人资格;(2)公司未完成设立程序,或者虽完成设立程序但不符合法定条件或违反法律强制性规定,未能依法成立或导致公司设立无效或被撤销而丧失法人资格。无论公司依法成立与否,就其主要内容而言,公司设立的效力主要包括设立中公司的地位、设立人的责任以及公司设立的瑕疵、无效和撤销。

1. 设立中公司的地位

公司设立是一个渐次持续的过程,所谓设立中公司,是指自设立人达成设立公司的协议、制定公司章程到公司设立登记完成这一阶段的公司。严格而言,此阶段的公司并不能以公司称谓,它尚未取得法人资格,并不具有公司的权利能力,且仅能在以公司成立的目的范围内从事公司的设立、筹建行为。但因设立过程中的公司必然对内对外发生各种法律关系,法律上有对其予以规制的必要。

设立中公司在法律地位上一般归类于无权利能力团体,设立人为其执行机关和代表机关,在设立公司的权限范围内从事相关活动,并以此活动为限将其所产生的权利义务归属于设立中公司。但就最终结果而言,不会产生由设立中公司承担法律责任的情形。若公司未能依法成立,则设立过程中因设立行为产生的相关费用和债务,由设立人承担连带责任;若公司依法成立并取得法人资格,则设立过程中设立人以设立中公司名义从事的设立行为,其法律后果自动转由成立后的公司承受。

2. 设立人的责任

设立人是设立中公司的执行机关和代表机关,是公司设立、筹建行为的具体实施者,其活动对设立中公司、成立后公司以及公司债权人等相关主体影响甚巨。设立人的责任可以区分公司依法成立和公司未能依法成立两种情况予以分析,值得强调的是,此处所涉及的设立人责任以其必要的公司设立行为为前提,若超出设立公司权限范围、以其个人身份所为行为,则在任何情况下均由其个人负责。

第一,公司成立情况下的设立人责任。(1)设立人未足额缴纳出资的责任。设立人应当保证公司设立登记时的财产实际价值不低于公司章程规定的资本数额,否则由未足额缴纳设立出资的设立人补足差额,其他设立人承担连带责任。我国《公司法》第30条规定:"有限责任公司成立后,发现作为设立公司出资的非货币财产的实际价额显著低于公司章程所定价额的,应当由交付该出资的股东补足其差额;公司设立时的其他股东承担连带责任。"《公司法》第93条规定:"股份有限公司成立后,发起人未按照公司章程的规定缴足出资的,应当补缴;其他发起人承担连带责任。股份有限公司成立后,发现作为设立公司出资的非货币财产的实际价额显著低于公司章程所定价额的,应当由交付该出资的发起人补足其差额;其他发起人承担连带责任。"(2)设立人的损害赔偿责任。即设立公司过程中,因设立人过失设立行为而侵害公司或第三人利益时,应由其承担损害赔偿责任。一般情况下,在公司依法成立时,设立人的设立行为所引起的权利、义务及法律后果应由成立后公司承受,但为防止设立人滥用权利,仍以过失为前提为其设立行为设置了损害赔偿责任。我国《公司法》第94条第(3)项规定股份有限公司的发起人"在公司设立过程中,由于发起人的过失致使公司利益受到损害的,应当对公司承担赔偿责任"。

第二,公司未能依法成立情况下的设立人责任。(1)对因设立行为而产生的费用和债务的连带赔偿责任。设立公司过程中必然产生一些交易费用和债务,在公司未能依法成立的情况下,如何处理这些费用和债务?我国《公司法》第94条第(1)项规定,股份有限公司的发起人在"公司不能成立时,对设立行为所产生的债务和费用负连带责任"。(2)对已收股款的返还责任。我国《公司法》第89条第2款规定:"发行的股份超过招股说明书规定的截止期限尚未募足的,或者发行股份的股款缴足后,发起人在30日内未召开创立大会的,认股人可以按照所缴股款并加算银行同期存款利息,要求发起人返还。"第94条第(2)项规定,股份有限公司的发起人在"公司不能成立时,对认股人已缴纳的股款,负返还股款并加算银行同期存款利息的连带责任"。

3. 公司设立的瑕疵、无效和撤销

与公司设立的无效和撤销联系紧密的概念是公司设立瑕疵。所谓公司设立瑕疵,是指公司在形式上虽然已经成立,即已经依法登记并领取营业执照,但实际上却存在未能满足法定条件或者法定程序,或者存在违反法律强制性规定的情形。

对公司设立瑕疵的法律态度，各国依其公司制度的实际状况和法制水平而相差甚远。英美国家多采公司瑕疵设立有效理论，即使公司设立存在瑕疵，所设立的公司也不因此而无效或撤销，无论是公司股东还是公司债权人均不能以此为由向法院提起诉讼要求法院宣告公司设立行为无效。大陆法系国家则多采公司瑕疵设立无效理论，如果公司设立存在瑕疵，则公司的设立行为应属无效，公司股东或其他利害关系人可以此为由提起无效诉讼。我国公司法则采公司瑕疵设立行政撤销理论，即如果公司设立存在瑕疵，则可由行政主管机关予以撤销。《公司法》第198条规定："违反本法规定，虚报注册资本、提交虚假材料或者采取其他欺诈手段隐瞒重要事实取得公司登记的，由公司登记机关责令改正，对虚报注册资本的公司，处以虚报注册资本金额5%以上15%以下的罚款；对提交虚假材料或者采取其他欺诈手段隐瞒重要事实的公司，处以5万元以上50万元以下的罚款；情节严重的，撤销公司登记或者吊销营业执照。"该规定在法律上确认了公司瑕疵设立的行政撤销理论，但在实践中存在撤销原因过于单一、范围狭窄等不足，在后续公司立法、修订中，可考虑参考和借鉴他国公司立法实践中的公司瑕疵设立无效制度，引入司法权的介入，完善公司瑕疵设立情形下的救济措施。

二、公司设立的方式、条件及设立程序

(一) 公司设立的方式

公司的设立方式主要有发起设立和募集设立两种。

1. 发起设立

发起设立，又称共同设立或单纯设立，是指由发起人认购公司应发行的全部股份而设立公司。发起设立方式有助于降低公司设立成本，程序简单、周期较短，而且可以维持股东的稳定性，因此任何类型的公司均可以采取这一设立方式，其中，中小企业更为适合。

我国《公司法》未明确规定有限责任公司的设立方式，但《公司法》第26条第1款规定："有限责任公司的注册资本为在公司登记机关登记的全体股东认缴的出资额。"由于要求全体股东认缴出资额，由此可知，有限责任公司仅能选择发起方式设立。我国《公司法》第77条第1款明确规定股份有限公司可以采取发起设立方式。同时，第80条第1款规定："股份有限公司采取发起设立方式设立的，注册资本为在公司登记机关登记的全体发起人认购的股本总额。在发起人认购的股份缴足前，不得向他人募集股份。"

2. 募集设立

募集设立，又称渐次设立或复杂设立，是指由发起人认购公司应发行股份的一部分，其余股份向社会公开募集或者向特定对象募集而设立公司。募集设立方式可以向除发起人之外的社会公众或者特定对象筹措资金，有利于拓宽公司的资金来源，从而缓解发起人的资金压力、增加中小投资者的投资渠道。但其缺陷表现在：(1) 设立程序复杂、成本较高；(2) 公司股东（包括发起人和认股人）处于变动状态，难以监管；(3) 容易诱发发起人的道德风险，认购少量股份并溢价发行股票以套取社会公众资金，危害公众投资安全。

根据我国《公司法》的规定，募集设立方式仅适用于股份有限公司，且为了避免募集设立

方式的弊端,遏制发起人的投机、欺诈行为,保持股份有限公司的公众性,法律对发起人和认股人的投资比例予以限制。《公司法》第84条规定:"以募集设立方式设立股份有限公司的,发起人认购的股份不得少于公司股份总数的35%;但是,法律、行政法规另有规定的,从其规定。"

值得注意的是,我国《公司法》规定的募集设立方式包括向"社会公众"募集和向"特定对象"募集两种,即所谓的"公开募集"和"定向募集"。有关定向募集的问题,在1992年的《股份有限公司规范意见》、1993年《公司法》和1998年的《证券法》等相关立法中多有变动,2005年修订的《公司法》为鼓励投资创业、满足投资者对不同投资方式的需求,正式确立股份有限公司可以采取定向募集的方式设立。但实践中应当注意与《证券法》的相关规定相结合予以理解,并且其募集对象目前主要是指具有较强风险识别、承受能力的机构投资者。

(二)公司设立的条件

公司设立的条件,是指公司依法取得法人资格所必须具备的要素,体现了公司法对公司设立行为的规制。公司设立的条件因公司类型的不同而有所差异,根据我国《公司法》的相关规定,设立公司应当满足以下条件:

1. 股东或者设立人符合法定人数

这是公司设立的主体条件。公司是社团法人,其成立须为多人之联合。但现代公司法上一人有限责任公司的出现,对公司的这一属性有所突破,故公司法对有限责任公司无最低股东人数限制。由于有限责任公司具有人合性和封闭性的双重特点,法律仍对其股东人数设置了最高限额。我国《公司法》第24条规定:"有限责任公司由50个以下股东出资设立。"值得注意的是,我国《公司法》对股份有限公司的发起人既规定了最低人数限额,又规定了最高人数限额,同时还对发起人的住所设定了要求。第78条规定:"设立股份有限公司,应当有2人以上200人以下为发起人,其中须有半数以上的发起人在中国境内有住所。"

2. 股东出资或者设立人认购和募集的股本符合公司章程规定的出资额

这是公司设立的资本条件。公司资本是公司得以成立并运营的物质基础,也是公司对外独立承担责任的物质保证。我国2013年《公司法》将法定资本制改为认缴制,即将原来对公司设立时要求股东或发起人的最低出资限额的强制性规定,改为符合公司章程规定的全体股东认缴的出资额。我国《公司法》第26条规定:"有限责任公司的注册资本为在公司登记机关登记的全体股东认缴的出资额。法律、行政法规以及国务院决定对有限责任公司注册资本实缴、注册资本最低限额另有规定的,从其规定。"第80条规定:"股份有限公司采取发起设立方式设立的,注册资本为在公司登记机关登记的全体发起人认购的股本总额。在发起人认购的股份缴足前,不得向他人募集股份。股份有限公司采取募集方式设立的,注册资本为在公司登记机关登记的实收股本总额。法律、行政法规以及国务院决定对股份有限公司注册资本实缴、注册资本最低限额另有规定的,从其规定。"

3. 依法制定公司章程

这是公司设立的章程条件,公司法对有限责任公司和股份有限公司章程的制定设有不同的要求:有限责任公司的章程由公司股东共同制定。股份有限责任公司,采取发起方式设立的,其公司章程由发起人制定;采募集方式设立的,由发起人制定公司章程,并经创立人大会通过。公司章程是公司自治的集中体现,对公司的成立、运作、管理等事项影响甚巨,且公司法对其制定、修改、内容以及效力等均作出了详细规范,因此本书专设一目予以论述,详见本节第三目"公司章程"。

4. 有公司名称、住所,建立符合公司要求的组织机构

这是公司设立的组织条件。公司名称如同自然人的姓名一样,是公司在其经营活动中用以区别于其他公司或企业的称谓,也是公司人格化的标志,大多数国家的公司法均对公司名称的设定作出明确的规定。我国《公司法》第8条规定:"依照本法设立的有限责任公司,必须在公司名称中标明有限责任公司或者有限公司字样。依照本法设立的股份有限公司,必须在公司名称中标明股份有限公司或者股份公司字样。"

一个公司只能有一个名称,且在同一登记机关辖区内,同行业的企业或者公司不得具有相同或类似的名称。根据《公司名称登机管理实施办法》的规定,公司名称一般由行政区划、字号、行业、组织形式等依次组成。公司名称中不得含有下列内容或者文字:(1)有损国家或者社会利益;(2)可能对公众造成欺骗或误解的;(3)外国国家(地区)名称、国际组织名称;(4)政党名称、党政机关名称、群众组织名称、社会团体名称以及部队番号;(5)汉语拼音字母(外文名称中使用的除外)、数字;(6)其他法律、行政法规禁止使用的内容。另外,相关法规还规定,只有全国性公司、大型进出口公司、大型企业集团才可以在公司名称中使用"中国""中华""全国""国际"等文字;只有私人企业、外商投资企业,才可以使用投资者的姓名作为商号;只有具有3个以上分支机构的公司,才可以在公司名称中使用"总"字;分支机构的名称应当冠以所属总公司的名称,并标明"分公司"字样,同时标明该分公司的行业和所在行政区划的名称或地名。

根据我国《公司法》第10条的规定,公司住所是指公司的主要办事机构所在地。公司住所不同于公司的经营场所,前者是指公司的主要办事机构所在地,一个公司只能有一个住所且必须经过登记注册,是公司章程的必要记载事项之一;后者是指公司进行生产经营活动的场所,一个公司根据其自身规模需要可以有多个经营场所且无须登记注册。确定公司住所具有重要的法律意义:(1)公司住所是确定公司工商登记机关、税务管理机关等管辖事项的前提;(2)公司住所是诉讼中确认地域管辖和诉讼文书送达地点的依据;(3)公司住所是确定债务履行地和其他民事责任履行地的依据;(4)在涉外民事法律关系中,公司住所是确定准据法的重要依据。

由于公司人格系法律拟制的人格,其意思的形成、表达以及执行和实现,均需要依赖其组织机构来完成。公司的组织机构是公司实现其法人资格、进行法律行为的基础和条件,基于公司组织机构的设置而产生的公司治理机构是公司有效运作的制度前提。大致而言,现代公司的组织机构包括权力机关、决策机关、监督机关和执行机关。组织机构的设立必须符合法律的规定,根据我国《公司法》的规定,有限责任公司应当设立股东会、董事会和监事会,公司规模较小、股东人数较少的情况下,可以不设立董事会或监事会,而仅设立1名执行董事或者1~2名监事。有限责任公司中的特殊形式一人公司和国有独资公司,鉴于其股东人

数的特殊性,不设股东会。股份有限公司则必须设立股东大会、董事会和监事会。

(三) 公司设立的程序

公司设立,除需满足法定的实质条件外,还需符合法定的程序性要件。有关公司设立程序的规定,各国公司法因其采取的公司法律政策和设立方式不同而各有区别。根据我国《公司法》的相关规定,设立公司需要遵循下列程序性要求:

1. 签订设立人协议

设立人协议,是指由设立人之间订立的明确相互之间在公司设立方面权利义务的协议。根据我国《公司法》的规定,有限责任公司中没有"发起人"的概念,直接由股东充任"发起人"订立协议。如前文所述,本书使用"设立人"比较合理,将来《公司法》修订时,可以使用"设立人"这一概念①,将有限责任公司的设立股东称为"设立人"显然是合适的,也是必要的,因为就实质而言,公司尚未成立,此时设立人还不是真正意义上的股东,即使日后公司成立,设立人与日后加入公司的股东在权利义务方面也并不完全相同,使用"设立人"的概念就可以很好地将他们区分开来。股份有限公司的设立,依赖发起人的发起行为,则必须由发起人协议来确定相关权利义务。

2. 订立公司章程

订立公司章程的具体要求,见本节第三目"公司章程"。

3. 报经主管部门审批

这不是设立任何公司都需要进行的程序,而是一种例外情况。我国《公司法》上对公司设立采准则主义原则,但例外情况下,需向主管部门办理审批手续,即《公司法》第6条第2款之规定:"法律、行政法规规定设立公司必须报经批准的,应当在公司登记前依法办理批准手续。"

4. 筹集资本

根据我国《公司法》的相关规定,公司设立中的资本筹集,因公司类型不同而有所区别。就有限责任公司而言,由股东根据公司章程规定的各自认缴的出资额按期足额缴纳。股东以货币出资的,应当将货币出资足额存入有限责任公司在银行开设的账户;以非货币财产出资的,应当依法办理其财产权的转移手续。

股份有限公司中股份的认购,则因其设立方式的不同而不同,采发起方式设立的,发起人应当书面认足公司章程规定由其认购的股份,并按照公司章程规定的方式缴纳出资。以非货币财产出资的,应当依法办理财产权的转移手续。采募集方式设立的,发起人认购的股份不得少于公司股份总额的35%,法律、行政法规另有规定的除外。发起人向社会公开募集股份的,必须公告招股说明书、制作认股书,并与依法设立的证券经营机构签订承销协议、与银行签订代收股款协议。发行股份的股款募足后,须经法定验资机构验资并出具证明。

---

① 实际上,我国2017年颁布并实施的《民法总则》对这一概念,使用的即为"设立人",如该法第75条第1款规定,设立人为设立法人从事的民事活动,其法律后果由法人承受;法人未成立的,其法律后果由设立人承受,设立人为2人以上的,享有连带债权,承担连带债务。

5. 确立公司组织机构

根据我国《公司法》的相关规定,有限责任公司和采发起方式设立的股份有限公司由设立人申请设立登记前组建公司组织机构。采募集方式设立的股份有限公司,则由完成股份募集后召开的创立大会选举确定公司的董事会、监事会等。

6. 申请公司设立登记

根据我国《公司法》和《公司登记管理条例》等相关法律法规的规定,公司设立登记主要包括以下几个基本程序:

(1) 公司名称预先核准登记。《公司登记管理条例》第17条规定:"设立公司应当申请名称预先核准。法律、行政法规或者国务院决定规定设立公司必须报经批准,或者公司经营范围中属于法律、行政法规或者国务院决定规定在登记前须经批准的项目的,应当在报送批准前办理公司名称预先核准,并以公司登记机关核准的公司名称报送批准。"申请公司名称预先核准登记应当提交全体股东或者发起人签署的公司名称预先核准申请书、全体股东或者发起人指定代表或者共同委托代理人的证明以及国家市场监督管理总局规定要求提交的其他文件。公司登记机关作出准予公司名称预先核准决定的,应当出具《企业名称预先核准通知书》。预先核准的公司名称保留期为6个月,在保留期内,预先核准的公司名称不得用于从事经营活动、不得转让。

(2) 提出公司设立登记申请。根据《公司登记管理条例》第20条、第21条的规定,公司设立登记的申请人因公司类型而有所差别:有限责任公司的设立登记申请人为全体股东指定的代表或者共同委托的代理人;国有独资公司设立登记的申请人为国务院或者地方人民政府授权的本级人民政府国有资产监督管理机构;股份有限公司的设立登记申请人则为董事会。申请设立登记,需要提交法律法规规定的设立登记申请书、公司章程、验资证明等相关文件,法律、行政法规规定需要经有关部门审批的,还应当提交批准文件。

(3) 审查批准。公司登记机关依法受理设立申请后,对申请文件进行实质性审查。符合法定设立条件的,予以核准登记,并签发公司营业执照。营业执照的签发日期即为公司成立日期,公司自成立之日起取得法人资格和营业资格,可以公司名义对外从事经营活动,刻制印章、开立银行账户、申请纳税登记。不符合法定设立条件的,不予核准登记。申请人对不予核准登记的决定不服的,可以提起行政诉讼请求救济。

三、公司章程

(一) 公司章程的概念和特征

公司章程,是指公司必须依法制定的对公司、股东、董事、监事、高级管理人员具有约束力的关于公司组织和公司行为的自治性规则。公司章程是现代公司文件的重要组成部分,在公司治理和运营中具有举足轻重的地位。公司章程素有公司宪章之称,是公司设立、运营、管理过程中处理内外关系的重要依据。根据我国《公司法》的规定,公司章程具有以下几个方面的特征:

1. 要式性

公司章程的要式性,是指公司章程必须采取书面形式,并且法律对其必要记载事项具有明确规定。公司章程是关于公司组织与行为的基本准则,其内容涉及公司性质、宗旨、经营范围以及股东权利义务和管理人员职责等事项,对公司及其成员具有拘束力、影响甚巨,故须采用书面形式予以固定。

公司章程的要式性是公司章程的生效要件,制定公司章程若未采书面形式,或者未能依法记载必要事项,将影响其效力。

2. 法定性

公司章程的法定性,是指公司章程的制定、修改及其内容和效力范围等均须符合法律的规定。

(1) 公司章程是公司成立的必要条件,即公司章程必须具备,否则公司不能成立。如我国《公司法》第 11 条中规定,设立公司必须依法制定公司章程。

(2) 公司章程制定、修改的法定性。根据我国《公司法》的规定,有限责任公司的章程由股东共同制定,股东应当在章程上签名、盖章。有限责任公司章程的修改,须经代表 2/3 以上表决权的股东通过。股份有限公司,采发起方式设立的,由发起人制定公司章程;采募集方式设立的,由发起人制定公司章程,并经创立大会审议通过。股份有限公司章程的修改,须经出席股东大会股东所持表决权的 2/3 以上通过。

(3) 公司章程的内容和效力范围具有法定性。我国《公司法》第 25 条、第 81 条分别对有限责任公司章程和股份有限公司章程应当记载的事项予以详细规定。第 11 条则明确规定公司章程对公司、股东、董事、监事和高级管理人员具有拘束力。

3. 自治性

公司章程的自治性特征,表现为任何公司在制定章程时,都可以在公司法允许的范围内,针对本公司的成立目的、所处行业、股东构成、资本规模、股权结构等不同特点,确定本公司组织及活动的具体规则。公司章程的自治性,体现了公司自主经营的自由精神。

4. 真实意志性

公司章程是股东根据法律规定和公司具体情况制定的,其内容是全体股东或发起人意思表示一致的结果,是全体股东或发起人真实意志的体现。公司章程的真实意志性,要求公司章程记载的内容须与事实相符,不得有虚假记载,否则将会产生登记机关拒绝登记、对外承担民事责任以及受到行政处罚等法律后果。

5. 公开性

公司章程的公开性,是指公司章程须依法予以登记并置于规定场所供股东查阅或依法向社会公众披露。

(1) 公司章程须依法登记注册。公司章程是公司申请设立登记的必备法律文件之一,须在法定的机关进行登记。我国《公司法》第 29 条规定:"股东认足公司章程规定的出资后,由全体股东指定的代表或者共同委托的代理人向公司登记机关报送公司登记申请书、公司章程等文件,申请设立登记。"

(2) 公司章程须置于规定场所供股东查阅。我国《公司法》第 96 条规定:"股份有限公司应当将公司章程、股东名册、公司债券存根、股东大会会议记录、董事会会议记录、监事会会议记录、财务会计报告置备于本公司。"第 97 条规定:"股东有权查阅公司章程、股东名册、公司债券存根、股东大会会议记录、董事会会议决议、监事会会议决议、财务会计报告,对公司的经营提出建议或者质询。"

(二) 公司章程的制定和修改

1. 公司章程的制定

公司章程制定的主要内容如下:

(1) 公司章程的制定主体。公司章程的制定发生在公司的设立环节。公司章程是公司设立要件之一,原则上由全体股东或者发起人共同制定,但具体而言,其制定主体和程序因公司类型和设立方式的不同而不同。

根据我国《公司法》第 23 条的规定,有限责任公司的设立条件之一为股东共同制定公司章程。由此可知,有限责任公司章程的制定主体是公司设立时的全体股东。此处涉及对"共同制定"的理解,并非指全体股东均参与公司章程拟定的全部过程,股东可以用在公司章程上签字、盖章的形式表明自己对其内容的认可和同意。另外,值得注意的是,我国《公司法》上有限责任公司具有两种特殊形式——一人有限责任公司和国有独资公司。就一人有限责任公司章程的制定主体而言,我国《公司法》第 60 条规定:"一人有限责任公司章程由股东制定。"国有独资公司章程的制定主体,更有其特殊性,我国《公司法》第 65 条规定:"国有独资公司章程由国有资产监督管理机构制定,或者由董事会制定报国有资产监督管理机构批准。"

根据我国《公司法》第 76 条的规定,股份有限公司由发起人制定公司章程,采用募集设立的经创立大会通过。即股份有限公司章程的制定主体,因其设立方式不同而不同。采发起方式设立的股份有限公司,设立阶段的发起人的身份在公司成立之时自动转为公司股东,且不涉及发起人之外的第三方,故公司章程的制定由全体发起人意思表示一致、并在公司章程上签字、盖章即告完成。采募集方式设立的股份有限公司,公司股东不仅包括设立阶段的发起人,还包括认股的社会公众或者特定募集对象,故仅由发起人制定的公司章程不一定能反映全体股东的意志,因此,公司章程的制定,除由发起人制定外,还需经过创立大会审议通过。根据我国《公司法》第 89 条、第 90 条的规定,发起人应当自股款缴足之日起 30 日内主持召开创立大会;创立大会应有代表股份总数过半数的发起人、认股人出席,方可举行;公司章程须以决议方式经出席会议的认股人所持表决权过半数通过。

(2) 公司章程的内容。公司章程的内容,又称为公司章程的记载事项。按照各个事项在公司章程中的地位和效力,学理上将公司章程的内容划分为绝对必要记载事项、相对必要记载事项和任意记载事项。

所谓绝对必要记载事项,是指公司法规定的公司章程必须记载的事项。对于绝对必要记载事项,各国公司法均予以明文规定,一般为与公司设立、组织、运营或管理具有重大关系的基础性事项,如公司的名称、住所、经营范围、资本额、公司的组织机构以及公司的法定代表人等。就其性质而言,公司法关于公司章程绝对必要记载事项的规定属强行性法律规范。若绝对必要记载事项不予记载或者记载违法,将导致公司章程无效以及公司设立行为无效的法律后果。

所谓相对必要记载事项,是指公司法规定的公司章程中可以记载也可以不记载的事项。就其性质而言,公司法关于公司章程相对必要记载事项的规定属授权性法律规范。相对必要记载事项的记载与否不会影响公司章程的效力,就事项本身而言,未载入公司章程当然不生效力,一旦载入公司章程即对相关主体产生拘束力。

所谓任意记载事项,是指公司法规定的绝对必要记载事项和相对必要记载事项之外,在不违反法律、行政法规强行性规定和公序良俗的前提下,由公司章程制定者意思表示一致自愿记载于公司章程的事项。任意记载事项充分体现了公司法中的意思自治理念,也是公司章程作为自治性规则的重要载体。任意记载事项的记载与否同样不影响公司章程的效力,就事项本身而言,未载入公司章程自然不生效力,一旦载入即产生拘束力。

关于公司章程中的绝对必要记载事项,我国《公司法》第25条第1款、第81条分别针对有限责任公司和股份有限公司予以明确规定。根据上述规定,我国有限责任公司章程中的绝对必要记载事项包括:① 公司名称和住所;② 公司经营范围;③ 公司注册资本;④ 股东的姓名或者名称;⑤ 股东的出资方式、出资额和出资时间;⑥ 公司的机构及其产生办法、职权、议事规则;⑦ 公司的法定代表人。我国股份有限公司章程中的绝对必要记载事项包括:① 公司名称和住所;② 公司经营范围;③ 公司设立方式;④ 公司股份总数、每股金额和注册资本;⑤ 发起人的姓名或者名称、认购的股份数、出资方式和出资时间;⑥ 董事会的组成、职权和议事规则;⑦ 公司法定代表人;⑧ 监事会的组成、职权和议事规则;⑨ 公司利润分配办法;⑩ 公司解散事由与清算办法;⑪ 公司的通知和公告办法。

我国《公司法》关于公司章程相对必要记载事项的规定,未像绝对必要记载事项一样予以集中规定,而是散见于《公司法》的多个条款之中。例如,《公司法》第16条规定,对于公司对外投资与担保事项的决议,由股东会、董事会按照公司章程规定的权限和数额进行。第37条、第46条、第53条规定,公司章程可以规定股东会、董事会、监事会享有其他职权。第169条第1款规定,公司聘用、解聘承办公司审计业务的会计师事务所,按照公司章程的规定,由股东会、股东大会或董事会决定等。

我国《公司法》中关于任意记载事项的规定,主要体现在两类条款之中:①《公司法》第25条第1款第(8)项规定的"股东会会议认为需要规定的其他事项"和第81条第(12)项规定的"股东大会会议认为需要规定的其他事项"这两项概括授权条款。② 具有"公司章程另有规定或者全体股东另有约定的除外"字样的分散授权条款,此类条款在《公司法》中多有体现。《公司法》第34条规定:"股东按照实缴的出资比例分取红利;公司新增资本时,股东有权优先按照实缴的出资比例认缴出资。但是,全体股东约定不按照出资比例分取红利或者不按照出资比例优先认缴出资的除外。"第41条第1款规定:"召开股东会会议,应当于会议召开15日前通知全体股东;但是,公司章程另有规定或者全体股东另有约定的除外。"

2. 公司章程的修改

公司章程的修改,是指公司章程制定、生效之后,遇有法律、法规规定或公司具体情势的变动而对公司章程的内容予以增加、删减或变更。公司章程一旦制定,便以静止的文本状态存在,而公司的经营状况和外部环境常有变动,故客观上公司章程的修改具有必然性。鉴于公司章程的重要地位和影响,各国公司法均对公司章程的修改予以严格要求,我国《公司法》亦从公司章程的修改事由、程序等方面给予限定。

(1) 公司章程修改的事由。根据相关法律、法规的规定,公司章程修改的事由主要有以下几种:① 法律、行政法规修订后,公司章程规定的原有事项与修订后的强行性规范相抵触;② 公司的情况发生变化,与公司章程的记载事项不相一致,如公司变更名称、公司主要股东发生变化等;③ 股东会或股东大会决议修改公司章程;④ 公司章程规定的其他修改事由。

(2) 公司章程修改的程序。

第一,提案。根据我国《公司法》第 37 条、第 99 条的规定,由股东会或股东大会行使修改公司章程的职权,而股东(大)会包括定期会议和临时会议,则有权提起召开股东(大)会会议的主体即可为公司章程修改的提案权人。根据我国《公司法》第 39 条、第 100 条、第 102 条的规定,有权提出修改公司章程的主体为:有限责任公司中代表 1/10 以上表决权的股东、1/3 以上的董事或者监事;股份有限公司中的董事会、单独或者合计持股 3% 以上的股东、监事会。

第二,决议。前已论及,公司章程对相关主体影响甚巨,故其修改应当属于特别决议事项。根据我国《公司法》第 37 条、第 99 条的规定,享有公司章程修改权的主体仅限于股东(大)会,其他机关或者个人不得行使。另外,《公司法》第 43 条第 2 款规定,有限责任公司修改公司章程的决议,必须经代表 2/3 以上表决权的股东通过;第 73 条规定,有限责任公司依法转让股权后,对公司章程的该项修改不需再表决。第 103 条第 2 款规定,股份有限公司修改公司章程须经出席股东大会的股东所持表决权的 2/3 以上通过。

第三,变更登记。公司章程修改涉及登记事项的,应当变更登记。我国《公司法》第 12 条第 1 款规定:"公司的经营范围由公司章程规定,并依法登记。公司可以修改公司章程,改变经营范围,但是应当办理变更登记。"另外,根据《公司登记管理条例》第 36 条的规定,公司章程修改未涉及登记事项的,不必变更登记,但应当将修改后的章程或者修正案送原公司登记机关备案。

(三) 公司章程的效力

公司章程作为关于公司组织和公司行为的自治性规范,对公司及其成员具有重要的影响力,这一影响力具体表现为公司章程的效力,可以从时间效力和主体效力两个方面理解。

1. 公司章程的时间效力

公司章程的时间效力,是指公司章程的生效时间和失效时间,即公司章程从什么时候开始生效,至什么时候终止其效力的问题。

(1) 公司章程的生效时间。公司章程的生效时间,包括公司章程制定场合下的生效时间和公司章程修改场合下的生效时间。

公司章程制定场合下的生效时间,因公司类型和设立方式的不同而有所差别。对有限责任公司和采发起方式设立的股份有限公司而言,公司章程自全体股东或发起人在公司章程上签字、盖章时生效;对采募集方式设立的股份有限公司,公司章程则自创立大会决议通过时生效。值得注意的是,此时公司章程并不具有公司法上的整体效力,因无论全体股东或发起人在公司章程上签字、盖章,还是创立大会的召开,均不构成公司的有效成立,此时公司尚处于设立阶段、性质上属无权利能力社团。

公司章程修改场合下的生效时间,因其修改程序性要求不同而不同:如公司章程的修改依法需经政府主管部门审批的,自审批后生效;无须审批的,自股东会依法通过修正案后生效,若公司章程修改涉及登记事项的,则自依法办理变更登记之日起生效。

(2) 公司章程的失效时间。公司章程的失效包括公司章程的全部失效和部分失效两种情况。

公司章程的全部失效,是指公司章程作为一个整体而全部丧失其拘束力。一般情况下,公司章程作为公司治理的重要文件之一,很难出现全部失效的情况,仅在公司不能成立和公司依法终止时始发生。公司不能成立时,公司章程自公司不能成立之时全部失效,如设立公司失败;公司依法终止时,公司章程自公司依法办理注销登记之日起全部失效。

公司章程的部分失效,是指在公司章程修改、部分废除的情况下,其部分内容和条款失去效力。公司章程内容、条款的修改和废除,自股东(大)会决议之时失去效力,公司章程的部分无效不影响其他部分的效力。

2. 公司章程的主体效力

公司章程的主体效力,是指公司章程对什么人具有拘束力的问题。我国《公司法》第11条明确规定,公司章程对公司、股东、董事、监事和高级管理人员具有约束力。因此,公司章程的主体效力范围包括公司、股东、董事、监事和高级管理人员。

公司章程是关于公司组织和公司行为的基本准则,公司遵守并执行公司章程的相关规定自属应当。公司章程对公司的效力主要体现在两个方面:(1) 公司章程规定了公司组织机构的产生、组成、议事规则和职权,从而约束公司内部组织和活动,执行和实现公司的意志;(2) 公司章程规定了公司的经营范围,由此确定公司作为法律主体从事经营活动、对外发生法律关系时的权利能力和行为能力。

公司章程是各个股东之间关于彼此权利义务的约定,股东应受其约束。受约束的股东不仅包括公司设立阶段参与公司章程制定的股东或者发起人,还包括公司成立后、存续过程中新加入的股东。我国《公司法》第20条第1款规定:"公司股东应当遵守法律、行政法规和公司章程,依法行使股东权利,不得滥用股东权利损害公司或者其他股东的利益;不得滥用公司法人独立地位和股东有限责任损害公司债权人的利益。"股东违反公司章程的规定,滥用股东权利的,将会引起对公司自身、其他股东或者公司债权人承担相应法律责任的后果。如《公司法》第20条第2款、第3款规定:"公司股东滥用股东权利给公司或者其他股东造成损失的,应当依法承担赔偿责任。公司股东滥用公司法人独立地位和股东有限责任,逃避债务,严重损害公司债权人利益的,应当对公司债务承担连带责任。"再如第30条规定,有限责任公司成立后,股东出资不实的,应负差额填补责任,其他股东负有连带赔偿责任。股东出资不实,亦为违反公司章程的表现。

公司章程对董事、监事和高级管理人员亦具有约束力,上述人员的设置,是公司治理结构发展的结果,也是公司制度中所有权和经营权相分离的表现。为了避免或限制可能因此产生的道德风险和代理成本,公司章程一般会对董事、监事、高级管理人员的设置、职权、议事规则等作出规定,同时对上述人员违反公司章程的行为设定了相应的救济途径和法律责任。我国《公司法》第147条第1款规定:"董事、监事、高级管理人员应当遵守法律、行政法规和公司章程,对公司负有忠实义务和勤勉义务。"第149条规定:"董事、监事、高级管理人员执行公司职务时违反法律、行政法规或者公司章程的规定,给公司造成损失的,应当承担赔偿责任。"并于第151条、第152条中设置股东派生诉讼和股东的直接诉权,引入司法救济途径予以全面保护。

公司章程的主体效力范围仅限于公司及其成员,即仅对内部人具有拘束力。公司章程对公司债权人或者其他第三人等外部人不发生效力,亦不得以公司章程另有规定为由对抗善意第三人,如公司超越章程规定的经营范围与善意第三人签订合同,从事交易的,该合同不因此而归于无效。

【测试题】

1. 张平以个人独资企业形式设立"金地"肉制品加工厂。2011年5月,因瘦肉精事件影响,张平为减少风险,打算将加工厂改换成一人有限公司形式。对此,下列哪一表述是错误的?( )(2011年国家司法考试,卷三第28题)

  A. 因原投资人和现股东均为张平一人,故加工厂不必进行清算即可变更登记为一人有限公司

  B. 新成立的一人有限公司仍可继续使用原商号"金地"

  C. 张平为设立一人有限公司,须一次足额缴纳其全部出资额

  D. 如张平未将一人有限公司的财产独立于自己的财产,则应对公司债务承担连带责任

2. 玮平公司是一家从事家具贸易的有限责任公司,注册地在北京,股东为张某、刘某、姜某、方某四人。公司成立两年后,拟设立分公司或子公司以开拓市场。对此,下列哪一表述是正确的?( )(2014年国家司法考试,卷三第25题)

  A. 在北京市设立分公司,不必申领分公司营业执照

  B. 在北京市以外设立分公司,须经登记并领取营业执照,且须独立承担民事责任

  C. 在北京市以外设立分公司,其负责人只能由张某、刘某、姜某、方某中的一人担任

  D. 在北京市以外设立子公司,即使是全资子公司,亦须独立承担民事责任

3. 张某与潘某欲共同设立一家有限责任公司。关于公司的设立,下列哪一说法是错误的?( )(2015年国家司法考试,卷三第25题)

  A. 张某、潘某签订公司设立书面协议可代替制定公司章程

B. 公司的注册资本可约定为50元人民币

C. 公司可以张某姓名作为公司名称

D. 张某、潘某二人可约定以潘某住所作为公司住所

4. 顺昌有限公司等五家公司作为发起人,拟以募集方式设立一家股份有限公司。关于公开募集程序,下列哪些表述是正确的?(　　)(2014年国家司法考试,卷三第72题)

A. 发起人应与依法设立的证券公司签订承销协议,由其承销公开募集的股份

B. 证券公司应与银行签订协议,由该银行代收所发行股份的股款

C. 发行股份的股款缴足后,须经依法设立的验资机构验资并出具证明

D. 由发起人主持召开公司创立大会,选举董事会成员、监事会成员与公司总经理

5. 甲、乙、丙、丁计划设立一家从事技术开发的天际有限责任公司,按照公司设立协议,甲以其持有的君则房地产开发有限公司20%的股权作为其出资。下列哪些情形会导致甲无法全面履行其出资义务?(　　)(2011年国家司法考试,卷三第69题)

A. 君则公司章程中对该公司股权是否可用作对其他公司的出资形式没有明确规定

B. 甲对君则公司尚未履行完毕其出资义务

C. 甲已将其股权出质给其债权人戊

D. 甲以其股权作为出资转让给天际公司时,君则公司的另一股东已主张行使优先购买权

6. 张三、李四、王五成立天问投资咨询有限公司,张三、李四各以现金50万元出资,王五以价值20万元的办公设备出资。张三任公司董事长,李四任公司总经理。公司成立后,股东的下列哪些行为可构成股东抽逃出资的行为?(　　)(2011年国家司法考试,卷三第70题)

A. 张三与自己所代表的公司签订一份虚假购货合同,以支付货款的名义,由天问公司支付给自己50万元

B. 李四以公司总经理身份,与自己所控制的另一公司签订设备购置合同,将15万元的设备款虚报成65万元,并已由天问公司实际转账支付

C. 王五擅自将天问公司若干贵重设备拿回家

D. 3人决议制作虚假财务会计报表虚增利润,并进行分配

7. 科鼎有限公司设立时,股东们围绕公司章程的制定进行讨论,并按公司的实际需求拟定条款规则。关于该章程条款,下列哪些说法是正确的?(　　)(2016年国家司法考试,卷三第68题)

A. 股东会会议召开7日前通知全体股东

B. 公司解散需全体股东同意

C. 董事表决权按所代表股东的出资比例行使

D. 全体监事均由不担任董事的股东出任

8. 甲、乙、丙设立一有限公司,制定了公司章程。下列哪些约定是合法的?(　　)(2013年国家司法考试,卷三第68题)

A. 甲、乙、丙不按照出资比例分配红利

B. 由董事会直接决定公司的对外投资事宜

C. 甲、乙、丙不按照出资比例行使表决权

D. 由董事会直接决定其他人经投资而成为公司股东

【答案与解析】

1. 答案：AC。

解析：《个人独资企业法》第27条第1款规定：个人独资企业解散，由投资人自行清算或者由债权人申请人民法院指定清算人进行清算。将个人独资企业变更为一人有限公司，是企业性质的彻底改变，如果不进行清算，将不利于保护债权人的利益，故A项错误。张平作为该个人独资企业的出资人，企业的所有财产，包括"金地"商号，均归张平所有，张平作为股东出资设立的一人公司，当然有权继续使用该商号，故B项正确。2013年《公司法》修改，删除了一人公司的注册资本必须一次足额缴纳的规定。故C项错误。《公司法》第63条规定：一人有限责任公司的股东不能证明公司财产独立于股东自己的财产的，应当对公司债务承担连带责任。故D项正确。

2. 答案：D。

解析：《公司法》第14条规定：公司可以设立分公司。设立分公司，应当向公司登记机关申请登记，领取营业执照。分公司不具有法人资格，其民事责任由公司承担。公司可以设立子公司，子公司具有法人资格，依法独立承担民事责任。故A、B项错误，D项正确。法律并未规定分公司的负责人必须由股东担任，故C项错误。

3. 答案：A。

解析：我国《公司法》第23条规定，设立有限责任公司，应当具备下列条件：(1) 股东符合法定人数；(2) 有符合公司章程规定的全体股东认缴出资额；(3) 股东共同制定的公司章程；(4) 有公司名称，建立符合有限责任公司要求的组织机构；(5) 有公司住所。由于《公司法》在2013年修改后取消了对有限责任公司最低注册资本的限制，因此B选项正确，不选。《企业名称登记管理规定》第9条规定，企业名称不得含有下列内容和文字：(1) 有损于国家、社会公共利益的；(2) 可能对公众造成欺骗或者误解的；(3) 外国国家(地区)名称，国际组织名称；(4) 政党名称、党政军机关名称、群众组织名称、社会团体名称及部队番号；(5) 汉语拼音字母(外文名称中使用的除外)、数字；(6) 其他法律、行政法规规定禁止的。第10条第3款规定，私营企业可以使用出资人姓名作字号。C选项中，出资人约定以张某姓名作为公司名称不属于以上禁止的范围，因而正确，不选。目前我国对企业的住所选址没有特别的禁止性规定，因而D选项正确，不选。

公司章程作为公司自治行规则属于公司的必备性文件。《公司法》以及《公司登记管理条例》中都将公司章程列为公司设立登记的必备性文件，且须满足法定的必要条款，并经过特别的公司章程制定与通过程序。须特别注意的是，公司设立过程中的设立人所签订的公司设立协议，虽然在某些内容方面与公司章程有相同之处，但二者在形式要求、制定程序等

方面均存在实质区别,因此不能以设立协议来替代公司章程的制定,否则即违反法律的强制性规定,故 A 选项表述错误。

4. 答案:AC。

解析:《公司法》第 87 条规定:发起人向社会公开募集股份,应当由依法设立的证券公司承销,签订承销协议。故 A 项正确。《公司法》第 88 条规定:发起人向社会公开募集股份,应当同银行签订代收股款协议。故 B 项错误。《公司法》第 89 条规定:发行股份的股款缴足后,必须经依法设立的验资机构验资并出具证明。发起人应当自股款缴足之日起 30 日内主持召开公司创立大会。故 C 项正确。《公司法》第 113 条第 1 款规定:股份有限公司设经理,由董事会决定聘任或者解聘。创立大会负责选举董事会成员和监事会成员,经理不是选举产生的。故 D 项错误。

5. 答案:BCD。

解析:依据《公司法司法解释(三)》第 11 条第 1 款规定:"出资人以其他公司股权出资,符合下列条件的,人民法院应当认定出资人已履行出资义务:(1) 出资的股权由出资人合法持有并依法可以转让;(2) 出资的股权无权利瑕疵或者权利负担;(3) 出资人已履行关于股权转让的法定手续;(4) 出资的股权已依法进行了价值评估。"A 项不当选。甲对君则公司尚未履行完毕其出资义务,因此甲不能实现对天际公司的出资,故 B 项当选。作为出资的股权需无权利瑕疵或者权利负担,甲已将其股权出质,故 C 项当选。出资的股权应当依法可以转让,但是在君则公司的另一股东已主张行使优先购买权时,甲的股权就不能顺利转移给天际公司,故 D 项当选。

6. 答案:ABD。

解析:《公司法司法解释(三)》第 12 条规定:公司成立后,公司、股东或者公司债权人以相关股东的行为符合下列情形之一且损害公司权益为由,请求认定该股东抽逃出资的,人民法院应予支持:(1) 制作虚假财务会计报表虚增利润进行分配;(2) 通过虚构债权债务关系将其出资转出;(3) 利用关联交易将出资转出;(4) 其他未经法定程序将出资抽回的行为。A 项属于虚构债权债务关系将其资金转出,当选。B 项属于利用关联交易将其资金转出,当选。D 项属于制作虚假财务会计报表虚增利润进行分配,当选。C 项不属于抽逃出资的行为,是对公司财产的非法侵占。

7. 答案:AB。

解析:依据《公司法》第 41 条第 1 款规定,章程可以对股东会召开的通知时间另有约定,故 A 选项正确。

依据《公司法》第 43 条第 2 款规定,公司的解散属于重大事宜,要经代表 2/3 以上表决权的股东通过,并且章程约定的解散是自愿解散,与强制解散是并列关系,不影响强制解散的适用,故合法,B 选项正确。

依据《公司法》第 48 条第 3 款,董事会的表决实行一人一票,而非资本多数决,从公司法的原理也应当认识到董事会表决的民主性对公司治理的意义,故 C 选项错误。

依据《公司法》第 51 条第 2 款,监事会应当有职工代表,公司章程可以约定的是职工代表出任监事的具体比例(不少于1/3),而不能约定全部由股东出任,如果这样则违背了公司治理中监事会作为监督机构的设置原理,故 D 选项错误。

8. 答案:ABC。

解析:

《公司法》第34条规定:"股东按照实缴的出资比例分取红利;公司新增资本时,股东有权优先按照实缴的出资比例认缴出资。但是,全体股东约定不按照出资比例分取红利或者不按照出资比例优先认缴出资的除外。"故 A 选项正确。

《公司法》第16条第1款规定:"公司向其他企业投资或者为他人提供担保,依照公司章程的规定,由董事会或者股东会、股东大会决议;公司章程对投资或者担保的总额及单项投资或者担保的数额有限额规定的,不得超过规定的限额。"由此可知有限公司章程可以约定享有对外投资决定权的是董事会还是股东会,故 B 选项正确。

《公司法》第42条规定:"股东会会议由股东按照出资比例行使表决权;但是,公司章程另有规定的除外。"故 C 选项正确。

成为有限责任公司股东有两种基本方式:(1)作为发起人在公司设立时认缴或实缴出资,公司成立后置备股东名册,自其记载于股东名册时成为公司股东;(2)经其他股东过半数同意或经法院强制执行程序,公司股东向股东之外的人转让股权,受让人自记载于股东名册时起成为公司股东。股东资格的取得系强制性法律规范,公司章程无权规定董事会可以直接决定其他人经投资成为股东。故 D 选项错误。

第四节　公司人格制度

一、公司人格的概念与取得条件

(一)公司人格的概念及其特征

"人格"中的"人"是指民事权利主体,"格"是指成为这种主体的资格。人格者,即民事权利主体资格之称谓。相应地,公司人格是指公司作为民事权利义务主体的资格。在完成一系列的公司设立程序后,满足了法律规定的实质和程序要件,公司就取得了独立的人格。由此,公司拥有专属的名称和住所,拥有独立于股东的法人财产,能够以公司自己的名义开展经营活动并且能够以自己的财产独立承担民事责任。这就是公司法人人格制度,简称公司人格制度。公司人格制度的基本内涵有二:(1)公司具有独立的人格,成为能独立对外承担责任的民事主体;(2)公司的主体资格独立于公司的股东,法律确认公司与公司的股东相互独立,互不隶属,公司与其股东取得了同等重要的法律地位。

公司独立人格的获得,来源于法律的拟制,是现代法律文明所作的一种制度安排。公司人格制度反映了日益扩大的生产规模、不断进步的技术手段和不断改进的经营管理对企业组织形式的客观要求。英美法学者形象地将公司的独立人格描绘为罩在公司头上的"面纱"

(the veil of the corporation),这层"面纱"将公司人格与其成员个人人格分离,使股东免受公司债权人的直接追索。

从公司人格的定义,可以看出公司人格具有如下主要特征:

(1) 公司人格具有法定性。公司的人格是由法律拟制而成,依照法律规定的程序赋予公司以法律人格,得到法律的认可。法定性是公司区别于自然人人格的重要特征,也是法律拟制人格的关键所在。

(2) 公司人格具有独立性。所谓独立性,是指公司与其组成人员是相互独立的不同的法律主体,具有不同的法律人格。其独立性主要体现在:① 财产独立;② 意思独立;③ 存续独立;④ 责任独立;⑤ 诉讼主体资格独立等五个方面。

(3) 公司人格具有平等性。平等性的内涵包括:公司与公司或其他法人之间人格平等,公司与自然人之间人格平等以及公司与其他具有独立人格的非法人团体之间人格也平等。这一平等指的是法律地位的平等,即在法律活动中,不论公司的行业、性质、财产多寡,其民事主体资格一律平等,不承认任何特权。当然,公司的人格平等,只是资格平等、机会平等,而不是指不同公司之间市场竞争结果的平等。

(二) 公司人格的取得条件

公司人格的取得必须具备法定的条件,这些条件包括:公司的名称与住所、公司法人财产、公司的组织机构、公司独立承担责任。

(1) 公司应有自己的名称与住所。与自然人一样,公司也具有自己的名称。公司的名称是不同公司之间相互区别的标志,是公司人格独立和特定化的具体表现。公司名称是公司的成立要件之一,也是公司章程的必备条款。公司从事民事活动必须要有固定的住所,住所是公司的人格要素之一,是公司设立时的必备条件,也是公司章程的绝对必要记载事项。

(2) 公司应当有独立的法人财产。我国《民法通则》规定,法人成立必须有必要的财产或经费。《公司法》要求公司必须有独立的法人财产,尽管 2013 年《公司法》取消了最低资本额的注册要求,但这丝毫不影响对公司有独立的法人财产的要求。设立公司依然需要认足公司章程规定的出资,才能申请设立登记(《公司法》第 29 条)。公司人格须以公司独立的财产为基础,在这一点上,作为法人的公司与自然人不同,自然人的人格与其财产状况没有关系。公司法人财产最初来源于股东的投资,股东应当将其财产投资于公司;一旦公司成立,该财产即是公司独立享有的财产,而不属于股东的财产,股东通过出资获得的是股权。

(3) 公司的组织机构。公司作为法人,必须有一定的机构对内管理公司事务,对外代表公司进行活动,这就是公司的组织机构,或者称为公司机关。公司机关是公司人格不可缺少的一部分,各国公司法都要求公司在设立时即应具备相应的公司机关。

(4) 公司独立承担责任。公司具有独立人格必然要求公司能够独立承担法律责任,这也正是公司这种法人组织与合伙企业、个人独资企业等不具备法人资格组织的重要区别。公司独立承担责任也就意味着包括股东在内的其他主体不应当为公司的活动承担责任,由此引申出公司法的一个重要原则——股东有限责任,即公司以其全部财产对公司的债权人承担责任,而公司的股东仅以其出资为限对公司债务承担清偿责任。公司在以其全部资产承担偿债责任后,即使公司所负债务仍然不能得以全部清偿,公司的债权人也不得请求公司的股东承担超过其出资义务的责任,公司也不得将其债务转移到股东身上。公司人格与股东人格的分离,乃是有限责任产生的前提,不理解公司的独立人格,也就不能理解公司的有限责任。

此外,公司不仅需要满足上述实质条件,还需要满足一定的形式要件,即公司只有经登记注册才能取得法人资格,非经此程序,公司人格不能存在。

二、公司权利能力与行为能力

（一）公司权利能力

1. 公司权利能力的涵义

公司经过设立并经核准登记后,即取得法人资格,便具有了权利能力和行为能力。公司权利能力是指公司作为法律主体依法享有权利和承担义务的资格。这种资格是由法律赋予的,它是公司在市场经济活动中具体享有权利、承担义务的前提。

公司权利能力的起始时间与自然人有所不同。自然人的权利能力始于出生,终于死亡。而公司的权利能力于公司成立时产生,至公司终止时消灭。那么,公司何时成立,何时终止,就是确定公司权利能力产生和消灭的关键。我国《民法通则》规定,企业法人应自其依法登记并取得营业执照之日起享有民事权利能力,自其解散并注销企业法人营业执照之日起终止其民事权利能力。具体而言,依照我国《公司法》第7条的规定,公司营业执照签发的日期为公司成立日期。因此,公司营业执照签发之日,为公司权利能力取得之时,设立中的公司不具有权利能力。同样,依照《公司法》第188条的规定,公司清算结束后,清算组应当制作清算报告,报股东会、股东大会或者人民法院确认,并报送公司登记机关,申请注销公司登记,公告公司终止。可见,公司注销登记并公告之日,即为公司权利能力丧失之时。处于清算中的公司,仍然具有一定的权利能力,只是其范围有所局限。

2. 公司权利能力的限制

公司作为法人的一种,不同于自然人。公司的权利能力与自然人的权利能力相比较,受到性质上、法律上和目的上的限制。

（1）性质上的限制。作为法人,公司不能享有自然人以自然性质为前提的权利,如生命权、健康权、肖像权、继承权、婚姻权等人身权。但是,公司仍享有某些特定的人格权,如名称权、名誉权和荣誉权等。《民法总则》第110条第1款规定,自然人享有生命权、身体权、健康权、姓名权、肖像权、名誉权、荣誉权、隐私权、婚姻自主权等权利。第110条第2款则规定,法人、非法人组织享有名称权、名誉权、荣誉权等权利。

（2）法律上的限制。公司在法律规定的范围内享有权利能力。法律对公司权利能力有多方面的限制,既有公司法上的限制,也有其他法律上的限制,如反垄断法、证券法、银行法等。现以《公司法》为例加以说明。

① 转投资的限制。公司是以营利为目的的企业法人,为了追求利润最大化,公司向其他企业投资入股或者收购其他企业的股份,并因此获得相应的利润,这是商业经营活动中的

常见现象,是公司从事经营活动的一种具体方式。但是,公司转投资可能会影响自身的资金安全和正常运转,也可能导致资本信用的过度膨胀和虚增。为了维护交易安全,保护公司股东和债权人,我国《公司法》对公司的转投资作出了相应的限制。

我国《公司法》第15条规定:"公司可以向其他企业投资;但是,除法律另有规定外,不得成为对所投资企业的债务承担连带责任的出资人。"这一规定放宽了2005年修订前的《公司法》只允许向有限责任公司和股份有限公司投资的规定,但仍坚持公司转投资时只能对公司投资后的企业承担有限责任的要求。法律之所以如此要求,是因为如果公司成为合伙企业的普通合伙人或者其他需要对所投资企业债务承担无限连带责任的投资人的话,一旦其所投资的企业不能清偿债务,公司势必受到牵连,整个公司的资产都将处于巨大风险之中,影响公司股东和债权人的利益。但是,解读《公司法》第15条,我们并不能得出公司一定不能投资于合伙企业的结论,事实上,公司可以有限合伙人的身份投资于有限合伙企业,这也体现在2006年8月27日修订通过的《中华人民共和国合伙企业法》(以下简称《合伙企业法》)的相关规定中。根据该法第2条的规定,合伙企业包括普通合伙企业和有限合伙企业两种。普通合伙企业由普通合伙人组成,合伙人对合伙企业债务承担无限连带责任;有限合伙企业由普通合伙人和有限合伙人组成,普通合伙人对合伙企业债务承担无限连带责任,有限合伙人以其认缴的出资额为限对合伙企业债务承担责任。据此,公司不得成为普通合伙企业的合伙人,但可以成为有限合伙企业中的有限合伙人。另外,修订后的《公司法》还取消了对转投资额度的限制。

② 担保的限制。公司为其他主体提供担保意味着可能代其清偿债务,这是一种隐形的负债,可能会使公司遭受重大损失。为保护股东和债权人利益,大陆法系的国家和地区通常就公司对外提供担保作了较为严格的限制,而一些英美法系国家对公司的担保行为却无限制。

我国1993年《公司法》第60条第3款规定,董事、经理不得以公司资产为本公司的股东或者其他个人债务提供担保。此即为对公司担保的限制,但该条款仍有不尽明确之处。2005年《公司法》进一步明确了有关公司对外担保的规定。该法第16条规定:"公司向其他企业投资或者为他人提供担保,按照公司章程的规定,由董事会或者股东会、股东大会决议;公司章程对投资或者担保的总额及单项投资或者担保的数额有限额规定的,不得超过规定的限额。公司为公司股东或者实际控制人提供担保的,必须经股东会或者股东大会决议。前款规定的股东或者受前款规定的实际控制人支配的股东,不得参加前款规定事项的表决。该项表决由出席会议的其他股东所持表决权的过半数通过。"此外,《公司法》第148条进一步规定,董事、高级管理人员不得违反公司章程的规定,未经股东会、股东大会或者董事会同意,以公司财产为他人提供担保。违反上述规定而所得的收入应当归公司所有。通过这些规定,法律明确了公司对外提供担保的决策机构、决策程序、决策内容和担保对象:

第一,明确了对外担保的决策机构。公司对外担保只能依照公司章程的规定,由董事会或股东会、股东大会以决议方式作出决定,其他任何机构和个人无权擅自作出公司对外担保的决定。

第二，明确了公司为股东或者实际控制人提供担保的特殊决策程序，以及违反该程序应当承担的后果。如果公司为公司股东或者实际控制人提供担保的，必须经股东会或股东大会的决议。前述股东或受前述实际控制人支配的股东不得参加表决，该项表决由出席会议的其他股东所持表决权的过半数通过。这种规定是为了防止大股东或实际控股人以自己的特殊地位，侵害中小股东的利益。这也是修订后的《公司法》对中小股东利益的特殊保护的体现。

第三，明确了担保限额。公司章程对担保总额或单项担保的数额有限额规定的，不能超过规定的限额。这是《公司法》授权公司章程对担保限额的规定，目的也是为了减少股东的风险。

第四，明确了公司担保的对象。在符合条件的情况下，本公司股东、其他个人及单位都可以成为公司担保的对象。

③ 贷出资金的限制。公司资本是公司运营和对外承担责任的物质基础和保证，对债权人的利益起到一种担保作用，因而保持公司资本的充实具有重要意义。公司的对外借贷行为使公司的资本结构发生了变化，使部分公司资金处于风险之中。公司借贷不同于转投资，公司对转投资的对象有参与决策的权力，对转投资对象具有较强的控制力。公司借贷也不同于公司对外保证，公司借贷是一个现实发生的公司现金流的流出，且可能无法收回，而公司保证是一个可能发生的现金流丧失与转移。实践中，公司对外借贷往往与抽逃资本、挪用资金、不正当关联交易等行为相关。为保障股东和债权人的利益，各国法律一般都对公司的借贷行为予以限制。但是，公司对外借贷在某些情况下确有存在必要，不可完全禁止。如我国当前企业融资渠道较窄，商业实践中有业务往来的公司之间确有必要相互融通资金。因而，对公司借贷的规制，应该在开放资金融通渠道与规避金融资金管制之间谋求平衡。这样一种平衡可为关联企业之间的资金调度与资金流通提供一个适度的可行渠道。

就公司对外借贷的行为，公司法在修订前后也有明显的变化。1993 年《公司法》第 60 条第 1 款规定："董事、经理不得挪用资金或者将公司资金借贷给他人。"实践中一般将此条规定理解为禁止将公司资金借贷给他人使用。但是，修订后的《公司法》放宽了这一限制，并进一步明确了相关规定。根据现行《公司法》第 148 条第 1 款第（3）项的规定，董事、高级管理人员不得违反公司章程的规定，未经股东会、股东大会或者董事会同意，将公司资金借贷给他人或者以公司财产为他人提供担保。另外，第 115 条规定："公司不得直接或者通过子公司向董事、监事、高级管理人员提供借款。"通过以上这些规定，可以明确以下三点变化：

第一，根据现行《公司法》，公司具有将资金借贷给他人的权利能力。公司向他人贷款的行为属于公司自治的范畴，法律不作禁止性规定。

第二，董事、高级管理人员参与公司资金借贷给他人的活动，必须符合法定的程序。只要符合公司章程的规定，经过股东会、股东大会或者董事会的同意，董事、高级管理人员就可将公司资金借贷给他人。

第三，现行《公司法》并未禁止有限责任公司向其董事、监事和高级管理人员提供贷款，换言之，有限责任公司具有向包括本公司董事、监事、高级管理人员在内的任何人贷出资金的权利能力。

（3）目的上的限制。公司章程中应当记载公司的目的，即公司所从事的事业范围，此条款为目的条款，我国《公司法》称之为经营范围条款。公司的经营范围也是公司的必要登记事项。公司的权利能力是否应当受到经营范围的严格限制，超越经营范围的活动是否无效，这些问题争议颇多。各国法律在此问题上，大致经历了一个从严格限制到逐步放宽再到最终取消限制的过程，我国也同样如此。

我国1986年颁布的《民法通则》第42条规定："企业法人应当在核准登记的经营范围内从事经营。"1993年的《公司法》规定，公司应当在登记的经营范围内从事经营活动。在这一阶段的司法实践中，一般认定超越经营范围所签订的合同为无效合同，这种做法导致大量合同无效，严重影响了交易的安全和稳定。1993年最高人民法院召开的全国经济审判工作座谈会，提出不应将法人超越经营范围签订的合同一律认定为无效，而应区别对待，这在一定程度上起到了纠偏作用。1999年《合同法》及其司法解释的颁布，进一步明确了这一原则。《合同法》第50条规定："法人或者其他组织的法定代表人、负责人超越权限订立的合同，除相对人知道或者应当知道其超越权限以外，该代表行为有效。"《最高人民法院关于适用〈中华人民共和国合同法〉若干问题的解释（一）》第10条规定："当事人超越经营范围订立合同，人民法院不因此认定合同无效。但违反国家限制经营、特许经营以及法律、行政法规禁止经营规定的除外。"2005年《公司法》修订时，完全删除了"公司应当在登记的经营范围内从事经营活动"的规定，从而与《合同法》及相关司法解释在公司经营范围问题上的规定达成了一致。

（二）公司行为能力

1. 公司行为能力的概念及其特点

公司的行为能力是指公司基于自己的意思表示，以自己的行为独立取得权利和承担义务的能力。我国《民法通则》第36条第1款规定："法人是具有民事权利能力和民事行为能力，依法独立享有民事权利和承担民事义务的组织……"可见，我国法律承认公司法人具有民事行为能力。公司的民事行为能力具有以下特点：

（1）公司的行为能力与其权利能力同时产生、同时终止，且公司行为能力的范围和内容与其权利能力的范围和内容一致，公司不存在无行为能力或限制行为能力的情况。公司的权利能力产生于公司成立时，同时公司也就具有了行为能力。公司基于不同原因而终止后，其权利能力和行为能力同时消灭。自然人的权利能力和行为能力则不是同时产生同时消灭的：自然人的权利能力基于其自然出生而取得，基于其死亡而消灭。自然人的行为能力的有无或完全与否，与其年龄和智力状况相关，未成年人不具有行为能力或仅具有有限制的行为能力，成年人如果对事物的辨别和判断能力有缺陷，则也可能全部或部分丧失行为能力。

（2）公司的意思形成于公司机关，但只有通过代表人或者代理人的行为，才能实现公司的行为能力。公司是法人，具有法律上的主体人格，它在按照自己的意志实施行为，而实现其行为能力时，与自然人有所不同，主要表现在以下两个方面：① 公司机关形成公司的意思。公司机关通常由股东会(股东大会)、董事会和监事会构成,它们依照公司法规定的职权和程序,相互配合又相互制衡,形成公司的意思表示。② 公司的行为能力由公司的代表人或代理人来具体负责落实和实施。公司的法定代表人按照公司的意思,以公司的名义对外进行法律行为,为公司取得权利和承担义务。在公司权利能力范围内,法定代表人所实施的法律行为就是公司的法律行为,法定代表人所享有的权利和承担的义务就是公司的权利和义务。而公司的经理,也可以作为代理人在授权范围内代表公司开展相应的业务活动。

2. 公司的法定代表人

公司代表人,既可以指代表公司对外实施法律行为的公司代表机关,也可以指该机关的担当人。无论如何,公司的代表人最后必须由自然人来担任。法律所规定的有权担当公司代表人的自然人,就是公司的法定代表人。我国《公司法》第 13 条规定:"公司法定代表人依照公司章程的规定,由董事长、执行董事或者经理担任,并依法登记。公司法定代表人变更,应当办理变更登记。"与 1993 年《公司法》相比,2005 年《公司法》允许公司根据实际情况,在董事长(执行董事)和经理之间,自由决定法定代表人的人选,这也是法律贯彻公司自治理念的一种体现。

3. 公司意思表示的外在推定形式

从公司在实际交易中的形式来看,如果代表人的一项意思表示具备一定的外在表现形式,即可以推定其为公司的意思表示,除非有相反的证据可以推翻该推定。这些外在表现形式一般包括:

(1) 法定代表人的签章。法定代表人以公司法定代表人的身份所进行的签章构成公司意思表示的外在推定形式。但是,如有证据证明该法定代表人的签约行为越权,并且相对人知道或应当知道,则可以推翻推定,而确认代表行为无效。

(2) 公司印章。我国《公司法》未对公司印章的性质作出明确规定,但是,《合同法》第 32 条规定"当事人采用合同书形式订立合同的,自双方当事人签字或者盖章时合同成立",由此可以看出我国法律承认印章是公司意思表示的外在推定形式。

三、公司法人人格否认制度

(一) 公司法人人格否认制度的概念及其特征

1. 公司法人人格否认制度的概念及其意义

公司法人人格否认,是指当公司股东滥用公司法人独立地位和股东有限责任来逃避债务时,法律否认公司的独立人格与股东的有限责任,责令滥用公司独立人格的股东对公司债务承担连带责任的法律制度。

公司的独立人格与股东的有限责任原则是公司人格制度最基本的特征。公司的独立人格是法律为了鼓励投资,便于公司开展活动而赋予公司组织体的一种独立地位,使公司可以独立于股东,以公司自己的名义独立开展活动,享有权利,承担义务。公司的独立人格与股东的有限责任密切联系,使公司不仅在法律地位上脱离股东个人,而且在法律责任上也独立于公司股东。公司以其自己拥有的财产对公司的债务承担责任,股东不对公司的债务承担责任。当公司资不抵债时,公司的债权人不得追诉股东个人。法律对公司法人资格和股东有限责任的确认,有效地防范和减少了股东的投资风险,体现了立法者对股东的倾斜保护,有利于鼓励投资与交易,促进经济发展。公司的独立人格和有限责任是公司法的两项核心制度,是现代公司存在和发展的两大基石。

但是,这种制度安排本身并不能从根本上杜绝商业风险,它所做的只是对商业风险的一种安排与分配。从股东、公司与公司债权人之间的关系上来说,公司法人人格独立就像一层面纱,把公司与股东隔离开来,避免了公司债权人对股东的直接追索,这样,当公司的财产不足以清偿其债务时,债权人的利益就不能得到充分的保障。可见,公司法人人格独立的最大缺陷便是削弱了对公司债权人的保护,无形中在一定程度上把股东的商业风险转移到了公司债权人的身上。尤其是当公司股东利用其对公司的影响与控制而滥用公司的法人人格以侵害公司债权人的利益时,因股东有限责任原则和公司独立法人人格的存在,债权人不能对公司股东直接提出偿付的请求,使得公司法人人格独立制度在某种程度上成为侵害公司债权人的责任豁免符,这显然不符合法律公平、正义之意旨。在这种情况下,公司法人人格独立制度在股东、公司、公司债权人三者之间的风险安排上,有违设立该项制度时所构想的风险分摊、鼓励投资的初衷,为滥用公司法人人格的现象提供了滋生的沃壤。公司法人人格否认制度正是在司法实践中对公司法人制度的这一弊端的救济手段。公司法人人格否认制度在英美法系国家被称为"揭开公司面纱",德日等大陆法系国家称其为"直索"制度,尽管表述略有不同,但作用却殊途同归。其主要内容都是指当公司股东滥用公司法人人格而损害公司债权人利益时,司法审判中应不考虑公司独立人格,责令公司股东直接对债权人或公共利益承担责任。公司法人人格否认,实质上并非是对公司法人人格的否认,而是对公司股东有限责任的否认。公司法人人格否认的实质是在个案中突破法律赋予公司股东的有限责任"护身符",让股东对公司债务承担连带责任。公司法人人格之确认与公司法人人格之否认构成了公司法人人格制度辩证统一、不可分割的两个方面,犹如一枚硬币的两面。

2. 公司法人人格否认制度的特征

公司法人人格否认制度的主要特征如下:

(1) 公司具有独立法人人格是适用公司法人人格否认的逻辑前提。公司法人人格否认制度是针对已经合法取得公司独立法人资格,且该独立人格及股东有限责任有被滥用之情形的公司而设置。它包括两方面的前提:① 法人已经取得了公司法人人格;② 该公司法人人格自始合法有效,不存在人格上的瑕疵。因此若公司无独立主体资格,就无须对根本不存在的"独立人格"予以否定,因为只有具有独立人格身份的公司才有公司独立人格被滥用的可能。如果一个"公司"没有取得合法身份,不具备独立法人资格,它就不能行使法人权利,其所有行为及后果都将视为无效,也就不存在适用公司法人人格否认制度而要求公司股东或成员直接承担公司债务责任的必要。

(2) 公司法人人格否认制度只是在特定法律关系中否认公司的独立人格。公司法人人格否认制度是在坚持公司法人人格独立和股东有限责任作为普遍、一般原则的前提下,在特定法律关系中、针对特定的当事人和具体案件事实,对合法成立的公司的法人人格予以否认,不是从根本上全面否认公司的独立人格。公司法人人格独立具有普遍适用性,是公司人格的常态,是一般原则。而公司法人人格否认制度的适用具有特定性,其适用范围限于特定案件。公司法人人格否认制度的适用不是对该公司法人人格的全面、彻底、永久的否认,只适用于个案中公司法人人格不合法律规定而需要否认的场合,其效力不涉及该公司的其他法律关系,也不影响该公司作为一个公司独立实体而继续合法存在。就此而言,公司法人人格否认不同于被撤销或被吊销营业执照,前者是暂时的、针对特定的法律关系;后者是永久的,是从根本上否认公司的人格。

(3) 公司法人人格否认制度的实施必须由当事人通过司法程序来启动,这是公司法人人格否认制度的另一个重要特征。在具体案件中,公司股东因滥用公司独立人格给公司债权人利益造成损害,但此时,是否追究股东的责任则成为债权人的一种选择。当债权人为维护合法权益,向法院寻求法律保护而提出诉请时,法院才介入具体的法律关系中,对具体案件予以受理、审查,并揭开公司的面纱,对公司法人人格予以否认。否则,法院绝不会主动否认公司法人人格。

(4) 公司法人人格被否认后需承担责任主体的范围只是有过错的股东。在否认公司独立人格而追究股东连带责任时,必须清楚的是,并不是要追究公司所有股东的责任,而是要追究采取了滥用公司独立地位的积极或者说有过错的股东的责任。对其他消极或无过错的股东则往往不适用揭开公司面纱,并使其免于与公司承担连带债务责任。

(5) 适用上的谨慎性。任何一种制度皆有其存在的合理限度,超过限度必然带来不利后果。公司法人人格否认制度亦然。如果超过限度而被滥用,则将可能严重打击股东投资的热情,不可避免地危害公司法人人格的独立性,甚至造成整个法人制度的不稳定。因此,公司法人人格否认制度在适用上应当慎重。一般而言,适用公司法人人格否认制度必须符合严格的法律条件和程序。在大陆法系国家,一般均要通过立法严格规定其适用的条件和程序;而在以判例为法律渊源的英美法系国家,在适用这一制度时,也较为谨慎,法院所掌握的条件相当严格。

(二) 公司法人人格否认制度的适用

1. 滥用公司法人人格的情形

行为人滥用公司法人人格是适用公司法人人格否认制度的前提,而滥用公司法人人格的情形在现实生活中纷繁复杂,不胜枚举。在此,我们只能就其主要形式进行列举:

(1) 公司独立法律人格似有实无。依我国《公司法》的规定,公司依法设立,即具有法人资格,拥有独立的财产,并以其独立的财产独立承担法律责任。但我国诸多公司实质上并未拥有独立的法人人格,如有些公司的董事或高级管理人员就由其母公司的董事或高级管理人员兼任,尤其在股份有限公司中,因这类公司绝大多数都是由一家企业作为主发起人改制后募股设立的,股份有限公司与主发起人股东具有天然的内在关联,容易在公司资产、财务、机构、人事等方面呈现公私不分的混乱状态。同时,由于我国《公司法》对有限责任公司股东之间的相互关系并无限制,实践中存在大量的夫妻、父子、亲朋好友共同举办的有限责任公司,这种有限责任公司表面上是由二人以上共同出资,实质上是虚构股东,只有一个投资主体,是"一人公司"。这类公司打着公司的招牌,名义上具有独立的法人人格,而当公司亏损时,则主张股东只负有限清偿责任,逃避债务的承担,将经营的风险全部转移给无辜的债权人。

(2) 注册资金不实,法人人格自始不完整。公司资产是指可供公司支配的全部财产,其中包括由股东出资构成的自有财产即公司资本,这是公司能否正常运转和承担责任的重要保证。为稳定市场秩序、防范商业欺诈,我国《公司法》将公司资本规定为法定资本制,要求奉行资本确定、资本不变、资本维持三原则,强调公司注册资本和营运资本自始真实可靠。但由于股东出资方式多元化的存在,以及注册资本审查机制不够严密,当股东采取非现金出资的方式时,常常会导致出现出资不足或不到位的情形。在我国的现实经济生活中,注册资本不实大致有两种情况:① 发起人虚假出资,骗取登记机关登记,取得法人资格,实际上并无发起人出资或出资不实;② 开办者先投入注册资金,待法人成立后,抽逃出资使企业成为空壳,也就是俗称的"皮包公司",其股东设立公司目的纯粹是为了逃避个人责任、追求无本万利。

(3) 章程违法,组织机构不完备。依公司立法的原旨,公司章程应是公司的宪章性文件,但在我国公司的实际运转中,它的神圣性和约束力并未得到完全体现。问题存在于许多公司的章程条款本身违法,却以经股东会通过并在工商机关登记为名披上了合法的外衣。例如,有的公司章程所列的经营范围超出了营业执照准定的范围,有的公司章程中规定董事长在公司重要事项的议程中享有两票表决权等。此外,我国《公司法》对公司组织机构的设置沿袭了大陆法系的"三会"制,本意是想推行分权制衡的公司内部治理结构,但在实践中,许多公司却视之为繁文缛节,常常敷衍了事:开股东会是走过场,董事会形同虚设,监事充当附庸,真正在公司中行使职权的不过是董事长、总经理两三人而已。毋庸置疑,独立的法人人格在上述公司中已然失去其制度价值,沦为个人借以从事商业欺诈、逃避债务承担的工具。

(4) 其他滥用法人人格规避法律义务的情形。有的公司负债累累,却不清理、注销,而是将企业现有财产抽出举办新的企业,把债务包袱甩给原企业,俗称"脱壳经营"。有的公司进行所谓的资产重组,实则带走优良资产,留下巨额欠债来搪塞债权人,上演"舢板逃命,大船搁浅"的闹剧。有的公司设立多家子公司,各自独立承担民事责任,而实际上资产大都暗中聚积于母公司,子公司能用以清偿债务的财产十分有限。有的公司利用设立的多家子公司向银行借贷,互相提供担保,骗取银行资产,或利用多家子公司对上市公司进行恶意收购等。

2. 适用要件

任何一种制度皆有其存在的合理限度。一方面,我们要正视法人人格否认制度所宣示的维护公司独立性的重要功能;另一方面,又不能无视其作用限度而放任其无限扩充。事实上,在西方国家,分离原则即以股东与公司人格分离为一般原则,而以直索责任为例外。因此,限定公司法人人格否认制度适用范围至关重要。只有符合下列情况才能适用公司法人人格否认制度:

(1) 公司设立合法有效,且已取得独立人格。这是否认公司法人人格之前提。在公司未取得独立人格,或独立人格被依法撤销后,相关法律都会对相关各方的利益采取特定的救济方法,故没有适用公司法人人格否认的必要。

（2）股东实施了上述滥用公司法人人格之行为。

（3）滥用公司法人人格之行为造成了损害后果。上述行为客观上对债权人利益或社会公共利益造成了损害后果。一般而言,如果股东滥用公司法人人格行为未造成损害后果,法官并不主动追究股东的责任而主张适用公司法人人格否认制度。

（4）对于公司法人人格否认制度是否以行为人具有主观过错为要件,存在争议。西方国家现行做法是采用客观过错法,即只要股东从事了滥用公司独立人格行为即应视其主观上具有过错。因为在股东滥用公司法人人格的情况下,其手段往往十分隐蔽,债权人要证明其主观上具有故意相当困难。

（三）我国公司法人人格否认制度的立法

在我国,2005年《公司法》修订之前,在法律上没有关于公司法人人格否认的规定,只是在个别规范性文件中,有针对特定情形作出的一些特别规定,在某些方面打破了股东有限责任的原则,起到了类似于公司法人人格否认制度的作用,但与公司法人人格否认原则的内涵还相去甚远。

日益猖獗的滥用公司法人人格行为,给正常的经济秩序造成混乱,法律规定的缺失又使被侵害人的合法权利不能依法得到保护,公平和正义在这里被扭曲,法官对它无能为力,不少有识之士要求确立公司法人人格否认原则的呼声日益强烈。从以往我国经济体制改革中转换企业经营机制、推行和发展公司制的情况来看,其中存在的最大问题是在观念上将公司的独立人格绝对化,以至于不适当地认为股东在任何情况下均对公司债务不负责任,从而为个人滥用公司法人人格从事上述不法行为提供了可乘之机,造成对债权人和社会公益的损害。为此,我国《公司法》在2005年修订后原则规定了公司法人人格否认制度。2005年《公司法》第20条第3款规定:"公司股东滥用公司法人独立地位和股东有限责任,逃避债务,严重损害公司债权人利益的,应当对公司的债务承担连带责任。"2005年《公司法》第64条规定:"一人有限责任公司的股东不能证明公司财产独立于股东自己的财产的,应当对公司债务承担连带责任。"这两条明确规定了我国的公司法人人格否认制度。2017年我国《民法总则》第83条规定:"营利法人的出资人不得滥用出资人权利损害法人或者其他出资人的利益。滥用出资人权利给法人或者其他出资人造成损失的,应当依法承担民事责任。营利法人的出资人不得滥用法人独立地位和出资人有限责任损害法人的债权人利益。滥用法人独立地位和出资人有限责任,逃避债务,严重损害法人的债权人利益的,应当对法人债务承担连带责任。"此规定,从民事基本法的角度确立了我国营利法人的人格否认制度。

《公司法》和《民法总则》原则性地确立了公司法人人格否认制度,但是规范的范围还太有限,适用的条件也很笼统,对相应的民事责任也没有作出具体规定,该制度在实践中的具体适用还没有明确的法律条文或司法解释,这给司法实践带来重重困难。因此,有必要借鉴国外的公司法人人格否认的司法规则,对我国的法律法规进行充实,可以通过最高人民法院司法解释的形式,使公司法人人格否认制度在我国的适用更有法可依。

【测试题】

1. 关于子公司的财产性质、法律地位、法律责任等问题，下列说法正确的是（　　）。(2010年国家司法考试,卷三第96题)

    A. 子公司的财产所有权属于甲公司,但由子公司独立使用

    B. 当子公司财产不足清偿债务时,甲公司仅对子公司的债务承担补充清偿责任

    C. 子公司具有独立法人资格

    D. 子公司进行诉讼活动时以自己的名义进行

2. 零盛公司的两个股东是甲公司和乙公司。甲公司持股70%并派员担任董事长,乙公司持股30%。后甲公司将零盛公司的资产全部用于甲公司的一个大型投资项目,待债权人丙公司要求零盛公司偿还货款时,发现零盛公司的资产不足以清偿。关于本案,下列哪一选项是正确的？（　　）(2016年国家司法考试,卷三第27题)

    A. 甲公司对丙公司应承担清偿责任

    B. 甲公司和乙公司按出资比例对丙公司承担清偿责任

    C. 甲公司和乙公司对丙公司承担连带清偿责任

    D. 丙公司只能通过零盛公司的破产程序来受偿

【答案与解析】

1. 答案:CD。

解析:《公司法》第14条第2款规定,公司可以设立子公司,子公司具有法人资格,依法独立承担民事责任。由于子公司是独立的法律主体,故本题中,子公司的财产所有权属于子公司,由其独立使用,A选项错误。当子公司财产不足清偿债务时,甲公司不需对子公司的债务承担补充清偿责任,B选项错误。子公司具有独立法人资格,进行诉讼活动时以自己的名义进行,故C、D选项正确。

2. 答案:A。

解析:本题考查的是控股股东的特别义务和对公司法人人格否认制度的认识。本题中的甲公司是控股股东,也是将零盛公司全部资产移转为己用者。我国《公司法》对控股股东规定了特别义务,即不得损害其他股东和债权人的利益。此外,根据《公司法》第20条第3款规定,对公司债务承担连带责任的是"滥用公司法人独立地位和股东有限责任"者,而非所有的股东。

甲公司是控股股东,依据《公司法》第20条、第21条规定,控股股东不得利用控制地位损害其他股东和债权人的利益,结合第20条第3款的规定:"公司股东滥用公司法人独立地位和股东有限责任,逃避债务,严重损害公司债权人利益的,应当对公司债务承担连带责任。"由此可知,本题A选项正确。由于甲公司作为控制股东,但乙公司为非控股股东,并未实施滥用公司地位和股东有限责任的行为,故乙公司不承担对丙公司的连带责任,也不承担按份责任,所以B选项、C选项错误。丙公司作为债权人可以依《公司法》第20条起诉滥用公司法人人格的股东,未必只能通过破产程序受偿,故D选项错误。

第二章

有限责任公司法律制度

本章首先应当掌握有限责任公司的概念和特征,同时了解有限责任公司产生与发展的历史过程,从而加深对有限责任公司内涵的理解;其次,要了解有限责任公司设立的条件和有限责任公司的组织机构,并对有限责任公司的股权转让、一人有限责任公司和国有独资公司两种特殊形式的有限责任公司进行重点掌握。有限责任公司的组织机构是本章最重要的部分,它是公司治理结构的另一种说法,第三章股份有限公司的组织机构基本上也是参照有限责任公司的组织机构实行的,目前我国公司运行中发生的问题,主要是公司治理结构存在的问题,故在本章第三节有关公司组织机构问题安排了较多的测试题,便于读者深入掌握。

第一节 有限责任公司概述

一、有限责任公司的概念和特征

有限责任公司,又称有限公司,在我国是指由50个以下股东依法出资设立的,每个股东以其所认缴的出资额为限对公司债务承担责任,公司以其全部财产对公司的债务承担责任的企业法人。

与其他类型的公司相比,有限责任公司具有以下主要特征:

(1)股东人数的限定性。有限责任公司具有人合性,股东之间需相互合作和信任,这就决定了公司的人数不宜太多,否则将会影响公司股东之间的了解和合作。对有限责任公司的股东人数,许多国家或地区的公司法都有下限和上限的规定,有的国家虽未规定股东的最低人数,但对公司的最高人数则作出限制。根据我国《公司法》的相关规定,有限责任公司应由50个以下的股东共同出资设立,一个自然人或者一个法人可以单独设立有限责任公司,并且一个自然人只能投资设立一个一人有限责任公司,该一人有限责任公司不能投资设立新的一人有限责任公司。

(2)股东责任的有限性。有限责任公司的股东仅以其出资额为限对公司承担责任,此外，其对公司及公司债权人均不负任何财产责任，并且公司的债权人亦不得直接向股东主张债权或请求清偿。这是有限责任公司与无限责任公司及两合公司的根本区别。

（3）公司资本的封闭性。所谓公司资本的封闭性是指有限责任公司的资本只能由全体股东认缴，不能向社会公开募集和发行股票。公司发给股东的出资证明书不能在证券市场上流通转让。由于有限责任公司不能对外公开发行股份，且股东出资证明书不允许在证券市场流通，所以其财务会计账簿也无须向公众公开。其股东出资转让也有严格限制，以保证公司的人合性。

（4）股东出资的非股份性。股东出资的非股份性是有限责任公司与股份有限公司的区别之一。股份有限公司的资本，需要划分成若干金额相等的股份，股东就其所认购的股份对公司负责。而有限责任公司的资本，一般不划分为股份，每个股东只有一份出资，不同股东的出资额可以不相同，股东均以其出资额为限对公司承担责任。

（5）公司设立与组织机构的简便性。有限责任公司的设立程序较为简单，只有发起设立，而无募集设立；其组织机构也较为简单、灵活，其中股东会由全体股东组成，股东会的召集方法和议事程序也较为简便。非由职工代表担任的董事、监事由股东会选举产生，规模较小和股东人数较少的有限责任公司可以不设董事会和监事会，只设1名执行董事和1~2名监事。

（6）较强的人合性。有限责任公司虽然从本质上讲也是一种资本的联合，但与股份有限公司相比较，更加强调和注重股东之间的信任和合作，上述几个特点都不同程度地体现出公司的人合色彩，因此，较强的人合性是有限责任公司的一项重要特征。

二、有限责任公司的产生与发展

有限责任公司起源于19世纪晚期的德国，是西方国家公司类型中出现得最晚的一种，其创设的目的是为了克服既存公司形式的不足，而综合已有公司的各自优点，创设的一种具有封闭性和一定的人合性、主要适用于中小企业的一种投资形式。

在19世纪晚期以前，在西方国家并存着四种公司形式——无限公司、两合公司、股份两合公司和股份有限公司。这四种公司形式尽管都有其优点，但在19世纪中后期都在不同程度上暴露出了与经济发展不相适应的弊端，尤其是无法满足中小企业发展的需要。首先，无限公司虽然具有良好的信用基础，公司设立较为简便，但个人负担无限责任，加重了投资者的投资责任，加大了投资者的投资风险，沉重的财产责任无法调动投资者的投资积极性，阻碍了公司的发展；至于两合公司和股份两合公司，尽管其部分地引入了有限责任机制，但由于公司内部两种股东之间权利、义务、责任的不对等性及经营目标的差异，使两者之间的利益冲突很难协调，而内在的矛盾冲突使这两种公司形式非但不能在经济生活中占据主导地位，反而在数量上呈现出逐年减少的趋势。股份有限公司虽然在当时的经济生活中已占据主要形式，成为西方市场经济国家筹建社会资金的有效组织形式，但股份有限公司由于股东人数众多，股权流动性强，股权分散，股东之间缺乏了解和信任，公司内部凝聚力差，缺乏同舟共济的协作精神，一旦公司经营出现困难，股东首先考虑的并非是如何帮助企业摆脱困境,而是争相抛售股票,以转移投资风险,其结果对公司无疑是雪上加霜,从而增大了公司实现内部控制的成本和事业经营上的风险。考虑到公司资本来源的社会化,国家必然加大对股份公司的法律控制,使其设立具有严格的程序和条件限制,这一切都决定,股份有限公司只适合于需要广泛募集资金的大型公司,而不可能成为中小规模的理想形式。现实经济生活的发展强烈要求立法作出一种新的制度安排以满足中小企业发展的需要。为此,1892 年在德国企业家和法学家的共同努力下,颁布了全世界首部有关有限责任公司的法律,确立了有限责任公司这种新型的公司形式。

有限责任公司制度的产生是为了克服既存公司的缺陷和不足,以满足中小企业发展的需要。具体而言,就是要剔除当时占据主导地位的无限责任公司股东财产责任过重和股份有限公司股东人数太多、流动性过强、股东凝聚力太弱等弊端,而吸收无限公司强调人合及股份有限公司股东承担有限责任等已有公司的优点,以避其所短、扬其所长,成为一种适应中小企业的新型企业组织形态。这样,新创设的有限责任公司制度便以封闭性和有限责任为其根本特点,也可以说是其制度设计的基点。为此,作为有限责任公司制度,它一方面以股东对公司债务承担有限责任为原则,另一方面限定公司股东人数,不允许向社会募集资本,限制股份或股东出资的自由转让,以便于股东之间的合作,强化公司内部合力。此外,由于公司不向社会募集资金,股份流动性受到限制,公司的财务会计文件无须公开,所以,封闭性便成为有限责任公司的本质属性。这一本质属性决定了有限责任公司的上述特点。

有限责任公司自 19 世纪末诞生以来,以其特有的制度优势,迅速在世界各国得到推广,成为中小企业的理想组织形式,深受广大投资者欢迎。迄今为止,其数量已跃居首位,成为极其重要的一种公司形式。

【测试题】

1. 关于股东的表述,下列哪一选项是正确的?(　　)(2009 年国家司法考试,卷三第 25 题)

   A. 股东应当具有完全民事行为能力

   B. 股东资格可以作为遗产继承

   C. 非法人组织不能成为公司的股东

   D. 外国自然人不能成为我国公司的股东

2. 关于股东或合伙人知情权的表述,下列哪一选项是正确的?(　　)(2013 年国家司法考试,卷三第 27 题)

   A. 有限公司股东有权查阅并复制公司会计账簿

   B. 股份公司股东有权查阅并复制董事会会议记录

   C. 有限公司股东可以知情权受到侵害为由提起解散公司之诉

   D. 普通合伙人有权查阅合伙企业会计账簿等财务资料

3. 张某是红叶有限公司的小股东,持股 5%;同时,张某还在枫林有限公司任董事,而红叶公司与枫林公司均从事保险经纪业务。红叶公司多年没有给张某分红,张某一直对其会

计账簿存有疑惑。关于本案,下列哪一选项是正确的?(　　)(2016年国家司法考试,卷三第26题)

A. 张某可以用口头或书面形式提出查账请求
B. 张某可以提议召开临时股东会表决查账事宜
C. 红叶公司有权要求张某先向监事会提出查账请求
D. 红叶公司有权以张某的查账目的不具正当性为由拒绝其查账请求

【答案与解析】

1. 答案:B。

解析:股东是指向公司出资、持有公司股份、享有股东权利和承担股东义务的人。法律对股东并无行为能力的要求,股东可以是限制行为能力人或无行为能力人。当限制行为能力人或无行为能力人作为股东时,由其法定代理人代理其行使股东权利。因此,A项错误。股东可以是自然人、法人或者非法人组织,还可以是国家。所以C项错误。《公司法》第75条规定,自然人股东死亡后,其合法继承人可以继承股东资格;但是,公司章程另有规定的除外。因此,B项正确。

2. 答案:D。

解析:《公司法》第33条规定了有限公司股东的知情权:"股东有权查阅、复制公司章程、股东会会议记录、董事会会议决议、监事会会议决议和财务会计报告。股东可以要求查阅公司会计账簿。股东要求查阅公司会计账簿的,应当向公司提出书面请求,说明目的。公司有合理根据认为股东查阅会计账簿有不正当目的,可能损害公司合法利益的,可以拒绝提供查阅,并应当自股东提出书面请求之日起15日内书面答复股东并说明理由。公司拒绝提供查阅的,股东可以请求人民法院要求公司提供查阅。"可见,有限公司股东在经过公司同意后可以查阅公司会计账簿,但是无权复制,故A选项错误。

《公司法》第97条规定了股份公司股东的知情权:"股东有权查阅公司章程、股东名册、公司债券存根、股东大会会议记录、董事会会议决议、监事会会议决议、财务会计报告,对公司的经营提出建议或者质询。"可见,股份公司股东仅有权查阅董事会会议决议,但是无权复制。故B选项错误。

根据《公司法》第182条以及《公司法司法解释(二)》第1条的规定,只有在公司经营管理发生严重困难,继续存续会给股东利益带来重大损失,通过其他途径不能解决,持有公司全部股东表决权的10%以上的股东,才可以请求人民法院解散公司。仅仅知情权受到侵害,股东无权提起解散公司之诉,故C选项错误。

《合伙企业法》第28条第2款规定:"合伙人为了解合伙企业的经营状况和财务状况,有权查阅合伙企业会计账簿等财务资料。"故D选项正确。

3. 答案:D。

解析:本题考查的虽然也是我国《公司法》第33条规定的股东的账簿查阅权及行使,但是比上面第二题要深入,可以将此二题结合起来学习。题干所设计的情境是张某的查阅"会计账簿"权而非知情权,人们容易将查阅账簿权等同于股权的知情权,因而认为知情权的行使并无书面要求,因此误选 A 选项。还有人不能正确分析账簿查阅权的程序,对召开临时股东会的提议理解错误,因此误选 B 选项和 C 选项。还有人不能正确辨析查账时的"正当目的"而易错,本题设计的事实中,红叶公司与枫林公司从事相同的业务,张某同时是红叶公司竞争对手枫林公司的董事,所以公司可以由此认为张某查账目的不正当性,故只有 D 选项是正确的。

进一步分析如下:依据《公司法》第 33 条第 2 款的规定:"……股东要求查阅公司会计账簿的,应当向公司提出书面请求,说明目的。公司有合理根据认为股东查阅会计账簿有不正当目的,可能损害公司合法利益的,可以拒绝提供查阅,并应当自股东提出书面请求之日起 15 日内书面答复股东并说明理由……"查阅公司账簿的申请应当以书面形式提出,不能以口头方式行使,故 A 选项错误。依据《公司法》第 39 条的规定,提议召开临时股东会须持股 10% 以上,张某仅持股 5%,故 B 选项错误。依据《公司法》第 33 条的规定,查账的请求应当向公司提出,公司无权要求股东先向监事会提出,故 C 选项错误。如果存在目的的不正当性,公司有权拒绝股东的查账请求,故 D 选项正确。

第二节 有限责任公司的设立

一、有限责任公司设立的条件

公司的组织形式不同,其设立条件也不完全相同。公司设立必须符合法律规定的条件,根据《公司法》第 23 条的规定,在我国设立有限责任公司应当符合下列条件:

(1) 股东符合法定人数。根据《公司法》第 24 条、第 57 条的规定,有限责任公司的股东人数应当符合以下条件:一般有限责任公司其股东人数应当在 50 人以下 2 人以上;一人有限责任公司其股东为一个自然人或法人。

(2) 有符合公司章程规定的全体股东认缴的出资额。根据《公司法》第 26 条的规定,有限责任公司的注册资本为在公司登记机关登记的全体股东认缴的出资额。法律、行政法规以及国务院决定对有限责任公司注册资本实缴、注册资本最低限额另有规定的,从其规定。例如,《证券法》《商业银行法》《保险法》等相关法律都对本行业内从事相关业务有限责任公司的注册资本作出了最低限额的特别规定,设立该类公司时必须遵从。

(3) 股东共同制定的章程。章程是公司内部组织及其活动的自治规则。有限责任公司的章程是全体发起人共同制定的,股东应当在章程上签名、盖章。公司章程具有要式性,它必须具备法律所规定的基本内容。《公司法》第 11 条规定,设立公司必须依法制定公司章程。公司章程对公司、股东、董事、监事、高级管理人员具有约束力。第 25 条第 1 款规定:"有限责任公司章程应当载明下列事项:① 公司名称和住所;② 公司经营范围;③ 公司注册资本;④ 股东的姓名或者名称;⑤ 股东的出资方式、出资额和出资时间;⑥ 公司的机构及其产生办法、职权、议事规则;⑦ 公司法定代表人;⑧ 股东会会议认为需要规定的其他事项。"

（4）有公司名称,建立符合有限责任公司要求的组织机构。与自然人一样,有限责任公司作为一种法人也要有自己的名称。有限责任公司的名称不但是公司设立的条件,也是公司对外开展业务的需要。为了防止公司名称产生混淆,提高公司注册的效率,许多国家和地区实行公司名称预先核准制度。我国《公司登记管理条例》第17条第1款也规定,设立公司应当申请名称预先核准。

《公司法》根据不同有限责任公司的经营规模、具体性质就其公司的组织机构作出了相应的规定。

（5）有公司住所。《公司法》第10条规定:"公司以其主要办事机构所在地为住所。"公司住所是公司的法定注册地址,是公司章程必须记载的事项,也是公司注册登记事项之一。确定公司住所地对于确定诉讼管辖、法律文书送达、工商税务管理等都具有重要作用。公司的住所地不同于公司的生产经营场所,公司的住所地只有一个;公司的生产经营场所是公司开展经营活动的场所,一个公司可以有多个生产经营场所。

二、有限责任公司设立的程序

《公司法》第6条第1款、第2款规定:"设立公司,应当依法向公司登记机关申请设立登记。符合本法规定的设立条件的,由公司登记机关分别登记为有限责任公司或者股份有限公司;不符合本法规定的设立条件的,不得登记为有限责任公司或者股份有限公司。法律、行政法规规定设立公司必须报经批准的,应当在公司登记前依法办理批准手续。"我国对有限责任公司的设立采取准则主义,只要符合有限责任公司设立的条件的,就可以直接办理公司注册登记,但法律、行政法规有特别规定的,要在按照规定完成审批手续后,方可办理注册登记。在我国,有限责任公司设立的一般程序如下:

（1）发起。发起是公司设立的准备阶段。在这过程中,发起人要对公司成立的可行性进行研究,签订发起人协议明确各发起人在设立过程中的权利义务。发起人协议仅在发起阶段对发起人具有约束力,公司成立后,即被公司章程所取代。

（2）公司名称预先核准。如前所述,为了规范公司名称的使用,提高公司注册的效率,我国对公司名称采取预先核准制度,即在设立有限责任公司时,应向公司登记注册机关申请公司名称预先核准,并在公司名称得以核准后的一定期限内完成公司注册。

（3）制定公司章程。制定公司章程是公司设立的必要条件和程序。公司设立过程中应当制定公司章程,明确规定法律规定的必要记载事项及其他相关事项,公司全体股东应当在公司章程上签名、盖章。

（4）进行必要的行政审批。在我国,有限责任公司的设立一般采取准则主义,但如果法律、行政法规规定设立某类有限责任公司需要行政审批的,则必须完成相关的行政审批手续。

（5）缴纳出资。《公司法》对股东出资的类型、注册资本、分期出资的期限和比例作出了规定。关于股东出资的类型,《公司法》第27条规定:"股东可以用货币出资,也可以用实物、

第二章 有限责任公司法律制度

知识产权、土地使用权等可以用货币估价并可以依法转让的非货币财产作价出资;但是,法律、行政法规规定不得作为出资的财产除外。对作为出资的非货币财产应当评估作价,核实财产,不得高估或者低估作价。法律、行政法规对评估作价有规定的,从其规定。"

按照规定出资是股东的法定义务。股东应当按照章程的规定认缴出资,如果股东不按照章程的规定认缴出资,应承担出资违约责任。对此《公司法》第 28 条第 2 款规定:"股东不按照前款规定缴纳出资的,除应当向公司足额缴纳外,还应当向已按期足额缴纳出资的股东承担违约责任。"

(6)申请登记。股东出资后,由全体股东指定的代表或者共同委托的代理人向公司登记机关申请设立登记,在申请时应当提交登记申请书、公司章程等文件。法律、行政法规规定需要经有关部门审批的,应当在申请设立登记时提交有关批准文件。符合公司设立条件的,由登记机关登记为有限责任公司,并颁发营业执照。

【测试题】

1. 甲乙丙三人拟成立一家小规模商贸有限责任公司,注册资本为八万元,甲以一辆面包车出资,乙以货币出资,丙以实用新型专利出资。对此,下列哪一表述是正确的?(   )(2010 年国家司法考试,卷三第 26 题)

   A. 甲出资的面包车无须移转所有权,但须交公司管理和使用
   B. 乙的货币出资不能少于二万元
   C. 丙的专利出资作价可达到四万元
   D. 公司首期出资不得低于注册资本的 30%

2. 方圆公司与富春机械厂均为国有企业,合资设立富圆公司,出资比例为 30% 与 70%。关于富圆公司董事会的组成,下列哪些说法是正确的?(   )(2012 年国家司法考试,卷三第 68 题)

   A. 董事会成员中应当有公司职工代表
   B. 董事张某任期内辞职,在新选出董事就任前,张某仍应履行董事职责
   C. 富圆公司董事长可由小股东方圆公司派人担任
   D. 方圆公司和富春机械厂可通过公司章程约定不按出资比例分红

【答案与解析】

1. 答案:C。

   解析:《公司法》第 28 条第 1 款规定:股东应当按期足额缴纳公司章程中规定的各自所认缴的出资额。股东以货币出资的,应当将货币出资足额存入有限责任公司在银行开设的账户;以非货币财产出资的,应当依法办理其财产权的转移手续。本题中,甲应当依法向公司转移面包车的所有权,而不仅仅是使用权,故 A 项错误。2013 年《公司法》修改,删除了设立有限公司"全体股东的货币出资金额不得低于有限责任公司注册资本的 30%"的规定,以及"公司首期出资不得低于注册资本的 20%"的规定。故 B、D 项错误,C 项正确。

2. 答案：ACD。

解析：《公司法》44条第2款规定："两个以上的国有企业或者两个以上的其他国有投资主体投资设立的有限责任公司，其董事会成员中应当有公司职工代表；其他有限责任公司董事会成员中可以有公司职工代表。董事会中的职工代表由公司职工通过职工代表大会、职工大会或者其他形式民主选举产生。"本题中两个股东都是国有企业，富圆公司的董事会中应有职工代表，所以选项A正确。

《公司法》第45条第2款规定："董事任期届满未及时改选，或者董事在任期内辞职导致董事会成员低于法定人数的，在改选出的董事就任前，原董事仍应当依照法律、行政法规和公司章程的规定，履行董事职务。"B选项错误。

《公司法》第44条第3款规定："董事会设董事长一人，可以设副董事长。董事长、副董事长的产生办法由公司章程规定。"法律并未对董事长的产生作强制规定，故C选项正确。

《公司法》第34条规定："股东按照实缴的出资比例分取红利；公司新增资本时，股东有权优先按照实缴的出资比例认缴出资。但是，全体股东约定不按照出资比例分取红利或者不按照出资比例优先认缴出资的除外。"D选项正确。

第三节　有限责任公司的组织机构

一、有限责任公司的股东和股东会

（一）有限责任公司的股东

1. 股东的概念

股东是指向公司缴纳出资，享有股权并以出资额为限对公司承担有限责任的人。根据我国《公司法》的规定，有限责任公司成立后，应当向股东签发出资证明书，并置备股东名册，记载股东的姓名或者名称及住所、股东的出资额、出资证明书编号等事项。有限责任公司股东依法转让其出资后，应由公司将受让人的姓名或者名称、住所以及受让的出资额记载于股东名册。可见，有限责任公司的股东应为向公司出资，并且其名字登记在公司股东名册者。记载于股东名册的股东，可以依据股东名册行使股东权利。

2. 公司股东的种类

（1）原始股东和继受股东。根据股东取得股权的时间可将股东分为原始股东和继受股东。公司创立时缴纳出资的为公司的原始股东；继受股东则是指在公司存续期间，因受让、受赠或者继承而依法继受取得股权的人。

（2）普通股股东和优先股股东。根据股东所享有的股东权利内容不同，将股东分为普通股股东和优先股股东。优先股持有人可优先在普通股股东前获得分配事先商定股息的权利。优先股股东没有投票权，但可获得固定的股息。在公司清盘时，优先股股东可在普通股股东前分配公司财产。

优先股股东又分为分红优先股股东和累积优先股股东。分红优先股股东可在利润许可情况下获取红利，在公司没有利润的情况下则不分配，也不累积至有利润的年度分配。至于累积优先股股东，当年不能分配股息的，持有者应收取的股息将累积至公司有利润时派息。

（二）股东权

股东权，亦称股权。对股东权的理解有广义和狭义之分。广义的股东权是指股东权利和股东义务的总称，而狭义的股东权是指股东因为出资而享有的权利。在这里我们所称的股东权仅指狭义的股东权。

1. 股东权的分类

根据不同标准，可以将股东权作不同划分：

（1）自益股东权与共益股东权。根据股东权行使的目的不同，将股东权划分为自益股东权与共益股东权。自益股东权指的是为股东自己的利益而行使的权利，如股息红利分配权、新股认购权、剩余财产分配权等。共益股东权指的是为公司利益和股东个人的利益而行使的权利，如表决权、查询权、解任董事请求权等。

（2）单独股东权与共同股东权。根据股东权行使时所需股东的人数，将股东权分为单独股东权与共同股东权。单独股东权指的是股东可以单独行使的权利，如表决权等。共同股东权指的是需要占公司所有股份一定比例以上股份的股东方可行使的权利，如股东会召集权等。

（3）特别股东权与普通股东权。根据股东权的具体内容不同将股东权分为特别股东权与普通股东权。特别股东权指的是特别股股东行使的权利，如优先股股东的权利。普通股东权指的是一般股东权。

（4）法定股东权与约定股东权。根据股东权的来源不同，将股东权分为法定股东权与约定股东权。法定股东权指的是股东依公司法所享有的，公司章程不得剥夺的权利。约定股东权指的是可以用公司章程和股东会决议赋予或限制的权利。

2. 股东权的性质

关于股东的性质，法学界存在不同认识，主要有以下几种观点：

（1）所有权说。持此观点的学者们认为，虽然股东权与所有权相比有自己的特点，但本质上股东权属于物权中的所有权，股东权就是股东的财产所有权，或者出资者所有权，是股东对其投入公司的财产享有支配权。他们认为在公司中并存着两个所有权，即股东所有权与公司法人所有权，并将此称为"所有权的二重结构"，所有权二重结构并不破坏"一物一权"原则，也并不意味着国有所有权的丧失。

（2）债权说。持这一观点的学者们认为，股东权实质上为债权。自公司取得法人资格时起，公司实质上就成了财产所有权的主体，因而股东对公司所享有的权利就只剩下收益权，即领取股息和红利，从而产生了股东所有权向债权的转化。特别是20世纪后期以来，随着公司所有权与经营权的分离，股东的所有权逐渐被削弱，处分权基本上丧失，股票已纯粹变成了反映债的关系，已成为债的凭证，股票与债券的区别也正在缩小，股东的收益权已成为了一种债务请求权。

(3) 社员权说。持此观点的学者们认为,股东权是一种社员权。社员权是社团法人的成员对社团法人所享有的一种独特的民事权利。股东转移财产所有权后,形成了独立的法人所有权,相应地,股东应当取得一定的权利,以保护股东的物质利益。股东社员权就是其产权交换的代价。

(4) 独立民事权利说。持此观点的学者们认为,股东权是一种自成一体的独立权利类型,是目的权利和手段权利的有机结合,是团体权利和个体权利的有机统一,兼有请求权和支配权的属性,具有资本性和流转性。股权是由特定的法律行为创设的,即由出资合同行为及转让行为等创设,创设行为是产生股权的法律事实。股权与公司财产所有权是相伴而生的孪生兄弟,只有股权独立化才能产生公司所有权,而公司所有权的产生必然要求股权独立化。

关于股东权的性质还有"财产权和人身权的综合"等其他观点。尽管所有权说前期具有较大影响,1993年《公司法》即采纳了这一观点,但独立民事权利说日渐得到越来越多的认同。这一观点有利于消除股东权所有权说在逻辑上存在的矛盾,同时更有利于公司法人财产权的形成和法人治理结构的建立。本书也认同这一观点。

3. 股东权的内容

股东权的内容,是指股东基于其所享有对公司的出资或股份,为了维护其个人的利益或公司的整体利益而可以行使的具体权能。《公司法》第4条规定:"公司股东依法享有资产收益、参与重大决策和选择管理者等权利。"同时《公司法》对股东的身份权、知情权、撤销权、退出权等作出了具体规定。另外,《公司法》在具体规定股东所享有的权利的同时,允许公司在公司章程中对股东权利的享有和保护作出进一步细化的规定。具体而言,股东权包括以下内容:

(1) 股东身份权。根据《公司法》的规定,有限责任公司成立后,应当向股东签发出资证明书,并应当置备股东名册,记载股东的姓名或者名称及住所、股东的出资额和出资证明书编号。公司还应当将股东的姓名或者名称及其出资额向公司登记机关登记。公司向股东签发出资证明,并在股东名册或其他文书中标识股东身份,这是股东身份权的体现,也是股东主张股东权利的直接证明。

(2) 参与重大决策权。股东通过股东会参与对公司的重大决策。股东会是公司的最高权力机构,有权决定公司的经营方针和投资计划,审议批准公司的年度财务预算方案、决算方案、利润分配方案和弥补亏损方案,对公司增加或者减少注册资本作出决议,对发行公司债券作出决议,对公司合并、分立、变更公司形式、解散和清算等事项作出决议,修改公司章程等。股东有权出席或委托代理人出席股东会并行使表决权。

(3) 选择、监督管理者权。现代企业制度实行所有权和经营权的适度分离,《公司法》据此确立了公司治理结构,即股东会是公司的权力机构,决定公司的重大事项,将经营权授予董事会和董事会聘任的经理。同时,股东会有权选举和更换非由职工代表担任的董事、监事,决定有关董事、监事的报酬事项,审议批准董事会和监事会或者监事的报告。董事会须对股东会负责,而经理须对董事会负责。监事会对董事、高级管理人员执行公司职务的行为进行监督,并履行其他监督职能。在公司董事、监事、高级管理人员侵害公司权益时,公司股东还享有代位诉讼权。

(4) 资产收益权。资产收益权最直接的体现就是股东按照实缴的出资比例或者章程规定的其他方式分取红利,与此相联系,在公司新增资本时,除非公司章程另有约定,股东有权优先按照实缴的出资比例认缴出资。此外,在公司解散清算后,公司财产在分别支付清算费用、职工的工资、社会保险费用和法定补偿金,缴纳所欠税款,清偿公司债务后有剩余财产的,股东有权按照出资比例或者按照公司章程的规定予以分配。

(5) 知情权。股东虽然将公司的经营权授予了董事会和经理管理层,但是,股东依然享有了解公司基本经营状况的权利。当然,股东行使该项权利应以不影响公司正常运营为限。公司法对此作如下设计:股东有权查阅、复制公司章程、股东会会议记录、董事会会议决议、监事会会议决议和财务会计报告。股东可以要求查阅公司会计账簿。股东要求查阅公司会计账簿的,应当向公司提出书面请求,说明目的。公司有合理根据认为股东查阅会计账簿有不正当目的,可能损害公司合法利益的,可以拒绝提供查阅,并应当自股东提出书面请求之日起15日内书面答复股东并说明理由。公司拒绝提供查阅的,股东可以请求人民法院判令公司提供查阅。

(6) 提议、召集、主持股东会临时会议权。股东会应当按照章程规定按期召开定期会议,以保障股东参与重大决策的权利。但是,定期股东会会议有时还不能满足股东参与重大决策的需要,因此《公司法》规定,代表1/10以上表决权的股东(以及1/3以上的董事、监事会或者不设监事会的公司的监事)有权提议召开股东会临时会议,董事会应当根据提议召开临时会议。如果董事会或者执行董事不能履行或者不履行召集股东会会议职责,由监事会或者不设监事会的公司的监事召集和主持;如果监事会或者监事也不召集和主持,代表1/10以上表决权的股东可以自行召集和主持。

(7) 决议撤销权。由于股东会实行资本多数决原则,小股东往往难以通过表决方式对抗大股东。而且,在实际操作中,大股东往往利用其优势地位,任意决定公司的重大事项。对此,公司法赋予小股东请求撤销程序违法或者实体违法的股东会、董事会决议:股东会或者股东大会、董事会的会议召集程序、表决方式违反法律、行政法规或者公司章程,或者决议内容违反公司章程的,股东可以自决议作出之日起60日内,请求人民法院撤销。

(8) 退出权。《公司法》规定,公司成立后,股东不得抽逃出资。但是,这并不影响股东在一定情形下退出公司或者解散公司。《公司法》规定,有下列情形之一的,对股东会该项决议投反对票的股东可以请求公司按照合理的价格收购其股权:① 公司连续5年不向股东分配利润,而公司该5年连续盈利,并且符合《公司法》规定的分配利润条件的;② 公司合并、分立、转让主要财产的;③ 公司章程规定的营业期限届满或者章程规定的其他解散事由出现,股东会会议通过决议修改章程使公司存续的。自股东会会议决议通过之日起60日内,股东与公司不能达成股权收购协议的,股东可以自股东会会议决议通过之日起90日内向人民法院提起诉讼。此外,在公司经营管理发生严重困难,继续存续会使股东利益受到重大损失,通过其他途径不能解决时,持有公司全部股东表决权10%以上的股东,可以请求人民法院解散公司。

（9）诉讼权。股东诉讼权包括股东直接诉讼权与股东代位诉讼权。股东直接诉讼权是指当董事、高级管理人员违反法律、行政法规或者公司章程的规定，损害股东利益的，股东可以向人民法院提起诉讼。股东代位诉讼权，是指公司权益受到侵害时，公司不提起诉讼，如公司董事、监事、高级管理人员侵害公司权益时，由于他们直接控制着公司，不可能代表公司提起诉讼。公司权益受到侵害，最终损害的是股东权益，因此，法律赋予股东在特定情形下，经过一定的程序，以自己的名义直接向人民法院提起诉讼。根据《公司法》第151条的规定，公司董事、高级管理人员侵害公司权益时，股东可以书面请求监事会或者不设监事会的有限责任公司的监事向人民法院提起诉讼；监事侵害公司权益时，股东可以书面请求董事会或者不设董事会的有限责任公司的执行董事向人民法院提起诉讼。前述监事会、监事或者董事会、执行董事收到股东书面请求后拒绝提起诉讼，或者自收到请求之日起30日内未提起诉讼，或者情况紧急、不立即提起诉讼将会使公司利益受到难以弥补的损害的，股东有权为了公司的利益以自己的名义直接向人民法院提起诉讼。他人侵犯公司合法权益，给公司造成损失时，股东也可以依照上述规定向人民法院提起诉讼。当然，股东权并不仅限于上述九项内容，股东还可以依据相关法律、法规和公司章程行使其他权利。

（三）有限责任公司的股东名册

有限责任公司股东名册是记载有限责任公司股东及其出资等有关事项的名册。《公司法》第32条规定："有限责任公司应当置备股东名册，记载下列事项：(1)股东的姓名或者名称及住所；(2)股东的出资额；(3)出资证明书编号。记载于股东名册的股东，可以依股东名册主张行使股东权利。公司应当将股东的姓名或者名称及其出资额向公司登记机关登记；登记事项发生变更的，应当办理变更登记。未经登记或者变更登记的，不得对抗第三人。"

公司股东名册具有如下法律效力：(1)确定股东的依据；(2)公司对股东发出通知的依据；(3)确认转让出资的效力。

（四）有限责任公司的股东会

1. 股东会的地位和性质

股东会是公司的权力机关，其具有以下特征：

（1）股东会由全体股东组成。法律赋予股东有参加股东会的权利，股东通过股东会会议行使表决权而参与对公司的决策和监督。

（2）股东会是公司法定的权力机关。公司的重大事项由股东在股东会会议上以决议的形式决定，体现的是公司大多数股东的意思。股东会的决议对全体股东以及公司的其他机构都具有约束力。但是，股东会本身不是公司对外的代表机构和业务执行机构。

（3）股东会不是公司常设的机关。股东会作为公司的权力机构，拥有决定公司一切重大事项的权力，并以会议的形式作出决策。

有限责任公司的股东会是公司的权力机构，有限责任公司的重大决策均应由股东会以会议形式作出，从而成为有限责任公司的最高意思决定机关，公司的其他机构必须执行股东会的决议，对股东会负责。

2. 股东会的职权

按照《公司法》第37条的规定,股东会行使下列职权:(1)决定公司的经营方针和投资计划;(2)选举和更换非由职工代表担任的董事、监事,决定有关董事、监事的报酬事项;(3)审议批准董事会的报告;(4)审议批准监事会或者监事的报告;(5)审议批准公司的年度财务预算方案、决算方案;(6)审议批准公司的利润分配方案和弥补亏损方案;(7)对公司增加或者减少注册资本作出决议;(8)对发行公司债券作出决议;(9)对公司合并、分立、变更公司形式、解散和清算等事项作出决议;(10)修改公司章程;公司章程规定的其他职权。

3. 股东会会议

(1)股东会会议的种类。有限责任公司的股东会会议分为首次会议、定期会议和临时会议。首次会议,是指有限责任公司成立后的第一次会议,由出资最多的股东召集和主持。定期会议,是指按照公司章程规定的时间召开的会议,比如一年一次或者两次等。而临时会议,则是指遇有重大事项须由股东会会议作出表决而临时召开的会议。代表1/10以上表决权的股东,1/3以上的董事,监事会或者不设监事会的监事提议召开临时会议的,应当召开。

(2)股东会会议的召集和主持。根据《公司法》第40条的规定,有限责任公司设立董事会的,股东会会议由董事会召集,董事长主持;董事长不能履行职务或者不履行职务的,由副董事长主持;副董事长不能履行职务或者不履行职务的,由半数以上董事共同推举一名董事主持。

有限责任公司不设董事会的,股东会会议由执行董事召集和主持。董事会或者执行董事不能履行或者不履行召集股东会会议职责的,由监事会或者不设监事会的公司的监事召集和主持;监事会或者监事不召集和主持的,代表1/10以上表决权的股东可以自行召集和主持。

(3)股东会会议的决议。股东会会议的决议可以分为特别决议和普通决议。特别决议是对公司重大事项所作的决议,需经代表特别多数表决权的股东通过。例如,根据《公司法》第43条的规定,股东会会议作出修改公司章程、增加或者减少注册资本的决议,以及公司合并、分立、解散或者变更公司形式的决议,必须经代表2/3以上表决权的股东通过。普通决议针对的事项是一般性的事务,只需经代表1/2以上表决权的股东通过即可。

二、有限责任公司的董事会

董事会代表公司并行使经营决策权,对内执行公司业务,对外代表公司,董事会是有限责任公司的执行机构。

(一)董事会组成

有限责任公司董事会由3～13名董事组成。董事会设董事长1人,可以设副董事长。董事长、副董事长的产生办法由公司章程规定。股东人数较少或者规模较小的有限责任公司,可以设一名执行董事,不设董事会。执行董事可以兼任公司经理。执行董事的职权由公司章程规定。

(二) 董事会的职权

根据《公司法》第 46 条的规定,董事会对股东会负责,行使下列职权:(1) 召集股东会会议,并向股东会报告工作;(2) 执行股东会的决议;(3) 决定公司的经营计划和投资方案;(4) 制订公司的年度财务预算方案、决算方案;(5) 制订公司的利润分配方案和弥补亏损方案;(6) 制订公司增加或者减少注册资本以及发行公司债券的方案;(7) 制订公司合并、分立、解散或者变更公司形式的方案;(8) 决定公司内部管理机构的设置;(9) 决定聘任或者解聘公司经理及其报酬事项,并根据经理的提名决定聘任或者解聘公司副经理、财务负责人及其报酬事项;(10) 制定公司的基本管理制度;(11) 公司章程规定的其他职权。

(三) 董事会会议的召集和表决

1. 董事会的召集

根据《公司法》第 47 条的规定,有限责任公司的董事会会议由董事长召集和主持;董事长不能履行职务或者不履行职务的,由副董事长召集和主持;副董事长不能履行职务或者不履行职务的,由半数以上董事共同推举一名董事召集和主持。

2. 董事会会议的议事方式和表决程序

根据《公司法》第 48 条的规定,董事会的议事方式和表决程序,除《公司法》另有规定的外,由公司章程规定。董事会应当对所议事项的决定作成会议记录,出席会议的董事应当在会议记录上签名。董事会决议的表决,实行一人一票。

(四) 董事的任职和选任

根据《公司法》第 146 条的规定,有下列情形之一的,不得担任公司的董事、监事、高级管理人员:(1) 无民事行为能力或者限制民事行为能力;(2) 因贪污、贿赂、侵占财产、挪用财产或者破坏社会主义市场经济秩序,被判处刑罚,执行期满未逾 5 年,或者因犯罪被剥夺政治权利,执行期满未逾 5 年;(3) 担任破产清算的公司、企业的董事或者厂长、经理,对该公司、企业的破产负有个人责任的,自该公司、企业破产清算完结之日起未逾 3 年;(4) 担任因违法被吊销营业执照、责令关闭的公司、企业的法定代表人,并负有个人责任的,自该公司、企业被吊销营业执照之日起未逾 3 年;(5) 个人所负数额较大的债务到期未清偿。公司违反上述规定选举、委派董事、监事或者聘任高级管理人员的,该选举、委派或者聘任无效。董事、监事、高级管理人员在任职期间出现上述第一种情形的,公司应当解除其职务。

有限责任公司董事任期由公司章程规定,但每届任期不得超过 3 年。董事任期届满,连选可以连任。董事任期届满未及时改选,或者董事在任期内辞职导致董事会成员低于法定人数的,在改选出的董事就任前,原董事仍应当依照法律、行政法规和公司章程的规定,履行董事职务。

两个以上的国有企业或者两个以上的其他国有投资主体投资设立的有限责任公司,其董事会成员中应当有公司职工代表;其他有限责任公司董事会成员中可以有公司职工代表。董事会中的职工代表由公司职工通过职工代表大会、职工大会或者其他形式民主选举产生。

董事退任的原因一般包括:(1) 任期届满;(2) 股东会会议解任;(3) 自行辞职。

三、有限责任公司的监事会

监事会是依法由股东和职工分别选举产生的监事组成的，对公司董事和高级管理人员的经营管理行为以及公司财务进行专门监督的常设机构。

（一）监事会的组成

按照《公司法》第51条的规定，有限责任公司设监事会，其成员不得少于3人。股东人数较少或者规模较小的有限责任公司，可以设1～2名监事，不设监事会。

监事会应当包括股东代表和适当比例的公司职工代表，其中职工代表的比例不得低于1/3，具体比例由公司章程规定。监事会中的职工代表由公司职工通过职工代表大会、职工大会或者其他形式民主选举产生。

监事会设主席1人，由全体监事过半数选举产生。监事会主席召集和主持监事会会议；监事会主席不能履行职务或者不履行职务的，由半数以上监事共同推举1名监事召集和主持监事会会议。董事、高级管理人员不得兼任监事。

（二）有限责任公司监事会的职权

根据《公司法》第53条的规定，监事会、不设监事会的公司的监事行使下列职权：(1)检查公司财务；(2)对董事、高级管理人员执行公司职务的行为进行监督，对违反法律、行政法规、公司章程或者股东会决议的董事、高级管理人员提出罢免的建议；(3)当董事、高级管理人员的行为损害公司的利益时，要求董事、高级管理人员予以纠正；(4)提议召开临时股东会会议，在董事会不履行公司法规定的召集和主持股东会会议职责时召集和主持股东会会议；(5)向股东会会议提出提案；(6)依照《公司法》第151条对董事、高级管理人员提起诉讼；(7)公司章程规定的其他职权。

（三）监事会会议

监事会会议一般分两种，一是特别会议，即临时会议；二是普通会议，即定期会议。监事会会议的议事方式及表决程序，除《公司法》另有规定的外，由公司章程规定。监事会决议应当经半数以上监事通过，监事会会议对所议事项的决定应作成会议记录，由出席会议的监事在会议记录上签名。

（四）监事的任职

根据《公司法》第52条的规定，监事的任期每届为3年。监事任期届满，连选可以连任。监事任期届满未及时改选，或者监事在任期内辞职导致监事会成员低于法定人数的，在改选出的监事就任前，原监事仍应依照法律、行政法规和公司章程的规定，履行监事职务。

四、有限责任公司的高级管理人员

所谓高级管理人员，是指公司的经理、副经理、财务负责人，上市公司董事会秘书和公司章程规定的其他人员。

(一) 经理

经理是由有限责任公司董事会聘任的,主持公司的日常管理工作的高级管理人员,对董事会负责。我国《公司法》第49条规定,有限责任公司可以设经理,由董事会决定聘任或者解聘。经理对董事会负责,行使下列职权:(1)主持公司的生产经营管理工作,组织实施董事会决议;(2)组织实施公司年度经营计划和投资方案;(3)拟订公司内部管理机构设置方案;(4)拟订公司的基本管理制度;(5)制定公司的具体规章;(6)提请聘任或者解聘公司副经理、财务负责人;(7)决定聘任或者解聘除应由董事会决定聘任或者解聘以外的负责管理人员;(8)董事会授予的其他职权。公司章程对经理职权另有规定的,从其规定。此外,经理列席董事会会议。

(二) 其他高级管理人员

就有限责任公司而言,其他高级管理人员主要包括副经理和财务负责人。

(1) 副经理。副经理是指某一项业务活动或某一部门的行政负责人,仅负责某项具体业务或某个部门的工作。

(2) 财务负责人。财务负责人是指负责公司财务管理、成本管理、预算管理、会计核算和财务监督、内部审计等方面工作的高级管理人员。

【测试题】

1. 甲、乙等六位股东各出资30万元于2004年2月设立一有限责任公司,五年来公司效益一直不错,但为了扩大再生产一直未向股东分配利润。2009年股东会上,乙提议进行利润分配,但股东会仍然作出不分配利润的决议。对此,下列哪些表述是错误的?(　　)(2010年国家司法考试,卷三第71题)

A. 该股东会决议无效

B. 乙可请求法院撤销该股东会决议

C. 乙有权请求公司以合理价格收购其股权

D. 乙可不经其他股东同意而将其股份转让给第三人

2. 甲、乙、丙拟共同出资50万元设立一有限公司。公司成立后,在其设置的股东名册中记载了甲、乙、丙3人的姓名与出资额等事项,但在办理公司登记时遗漏了丙,使得公司登记的文件中股东只有甲、乙2人。下列哪一说法是正确的?(　　)(2012年国家司法考试,卷三第26题)

A. 丙不能取得股东资格

B. 丙取得股东资格,但不能参与当年的分红

C. 丙取得股东资格,但不能对抗第三人

D. 丙不能取得股东资格,但可以参与当年的分红

3. 新余有限公司共有股东4人,股东刘某为公司执行董事。在公司章程无特别规定的情形下,刘某可以行使下列哪一职权?(　　)(2013年国家司法考试,卷三第25题)

A. 决定公司的投资计划

B. 否决其他股东对外转让股权行为的效力

C. 决定聘任公司经理

D. 决定公司的利润分配方案

4. 关于有限责任公司股东名册制度，下列哪些表述是正确的？（   ）（2014年国家司法考试，卷三第69题）

A. 公司负有置备股东名册的法定义务

B. 股东名册须提交于公司登记机关

C. 股东可依据股东名册的记载，向公司主张行使股东权利

D. 就股东事项，股东名册记载与公司登记之间不一致时，以公司登记为准

5. 荣吉有限公司是一家商贸公司，刘壮任董事长，马姝任公司总经理。关于马姝所担任的总经理职位，下列哪一选项是正确的？（   ）（2015年国家司法考试，卷三第26题）

A. 担任公司总经理须经刘壮的聘任

B. 享有以公司名义对外签订合同的法定代理权

C. 有权制定公司的劳动纪律制度

D. 有权聘任公司的财务经理

6. 钱某为益扬有限公司的董事，赵某为公司的职工代表监事。公司为钱某、赵某支出的下列哪些费用须经公司股东会批准？（   ）（2015年国家司法考试，卷三第68题）

A. 钱某的年薪 B. 钱某的董事责任保险费

C. 赵某的差旅费 D. 赵某的社会保险费

7. 烽源有限公司的章程规定，金额超过10万元的合同由董事会批准。蔡某是烽源公司的总经理。因公司业务需要车辆，蔡某便将自己的轿车租给烽源公司，并约定年租金15万元。后蔡某要求公司支付租金，股东们获知此事，一致认为租金太高，不同意支付。关于本案，下列哪一选项是正确的？（   ）（2016年国家司法考试，卷三第28题）

A. 该租赁合同无效 B. 股东会可以解聘蔡某

C. 该章程规定对蔡某没有约束力 D. 烽源公司有权拒绝支付租金

8. 紫云有限公司设有股东会、董事会和监事会。近期公司的几次投标均失败，董事会对此的解释是市场竞争激烈，对手强大。但监事会认为是因为董事狄某将紫云公司的标底暗中透露给其好友的公司。对此，监事会有权采取下列哪些处理措施？（   ）（2016年国家司法考试，卷三第69题）

A. 提议召开董事会会议 B. 提议召开股东会会议

C. 提议罢免狄某 D. 聘请律师协助调查

【答案与解析】

1. 答案：ABD。

解析：《公司法》第22条第1款规定："公司股东会或者股东大会、董事会的决议内容违反法律、行政法规的无效。"本题中，不分配利润的决议在内容上没有违反法律、行政法规，因

此该股东决议是有效的。故 A 选项错误。

《公司法》第 22 条第 2 款规定:"股东会或者股东大会、董事会的会议召集程序、表决方式违反法律、行政法规或者公司章程,或者决议内容违反公司章程的,股东可以自决议作出之日起 60 日内,请求人民法院撤销。"本题中,不分配利润的决议在内容上没有违反公司章程的规定,在程序上并没有违反法律、行政法规或者公司章程的规定,因此股东不得请求人民法院撤销。故 B 选项错误。

《公司法》第 74 条第 1 款规定:"有下列情形之一的,对股东会该项决议投反对票的股东可以请求公司按照合理的价格收购其股权:(1)公司连续 5 年不向股东分配利润,而公司该 5 年连续盈利,并且符合本法规定的分配利润条件的;(2)公司合并、分立、转让主要财产的;(3)公司章程规定的营业期限届满或者章程规定的其他解散事由出现,股东会会议通过决议修改章程使公司存续的。"本题中,公司连续 5 年盈利,但是连续 5 年不对股东分配利润,乙为异议股东,有权请求公司以合理价格收购其股权。因此 C 选项正确。

《公司法》第 71 条第 2 款规定,股东向股东以外的人转让股权,应当经其他股东过半数同意。股东应就其股权转让事项书面通知其他股东征求同意,其他股东自接到书面通知之日起满 30 日未答复的,视为同意转让。其他股东半数以上不同意转让的,不同意的股东应当购买该转让的股权;不购买的,视为同意转让。可见,股东将其股份转让给第三人,应当经其他股东过半数同意。故 D 选项错误。

2. 答案:C。

解析:参见《公司法》第 32 条第 2 款、第 3 款。该条规定,记载于股东名册的股东,可以依股东名册主张行使股东权利。公司应当将股东的姓名或者名称向公司登记机关登记;登记事项发生变更的,应当办理变更登记。未经登记或者变更登记的,不得对抗第三人。故,只有 C 正确。

3. 答案:C。

解析:参见《公司法》第 50 条第 1 款、第 46 条、第 37 条和第 71 条的规定。

4. 答案:AC。

解析:《公司法》第 32 条第 1 款规定:"有限责任公司应当置备股东名册,记载下列事项:(一)股东的姓名或者名称及住所;(二)股东的出资额;(三)出资证明书编号。"故 A 选项正确。

《公司法》第 32 条第 2 款规定:"记载于股东名册的股东,可以依股东名册主张行使股东权利。"股东名册是股东行使权利的依据,故 C 选项正确。

《公司法》第 32 条第 3 款规定:"公司应当将股东的姓名或者名称向公司登记机关登记;登记事项发生变更的,应当办理变更登记。未经登记或者变更登记的,不得对抗第三人。"可见,《公司法》仅规定股东的姓名或名称是登记事项,未规定将股东名册提交于登记机关的义务。故 B 选项错误。股东名册是确定股东资格的依据,股东名册与公司登记不一致的,以股东名册为准,而不是以登记为准,故 D 选项错误。不过需要指出的是,虽然以股东名册为准,但是未登记或者未办理变更登记的,不具有对抗第三人的效力。

第二章 有限责任公司法律制度

5. 答案:C。

解析:本题考查的是《公司法》对公司内部组织架构的规定,重点是公司董事会、总经理的权限及聘任方式。读者需细致把握法律对董事会、总经理的权限规定。《公司法》第13条的规定,公司中的法定代表人可由董事长、总经理甚至执行董事担任。在总经理不担任法定代表人的情形下,其对外以公司名义签订合同权利需由公司授予。

《公司法》第46条对董事会职权的规定,聘任公司财务经理和总经理的权力是由公司董事会集体行使。因此在A选项中,作为公司董事长的刘壮无权单独聘任总经理。根据《公司法》第49条对公司经理职权的规定,D选项的财务经理应当由公司总经理提请公司董事会聘请。故A、D错误。我国《民法总则》规定法人的职权由法定代表对外代表公司行使,而公司总经理不一定是公司的法定代表人。如果总经理不是公司法定代表人时,其对外以公司名义签订合同需事先获得公司授权,故B项错误。C选项正确,符合《公司法》第49条第5项所规定的"公司经理有权制定公司具体规章"的职权。

6. 答案:AB。

解析:本题考查的是《公司法》第37条第1款第(2)项所规定的股东大会对公司高管报酬的决定权。读者除知道公司高管报酬属于股东会决定事项外,还须结合其他知识综合判断高管报酬的具体内容。

《公司法》第37条第1款第(2)项规定,公司董事、监事的报酬事项,由股东大会决定,亦即与报酬无关的其他对董事、监事的金钱支付,并不需经过股东会的决议。因此解答本题的关键,在于确定待选项中的内容是否符合"报酬"一词的内涵。本题中,A选项中钱某的年薪,显然属于公司董事的报酬,因此当选。B选项中钱某的董事责任保险费,是为防止董事在行使职权过程中,因其过错而承担对公司的赔偿责任而设,是一项保障董事利益的支付,所以也应视为董事的报酬,应经股东会会议决定,故B选项正确。而赵某的差旅费是其履行职务所支出和垫付的费用,有权请求公司报销,无须经股东会决议决定,不在报酬之列,故C选项错误。公司为赵某所交纳的社会保险费,是公司所负的法定义务,同样无须经股东会决议决定,故D选项也错误。

7. 答案:D。

解析:本题考查的是公司高级管理人员的忠实义务。首先,该租赁合同不存在无效情形,因此A选项错误。依据《公司法》第49条规定,解聘总经理的权力属于董事会,故B选项错误。蔡某是公司高管,依据《公司法》第11条的规定,章程对其有效力,故C选项错误。蔡某应承担《公司法》中的特别义务即第147条规定的董事和高级管理人员的忠实义务,本案情形属于《公司法》第148条规定违反忠实义务即自我交易情形,《公司法》第148条第2款规定违反上述规定取得的收入归公司所有,故公司有权拒绝支付租金,所以D选项正确。

8. 答案:BCD。

解析:本题考查有限公司监事会的职权,依据《公司法》第53条和第54条的规定,监事会的职权包括提议召开股东会会议而非董事会会议,故A选项错误,B选项正确。对违反职责的董事,监事会也有权提出罢免,故C选项正确。监事会有权进行调查,可以聘请专业人士协助调查,律师也在可聘请的人员范围内,故D选项正确。

第四节　有限责任公司的股权转让

一、有限责任公司股权转让概述

股权转让，又称出资转让，是指公司股东依法将自己的出资让渡给他人，使他人成为公司股东的民事法律行为。在现实生活中，人们习惯将有限责任公司股份称为出资，实际上，这里的出资与股份公司的股份在性质上是一样的，其由此获得的权利，均为股权。故我国《公司法》第三章"有限责任公司的股权转让"，使用的是"股权"二字，本书也统一称之为"股权"，与《公司法》保持一致。

股权是股东因其股东地位而享有的一系列权利的综合，是公司股东所独有的权利。是否持有公司的股权与其股东身份的存在与否是相辅相成、不可分离的，股东转让其全部股权后即丧失其股东身份，而非股东在受让任何数额的股权后即依法取得股东身份。同时，股东身份的丧失和取得又意味着其是否享有相关权利。因此，股权转让实质上就是股东与股东之间或股东与非股东之间就其对股份所有权的一种转移。

股权的性质决定了股权的转让具有必要性和可行性，具体表现在以下方面：

（1）保护各股东利益的需要。大股东出资多，必然承担更大的风险，为保护大股东利益，公司制度实行资本多数决的原则。由于实行资本多数决原则，公司股东会的决议通常反映并代表着大股东的意志和利益，公司董事会也为大股东所控制，按大股东的要求和愿望行事，少数股东的地位越来越弱化，为体现公司的民主与公平，应赋予小股东相应的权力以应对大股东可能发生的滥权或对其产生侵害行为，在此情形下小股东可以通过股权转让的形式退出公司，即所谓"用脚投票"。

（2）维持公司资本的需要。公司法确立了资本三原则，即资本确定原则、资本维持原则、资本不变原则，公司资本原则是在公司设立、营运以及管理的整个过程中为确定资本的真实、安全而必须遵循的法律原则，而股权的转让使得即使原股东通过转让股权退出，公司的资本仍然维持不变。

（3）股权的独立性所决定。股权作为一种独立权利，是投资人基于出资行为而产生，是作为股东转让出资财产所有权的对价的民事权利，它包括财产性权利与公司事务参与权，兼有请求性和支配性。股东投资的目的是追求利益的最大化，公司是追求利润最大化的纯粹商业主体，公司行为都是以成本收益的经济分析为基本准则，股东利益的最大化实现才是股权的最终目的和最为核心的东西，股权是资本化的权利。股权的资本性决定了股权的非身份性和可转让性；对股东而言，转让股权如能获得比继续持股获得更多的利益，法律就应当尊重这种"经济人"的理性选择。因股权的权利独立性，转让并不对公司资产产生影响，股权的流转反而有利于公司自身的资本稳定，股权的可转让性是股权的资本性所决定的。

二、有限责任公司股权转让的形式

（一）股东之间的股权转让

我国《公司法》第71条第1款规定："有限责任公司的股东之间可以相互转让其全部或者部分股权。"即股东之间可以自由地相互转让其全部或者部分出资，不需要股东会表决通过。虽然我国法律不禁止股东之间转让股权，但是，国家有关政策从其他方面又对股东之间转让股权作出了限制，如根据我国的产业政策，对国有股必须控股或相对控股的交通、通信、大中型航运、能源工业、重要原材料、城市公用事业、外经贸等有限责任公司，其股东之间转让出资不能使国有股丧失绝对控股或相对控股的地位，如果根据公司的情形确需非国有股控股，则必须报国家有关部门审批方可。

（二）股东向股东以外的第三人转让股权

我国《公司法》第71条第2款规定："股东向股东以外的人转让股权，应当经其他股东过半数同意，股东应就其股权转让事项书面通知其他股东征求同意。其他股东自接到书面通知之日起满30日未答复的，视为同意转让。其他股东半数以上不同意转让的，不同意的股东应当购买该转让的股权；不购买的，视为同意转让。"对于此规定，实践中存在两种理解。一种观点认为，有限责任公司股东向股东以外的人转让出资时，如果未达到全体股东过半数同意时，不同意转让的股东有义务购买此出资，否则视为同意转让给股东以外的人。此理解下该转让必定能够实现，或转让给股东以外的人，或转让给持反对意见的股东。另一种观点认为，有限责任公司股东向股东以外的人转让出资时，必须经全体股东过半数同意，否则不得转让。照此理解，在达到全体股东过半数的前提下，不同意的股东或者购买该出资，或者视为同意转让。若未过半数，则股权对外转让不能，如原股东也不愿购买，则股权转让行不通，而减资程序通常也难以启动，那么此时股权转让步入单行线，这会严重影响股东投资的积极性，同时也不利于公司的发展。故第一种观点较为合理。不过在此观点下仍存在另一个问题，《公司法》规定对外转让股权须经过半数的股东同意，可是在第一种理解下，通常有两种结果：(1)出资转让即便不经过1/2以上有表决权的股东通过，结果为不同意转让的股东购买其股权；(2)若是通过则可以向股东外的人进行转让，转让时股东有优先购买权。所以，或者是原股东不同意转让而自己购买，或者是同意转让，在同等条件下其仍有优先购买权，这里对通过表决权股东人数的比例要求，并没有实在的意义，也就无存在的价值。宜将此条修改为：股东向股东以外的人转让股权时，须取得其他股东的同意，不同意转让的股东应购买该转让的出资，如果不购买该转让出资，则视为同意转让。

（三）因股权的强制执行引起的股权转让

《公司法》第72条规定："人民法院依照法律规定的强制执行程序转让股东的股权时，应当通知公司及全体股东，其他股东在同等条件下有优先购买权。其他股东自人民法院通知之日起满20日不行使优先购买权的，视为放弃优先购买权。"股权的强制执行是股权转让的一种形式，它是指人民法院依照民事诉讼法等法律规定的执行程序，依据债权人的申请，在强制执行生效的法律文书时，以拍卖、变卖或其他方式，转让有限责任公司股东的股权的一种强制性转让措施。因股权强制执行引起的股权转让,除应符合一般股权转让的条件外,还应具备以下条件或受下列因素的限制:(1)要有强制执行的依据。根据我国《民事诉讼法》的规定,执行依据为已经发生法律效力的判决、裁定、调解书、支付令及其仲裁裁决书、公证债权文书,上列执行依据应当具有给付内容,否则不应作为强制执行股权的依据,不能扩大解释。(2)执行时应当履行通知义务。保护其他股东在同等条件下的优先购买权,只有其他股东依法放弃了优先购买权,才可强制执行转让。(3)股权强制执行的范围应限于执行依据所确定的数额及执行费用,当股权价值大于执行数额时,仅能执行相应的部分股权,而不能就全部股权予以强制执行转让,原股东对所剩下的股权,仍然享有股东权利。

(四)异议股东行使回购请求权引起的股权转让

所谓异议股东行使回购请求权,是指当股东会会议决议事项与股东有重大利害关系时,对股东会决议投反对票的股东有权请求收购其股权,也即退股,它是股权转让的特殊救济途径。传统的有限责任公司法认为,投资人一经出资且登记为股东,除非通过股权转让或公司解散等方式,否则不能抽回出资,但是,近年来司法实践中,因股东间的压制,公司僵局及股东个人情况的变化等使得以退股为目的而发生的诉讼逐渐增多,但法律又无明文的规定或其他的救济手段。针对上述现状,我国《公司法》在对他国的公司法立法情况的比较及考察后,突破了传统资本制度的理念,引入了退股制度即异议股东的股权回购请求权。既然异议股东的股权回购请求权作为股东股权转让的特殊救济途径,那么其适用条件应当是严格的。《公司法》第74条规定:"有下列情形之一的,对股东会该项决议投反对票的股东可以请求公司按照合理的价格收购其股权:(1)公司连续5年不向股东分配利润,而公司该5年连续盈利,并且符合本法规定的分配利润条件的;(2)公司合并、分立、转让主要财产的;(3)公司章程规定的营业期限届满或者章程规定的其他解散事由出现,股东会会议通过决议修改章程使公司存续的。自股东会会议决议通过之日起60日内,股东与公司不能达成股权收购协议的,股东可以自股东会会议决议通过之日起90日内向人民法院提起诉讼。"

(五)股东资格的继承取得引起的股权法定转让

公民死亡后其遗产依法由其继承人继承,股东的出资作为股东的个人合法财产,在自然人股东死亡后,也应由其继承人依法继承,所以《公司法》第75条原则上规定:"自然人股东死亡后,其合法继承人可以继承股东资格。"继承人继承股东资格后,成为公司的股东,取得了股权,依法享有资产权益、参与重大决策等各项股东权利。虽然"继承人可以继承股东资格",但"公司章程另有约定的除外",《公司法》在这里对继承人继承股东资格作了除外的规定。即公司章程可以规定,自然人股东死亡后其继承人不能继承股东资格,这是因为有限责任公司具有人合性,自然人股东的继承人与公司的其他股东之间并不一定存在相互信任的关系。如果其他股东不愿意自然人股东的继承人继承其股东资格,那么在制定公司章程或依法修改公司章程时,可以规定自然人股东死亡后其继承人不能继承股东资格,那么,在此情形下自然人股东的继承人在继承该股东的出资额后,不能当然成为公司的股东。

三、有限责任公司股权转让的一般程序

根据我国《公司法》的规定,有限责任公司的股权转让一般要经过如下程序:

(1)向股东以外的第三人转让股权的,由转让股权的股东向公司董事会提出申请,由董事会提交股东会讨论表决;股东之间转让股权的,不需经过股东会表决同意,只要通知公司及其他股东即可。

(2)双方签订股权转让协议,对转让股权的数额、价格、程序、双方的权利和义务作出具体规定,使其作为有效的法律文书来约束和规范双方的行为。股权转让合同应当遵守合同法的一般规定。

(3)在转让股权过程中,凡涉及国有资产的,为防止国有资产流失,根据国务院发布的《国有资产评估管理办法》第3条的规定,如对国有资产拍卖、转让、企业兼并、出售等,都应进行资产评估。股权转让的价格一般不能低于该股权所含净资产的价值。

(4)对于中外合资或中外合作的有限责任公司股权转让的,根据现行《中外合资企业法》《中外合作企业法》的规定,要经中方股东的上级主管部门同意,并报原审批机关审批同意以后方可办理转让手续。

(5)收回原股东的出资证明,发给新股东出资证明,对公司股东名册进行变更登记,注销原股东,将新股东的姓名或名称、住所地及受让的出资额记载于股东名册,并相应修改公司章程。但出资证明书作为公司对股东履行出资义务和享有股权的证明,只是股东对抗公司的证明,并不足以产生对外公示的效力。

(6)将新修改的公司章程、股东及其出资变更等向市场监督管理部门进行工商变更登记。此项登记具有对抗效力,经登记有效的股权转让可对抗第三人。

【测试题】

1.甲、乙、丙三人共同组建一有限责任公司。公司成立后,甲将其20%股权中的5%转让给第三人丁,丁通过受让股权成为公司股东。甲、乙均按期足额缴纳出资,但发现由丙出资的机器设备的实际价值明显低于公司章程所确定的数额。对此,下列哪些表述是错误的?(　　)(2010年国家司法考试,卷三第72题)

A. 由丙补交其差额,甲、乙和丁对其承担连带责任
B. 丙应当向甲、乙和丁承担违约责任
C. 由丙补交其差额,甲、乙对其承担连带责任
D. 丙应当向甲、乙承担违约责任

2.甲、乙、丙为某有限责任公司股东。现甲欲对外转让其股份,下列哪一判断是正确的?(　　)(2009年国家司法考试,卷三第26题)

A. 甲必须就此事书面通知乙、丙并征求其意见
B. 在任何情况下,乙、丙均享有优先购买权
C. 在符合对外转让条件的情况下,受让人应当将股权转让款支付给公司

D. 未经工商变更登记,受让人不能取得公司股东资格

3. 香根餐饮有限公司有股东甲、乙、丙三人,分别持股51%、14%与35%。经营数年后,公司又开设一家分店,由丙任其负责人。后因公司业绩不佳,甲召集股东会,决议将公司的分店转让。对该决议,丙不同意。下列哪一表述是正确的?( )(2013年国家司法考试,卷三第28题)

A. 丙可以该决议程序违法为由,主张撤销

B. 丙可以该决议损害其利益为由,提起解散公司之诉

C. 丙可以要求公司按照合理的价格收购其股权

D. 公司可以丙不履行股东义务为由,以股东会决议解除其股东资格

4. 甲持有硕昌有限公司69%的股权,任该公司董事长;乙、丙为公司另外两个股东。因打算移居海外,甲拟出让其全部股权。对此,下列哪些说法是错误的?( )(2015年国家司法考试,卷三第70题)

A. 因甲的持股比例已超过2/3,故不必征得乙、丙的同意,甲即可对外转让自己的股权

B. 若公司章程限制甲转让其股权,则甲可直接修改章程中的限制性规定,以使其股权转让行为合法

C. 甲可将其股权分割为两部分,分别转让给乙、丙

D. 甲对外转让其全部股权时,乙或丙均可就甲所转让股权的一部分主张优先购买权

5. 汪某为兴荣有限责任公司的股东,持股34%。2017年5月,汪某因不能偿还永平公司的货款,永平公司向法院申请强制执行汪某在兴荣公司的股权。关于本案,下列哪一选项是正确的?( )(2017年国家司法考试,卷三第28题)

A. 永平公司在申请强制执行汪某的股权时,应通知兴荣公司的其他股东

B. 兴荣公司的其他股东自通知之日起1个月内,可主张行使优先购买权

C. 如汪某所持股权的50%在价值上即可清偿债务,则永平公司不得强制执行其全部股权

D. 如在股权强制拍卖中由丁某拍定,则丁某取得汪某股权的时间为变更登记办理完毕时

【答案与解析】

1. 答案:ABD。

解析:《公司法》第30条规定:有限责任公司成立后,发现作为设立公司出资的非货币财产的实际价额显著低于公司章程所定价额的,应当由交付该出资的股东补足其差额;公司设立时的其他股东承担连带责任。丁是公司设立后成为股东的,不承担连带责任,故C项正确,A、B、D项错误。

2. 答案:A。

解析:《公司法》第71条第2款、第3款规定:"股东向股东以外的人转让股权,应当经其他股东过半数同意。股东应就其股权转让事项书面通知其他股东征求同意,其他股东自接

到书面通知之日起满30日未答复的,视为同意转让。其他股东半数以上不同意转让的,不同意的股东应当购买该转让的股权;不购买的,视为同意转让。经股东同意转让的股权,在同等条件下,其他股东有优先购买权。两个以上股东主张行使优先购买权的,协商确定各自的购买比例;协商不成的,按照转让时各自的出资比例行使优先购买权。"根据该条可知A项说法正确。

股东对外转让股权,取得了其他股东的同意,则在同等条件下,其他股东享有优先购买权。所谓同等条件,主要是指股权转让的价格,但也包括转让的其他条件,如支付方式、支付期限以及其他由转让方提出的合理条件。所以如果第三人愿意以更加优惠或者对转让方更有利的条件购买股权,而其他股东不愿意以此条件购买,则其他股东丧失优先购买权,转让方可以向第三人转让股权。故B选项不对。

股东享有转让股权的权利,受让人应当将转让款支付给作为转让方的股东,公司无权要求受让人将转让款支付给公司,故C选项错误。

《公司法》第32条第2款、第3款规定:"记载于股东名册的股东,可以依股东名册主张行使股东权利。公司应当将股东的姓名或者名称向公司登记机关登记;登记事项发生变更的,应当办理变更登记。未经登记或者变更登记的,不得对抗第三人。"根据该规定可知,记载于股东名册是股东享有股东权利的效力要件,将股东姓名或者名称及出资额向公司登记机关登记是股东权利具有对抗第三人效力的要件。因此,D项说法错误。

3. 答案:C。

解析:《公司法》第22条第2款规定了股东提起撤销股东会、董事会决议的权利,"股东会或者股东大会、董事会的会议召集程序、表决方式违反法律、行政法规或者公司章程,或者决议内容违反公司章程的,股东可以自决议作出之日起60日内,请求人民法院撤销。"《公司法》第37条第1款第(1)项规定,股东会有权决定有限公司的经营方针,同时《公司法》第43条第2款规定:"股东会会议作出修改公司章程、增加或者减少注册资本的决议,以及公司合并、分立、解散或者变更公司形式的决议,必须经代表2/3以上表决权的股东通过。"本题中转让分店属于公司经营方针问题,股东会有权决议。并且转让分店属于转让公司财产,并不属于第43条规定的特别多数决事项,甲、乙二人代表1/2以上表决权,有权通过该决议,丙无权提起撤销之诉。故A选项错误。

《公司法》第182条规定了股东的提起解散公司之诉的权利,"公司经营管理发生严重困难,继续存续会使股东利益受到重大损失,通过其他途径不能解决的,持有公司全部股东表决权10%以上的股东,可以请求人民法院解散公司。"《公司法司法解释(二)》对该权利作了详细的解释和限定。本题中丙无权以股东会决议损害其利益为由提起解散公司之诉,故选项B错误。

《公司法》第74条第1款规定:"有下列情形之一的,对股东会该项决议投反对票的股东可以请求公司按照合理的价格收购其股权:(1)公司连续5年不向股东分配利润,而公司该5年连续盈利,并且符合本法规定的分配利润条件的;(2)公司合并、分立、转让主要财产的;(3)公司章程规定的营业期限届满或者章程规定的其他解散事由出现,股东会会议通过决议修改章程使公司存续的。"本题中转让分店属于转让公司主要财产,丙有权请求公司以合理价格收购其股权,故 C 选项正确。

只要履行了出资义务,并且记载于股东名册中即可获得股东资格,除股东依法将股权转让给他人或公司以及人民法院依强制执行程序将股权转让给他人外,其他股东无权剥夺其股东资格,故 D 选项错误。

4. 答案:ABD。

解析:本题考查的是《公司法》对有限责任公司股权转让的规定。《公司法》第71条对有限责任公司的股权转让作出了明确的规定,该条第2款规定,股东向股东以外的人转让股权,应当经其他股东过半数同意。换言之,就有限责任公司股东之对外转让股权,不采取"资本多数决",而是采取所谓的"人头决",且是简单多数决。故 A 选项错误,当选。

根据《公司法》第43条第2款的规定,公司修改公司章程的应当经过公司2/3以上的表决权通过,虽然本题中的甲持有公司69%的股权,已达到所要求的2/3多数,但因为所决事项属于直接针对甲个人的事项,且直接关系到其他两个股东的利益,因此甲应不得参与该表决,更不得单独决议直接修改章程,故 B 选项的内容也不正确。

我国《公司法》对有限责任公司股东对内转让权没做强制性规定,而且第71条第1款明确规定,有限责任公司的股东之间可以相互转让其全部或者部分股权。因此甲有权将其股权分割并分别向另外两个股东乙、丙予以转让,故 C 正确,不选。

根据《公司法》第71条第3款的规定:"经股东同意转让的股权,在同等条件下,其他股东有优先购买权,两个以上股东主张行使优先购买权的,协商确定各自的购买比例;协商不成的,按照转让时各自的出资比例行使优先购买权。"因此,在股东转让股权时,其他股东行使优先购买权,则需要在同等条件下行使优先购买权。也即,股东购买股权的数额和价款应当和第三人相当,而不能仅对所转让数权中的部分股权主张行使优先购买权。故 D 项说法错误,当选。

5. 答案:C。

解析:本题重点考查的是有限公司股权的强制执行中的股东优先购买权。根据《公司法》第72条"人民法院依照法律规定的强制执行程序转让股东的股权时,应当通知公司及全体股东,其他股东在同等条件下有优先购买权。其他股东自人民法院通知之日起满20日不行使优先购买权的,视为放弃优先购买权"之规定,可见在因股权强制执行发生的股权转让中,应由人民法院对公司和其他股东进行通知,故选项 A 错误。

读者如果不能正确理解《公司法》第71条有限公司向股东之外的人转让股权和强制执行股权的规范差异,就容易对本选项做出错误判断。依据《公司法》第72条,其他股东行使优先购买权的期限为20日,故选项 B 错误。这与《公司法》第71条所规定的"30日"也容易混淆。按照强制执行法上的执行标准的有限原则以及不得超额执行的规则,永平公司不得超额执行汪某的股权,故选项 C 正确。

根据《公司法》第32条第3款的规定,公司应当将股东的姓名或者名称及其出资额向公司登记机关登记;登记事项发生变更的,应当办理变更登记。未经登记或者变更登记的,不得对抗第三人。可见,股东的变更登记仅具有对抗效力,而非股权取得的要件,故选项D错误。如果读者不能正确理解股权转让的原理以及《公司法》第33条所规定的变更股东的登记对抗效力,则容易对本选项错选。

综合上述,根据《公司法》第72条的规定,有限公司股权的强制执行,应当由人民法院通知公司和全体股东,因此选项A错误。根据该条规定,其他股东应当自人民法院通知之日起满20日内表达是否行使优先购买权,因此选项B错误。选项C的情形符合执行原理,故正确。选项D的表述不符合股权转让原理和《公司法》第33条的规定,故错误。

第五节 一人有限责任公司和国有独资公司

一、一人有限责任公司

(一) 一人有限责任公司的概念和特征

1. 一人有限责任公司的概念

一人有限责任公司,简称一人公司或独资公司或独股公司,是指由一名股东(自然人或法人)持有公司全部出资的有限责任公司。

一人有限责任公司在公司法理论上有狭义和广义之分。狭义的一人公司指股东只有一人,全部股份由一人拥有的公司,又称形式意义上的一人公司。广义的一人公司,不仅包括形式意义上的一人公司,还包括实质意义上的一人公司,即公司的真实股东只有一人,其余股东仅是为了真实股东一人的利益而持有公司股份的所谓名义股东,这种名义股东并不享有真正意义上的股权,当然也不承担真正意义上的股东义务。这种实质意义上的一人公司在西方国家,特别是美国较为普遍,因为美国许多州的公司法律规定董事必须拥有一定数额的公司股份,即资格股,所以许多公司的股份的绝大部分比例由一个股东拥有,另外极小比例的股份由公司董事拥有。此外,家族式的公司亦往往表现为实质意义上的一人公司。所谓实质意义上的一人公司,其真实股东的最低持股比例不低于95%。

我国《公司法》上的一人公司是狭义上的概念,即公司的全部股份为一个股东享有。在该股东为公司法人时,其设立的一人公司就是通常所称的全资子公司。此外,我国《公司法》上的国有独资公司,其性质也是一人公司,但由于其特殊性,即设立人既非自然人,亦非法人,而是由国家单独出资、由国务院或者地方人民政府委托本级人民政府国有资产监督管理机构履行出资人职责的有限责任公司,所以将其单独作为一种特殊类型的有限责任公司。这将在本节的下一个问题进行讨论。

一人公司中通常是一人股东自任董事、经理并实际控制公司,缺乏股东之间的相互制衡及公司组织机构之间的相互制衡,容易混淆公司财产和股东个人财产,股东可以将公司财产挪作私用,或给自己支付巨额报酬,或同公司进行自我交易,或以公司名义为自己担保或借贷等。但一人公司有其存在的价值:(1) 一人公司符合市场经济自由的原则,体现对投资者自由选择投资方式的尊重。(2)一人公司可使唯一投资者最大限度利用有限责任原则规避经营风险,实现经济效益最大化。(3)一人公司可以避免多数股东情况下的相互计较与算计,避免效率低下的议事程序与繁琐的决策过程,提高公司的决策效率。(4)对某些行业和某些类型的企业,资金的优势与企业的规模并不重要,而人的因素至为关键,小规模经营更显优势,一人公司与此正相吻合。同时,通过立法可以最低限度地预防一人公司的弊端。

2. 一人有限责任公司的特征

根据《公司法》的规定,我国的一人公司具有如下特征:

(1)一人公司由一名股东单独出资设立。一人公司的出资人即股东只有一人。股东可以是自然人,也可以是法人。这是一人公司与一般情形下的有限责任公司的不同之处,通常情形下有限责任公司的股东是两人或两人以上。一人公司的这一特征也体现其与个人独资企业的区别,后者的投资人只能是自然人,而不包括法人。

(2)一人公司股东对公司债务承担有限责任。一人公司的本质特征与有限责任公司相同,即股东仅以其出资额为限对公司债务承担责任,公司以其全部财产独立承担责任,当公司财产不足以清偿其债务时,股东不承担连带责任。此系一人公司与个人独资企业的本质区别。

(3)一人公司的组织机构相对简单。一人公司由于只有一个出资人,所以不设股东会,《公司法》中由股东会行使的职权在一人公司系由股东独自一人行使。至于一人公司是否设立董事会、监事会,则由公司章程规定,可以设立,也可以不设立,法律对此未作强制性规定。

(二)我国《公司法》对一人有限责任公司的特别规定

1. 一人有限责任公司的注册资本和再投资

2005年我国《公司法》修订的重大变化之一就是将1993年《公司法》中的严格法定资本制改为较为宽松的法定资本制,注册资本的最低限额,除另有规定外,统一降低为3万元,同时实行认缴资本制。但相对于普通公司,一人有限责任公司的规定则严格得多,实行的仍是严格的法定资本制,注册资本也比设立普通公司要高,最低限额为人民币10万元,同时实行实缴资本制。立法意图为,相对于普通公司而言,债权人与一人有限责任公司进行交易时要冒更大的风险,故而对一人有限责任公司进行严格规定,这样有利于保障债权人的利益。但是2013年《公司法》取消了"一人有限责任公司的注册资本最低限额为人民币10万元。股东应当一次足额缴纳公司章程规定的出资额"的规定。

为防止股东将其财产分成若干份,设立多个公司,用小量资本承担较大风险的投机活动,立法上有必要禁止一个自然人再次成为另一个有限责任公司的唯一股东,出现一人公司的连锁机构,以防个人信用无限扩大。故《公司法》第58条明确规定:"一个自然人只能投资设立一个一人有限责任公司。该一人有限责任公司不能投资设立新的一人有限责任公司。"而对于同一法人能否举办复数一人公司,现行《公司法》却没有规定。结合《公司法》第15条的规定,该条删除1993年《公司法》对公司转投资的限制性规定,明确公司可以向其他企业投资,只是不能成为被投资企业的连带债务人。从这条规定我们可以看出,现行《公司法》并未对法人设立一人公司的数量进行限制。

2. 一人有限责任公司的登记公示

《公司法》第59条规定:"一人有限责任公司应当在公司登记中注明自然人独资或者法人独资,并在公司营业执照中载明。"这是因为相对于普通公司,与一人有限责任公司进行交易在某种程度上风险更大。在现实经济生活中,交易者一般通过两种方式了解交易对方的信息:(1)通过法定登记管理机关的登记信息,如工商登记信息、税务登记信息等;(2)通过各种媒体,如网络、报纸、电视等。相对而言,公共管理机关的登记信息无疑更为准确,一人公司的公示制度就是要让那些与一人公司从事交易活动者知晓,其交易的对象为一人公司,从而对其所涉及交易风险的大小有一个把握。

在各种登记文件中,营业执照是由公司悬挂于营业场所,交易对方可以很明显看到的文件,在其上进行公示更有利于交易对方了解信息。

3. 一人有限责任公司的公司章程和组织机构以及股东决定的形式

《公司法》第60条规定:"一人有限责任公司章程由股东制定。"这是因为一人有限责任公司的股东只有一名,不具有团体性,没有股东会,相应的职能由该股东履行,所以规定公司章程由该股东制定。

关于一人有限公司的组织机构,《公司法》第61条规定了一人有限责任公司可以不设股东会,但却没有关于董事会和监事会的规定。对此,《公司法》第57条第1款仅规定:"……本节没有规定的,适用本章第1节、第2节的规定。"由此,关于董事会可以适用《公司法》第50条的规定。该条表明:"股东人数较少或者规模较小的有限责任公司,可以设一名执行董事,不设立董事会。执行董事可以兼任公司经理。"该条为授权性规定,并不强制一人公司必须设立董事会。一人有限责任公司至少得有一名执行董事,所以可以由该股东任执行董事并兼任经理。同样的道理可以得出公司至少得有一名监事的结论,但是《公司法》第51条第4款规定:"董事、高级管理人员不得兼任监事。"同时不管国有还是非国有的公司,监事中职工代表都不得低于1/3,所以公司的监事最有可能是公司的职工代表。

关于股东决定的形式,根据《公司法》第61条的规定,股东的重要决定应采用书面形式,并由股东签名后置备于公司。这是因为一人公司的股东只有一人,他随时随地作出的决定也就是公司的决定,若无此项规定,公司的许多行为将没有记录,出了问题之后,股东很容易造假,不利于保护债权人和其他利害关系人的利益。所以,采用书面形式,由股东签名后置备于公司,这是较好的立法选择。

4. 一人有限责任公司的财务报告

《公司法》第62条规定:"一人有限责任公司应当在每一会计年度终了时编制财务会计报告,并经会计师事务所审计。"这是关于一人有限责任公司财务报告的编制义务和审计要求的规定。一人有限责任公司的唯一股东兼任执行董事将会普遍存在,极易产生股东个人财产与公司财务管理上的混同。这就要求有严格的财务监督或者审计制度,预防一人股东与其代表的公司在财产管理和责任分担上的模糊不清。《公司法》第164条对此有相同规定,该条重复强调了一人公司的财务报告编制义务和审计要求,以规范一人公司的运作,保护一人公司债权人和其他利害关系人的利益。

5. 一人有限责任公司中的公司法人人格否认制度

"公司法人人格否认制度"在英美法上被称为"刺破公司面纱",相关制度在本书第一章已作论述。《公司法》第20条从总体上规定了公司法人人格否认制度,第63条又从一人有限责任公司的角度单独进行了规定。公司作为法人,具有独立的人格,其实质内容有二:一是财产独立;二是责任独立。其中,财产独立是责任独立的前提和基础条件。公司的责任独立包含两层含义:(1) 公司的独立责任,即公司以其全部资产独立地对公司的债务承担清偿责任;(2) 股东的有限责任,即股东以其出资额为限对公司承担责任。有限责任可说是公司制度的基础和核心,对经济的发展曾起过巨大的促进作用。但是,这一制度也存在着极大的局限性,其主要的弊端就是对债权人的利益保护不足。一人公司之所以受到非议的重要原因之一,就在于一人公司更容易损害债权人的利益。鉴于一人公司只有一名股东,监督和制约机制较为薄弱,如果股东滥用其有限责任,将个人财产和公司财产混同,股东则应对公司债务承担连带清偿责任,当然股东能证明公司财产独立于股东自己财产的除外。

与《公司法》第20条一般的有限责任公司的法人人格否认制度相比,一人公司中股东的责任更大。在《公司法》第20条中,鉴于列举滥用公司法人独立地位和股东有限责任的具体行为较为困难,只对此作了原则性的规定,至于具体的认定则有待司法解释及实践的解决,表明了立法者的谨慎态度。而第63条则规定了股东的举证责任,股东若不能证明公司财产独立于自己的财产,则要对公司债务承担连带责任。根据民法基本原理,连带责任主要可以分为两种:一是共同责任,二是补充责任。虽然立法未有明示,但是从立法目的上看股东应承担共同责任,即唯一股东与公司共同承担责任,公司债权人得就其二者择其一求偿或连带求偿。

二、国有独资公司

(一) 国有独资公司的概念和特征

1. 国有独资公司的概念

根据《公司法》第64条第2款的规定,国有独资公司,是指国家单独出资、由国务院或者地方人民政府授权本级人民政府国有资产监督管理机构履行出资人职责的有限责任公司。这是对国有独资公司法律含义的界定,它不仅明确了国有独资公司的范围,而且强调了国有资产监督管理机构作为国有独资公司唯一股东的排他性地位。

国有独资公司采取有限责任公司的形式,原则上适用《公司法》关于有限责任公司的一般性规定。但由于其具有独资的特点,即全部资本为国有资产,同时在设立、内部治理结构和监管等方面都区别于一般的有限责任公司,因此,在某些方面还需要作出特别规定。《公司法》第64条第1款规定:"国有独资公司的设立和组织机构,适用本节规定;本节没有规定的,适用本章第1节、第2节的规定。"这是对国有独资公司设立和组织机构法律适用的衔接性规定。这样规定一方面突出了对国有独资公司的特别规定,另一方面也较好地解决了立法技术上的问题,避免了不必要的内容重复。

2. 国有独资公司的特征

国有独资公司的主要特征有:

(1) 国有独资公司为有限责任公司。国有独资公司是有限责任公司的一种,它不是独立于有限责任公司形态的一种新的公司形态。国有独资公司适用有限责任公司的一般原则,如公司财产与股东财产相分离的原则、有限责任原则等。

(2) 国有独资公司股东的唯一性。国有独资公司虽属于有限责任公司,但它与一般的有限责任公司不同。最根本的区别就在于,国有独资公司仅有一个股东。所以,国有独资公司在性质上属于一人公司。

(3) 国有独资公司股东的法定性。即国有独资公司的股东只能是国家,只能由国家单独出资设立,具体则由国务院或者地方人民政府委托本级人民政府国有资产监督管理机构履行出资人职责,即由国有资产监督管理机构代行股东权利。

3. 与一人有限责任公司的关系

国有独资公司与一人有限责任公司相比,有以下联系和区别:

(1) 联系。二者都是有限责任公司,具有法人资格,股东以其全部出资承担有限责任,公司以其全部资本对外承担责任;都只有一名股东,因此二者组织结构上均与一般有限责任公司不同,不设股东会。

(2) 区别。国有独资公司与一人公司的区别在于:① 股东身份不同:个人独资公司的股东可是自然人或法人,而国有独资公司的股东只能是国家,且是由国家授权的资产管理部门代为行使股东权。② 限制性不同:对个人独资公司的限制主要是防止其股东信用危机,因此规定了注册资本最低限额为人民币10万元,股东应当一次足额缴纳;股东不能证明公司财产独立于股东自己的财产的,应当对公司债务承担连带责任。对国有独资公司的限制主要是防止管理层滥用管理权,因此规定了公司分立解散等重大事项需要由国有资产管理部门决定;国有独资公司的董事长、副董事长、董事、高级管理人员,未经国有资产监督管理机构同意,不得在其他有限责任公司、股份有限公司或者其他经济组织兼职。

(二) 国有独资公司的设立

国有独资公司的设立包括以下内容:

(1) 适用范围。国务院确定的生产特殊产品的公司或者属于特定行业的公司,应当采取国有独资公司形式。

(2) 设立方式。根据《公司法》第64条第1款的规定,国有独资公司的设立适用有限责任公司设立的规定。

(3) 国有独资公司的设立条件和程序:就其设立条件而言,与一般有限责任公司比较并无太大的区别。其设立程序主要有以下步骤:① 国有资产监督管理机构作出投资或改建的决定;② 制定章程,国有独资公司章程由国有资产监督管理机构制定,或者由董事会制定报国有资产监督管理机构批准;③ 生产特殊产品或经营特殊行业的,要依法报政府有关行政部门审批;④ 缴纳出资;⑤ 验资;⑥ 申请设立登记。

申请设立登记,应向公司登记机关提交下列文件:① 公司董事长签署的设立登记申请书;② 公司章程;③ 投资者的资格证明;④ 公司董事、经理任命书或聘书;⑤ 公司法定代表人任职文件和身份证明;⑥ 公司名称预先核准通知书;⑦ 公司住所证明;⑧ 投资者投资的决定;⑨ 经营特殊产品和行业的批准文件;验资证明等。

（三）国有独资公司的组织机构

国有独资公司,作为一种独立的企业法人经营组织,应有包括进行决策、执行和监督功能在内的健全的领导体制和机构。

1. 国有独资公司的权力机构

根据《公司法》第66条的规定,国有独资公司不设股东会,由国有资产监督管理机构行使股东会职权。国有资产监督管理机构可以授权公司董事会行使股东会的部分职权,决定公司的重大事项,但公司的合并、分立、解散、增加或者减少注册资本和发行公司债券,必须由国有资产监督管理机构决定。其中,重要的国有独资公司合并、分立、解散、申请破产的,应当由国有资产监督管理机构审核后,报本级人民政府批准。

2. 国有独资公司的执行机构是董事会

根据《公司法》第67条的规定,国有独资公司设董事会,依照《公司法》第46条、第66条的规定行使职权。董事每届任期不得超过3年。董事会成员中应当有公司职工代表。董事会成员由国有资产监督管理机构委派;但是,董事会成员中的职工代表由公司职工代表大会选举产生。董事会设董事长1人,可以设副董事长。董事长、副董事长由国有资产监督管理机构从董事会成员中指定。根据《公司法》第68条的规定,国有独资公司设经理,由董事会聘任或者解聘。经理依照《公司法》第49条关于有限责任公司经理职权的规定行使职权。经国有资产监督管理机构同意,董事会成员可以兼任经理。

3. 国有独资公司的监督机构

国有独资公司监事会成员不得少于5人,其中,职工代表的比例不得低于1/3,具体比例由公司章程规定。监事会成员由国有资产监督管理机构委派,但是,监事会成员中的职工代表由公司职工代表大会选举产生。监事会主席由国有资产监督管理机构从监事会成员中指定。

监事会行使《公司法》第53条第1~3项规定的职权,其具体内容是:(1)检查公司财务;(2)对董事、高级管理人员执行公司职务的行为进行监督,对违反法律、行政法规、公司章程或者股东会决议的董事、高级管理人员提出罢免的建议;(3)当董事、高级管理人员的行为损害公司的利益时,要求董事、高级管理人员予以纠正。此外,监事会还可行使国务院规定的其他职权。

关于国有独资公司高级经理人员兼职的问题,需注意《公司法》第69条的规定,国有独资公司的董事长、副董事长、董事、高级管理人员,未经国有资产监督管理机构同意,不得在其他有限责任公司、股份有限公司或者其他经济组织兼职。

【测试题】

1. 张某为避免合作矛盾与问题,不想与人合伙或合股办企业,欲自己单干。朋友对此

第二章 有限责任公司法律制度

提出以下建议,其中哪一建议是错误的?(   )(2010年国家司法考试,卷三第27题)

A."可选择开办独资企业,也可选择开办一人有限公司"

B."如选择开办一人公司,那么注册资本不能少于10万元"

C."如选择开办独资企业,则必须自己进行经营管理"

D."可同时设立一家一人公司和一家独资企业"

2. 下列有关一人公司的哪些表述是正确的?(   )(2012年国家司法考试,卷三第69题)

A. 国有企业不能设立一人公司

B. 一人公司发生人格或财产混同时,股东应当对公司债务承担连带责任

C. 一人公司的注册资本必须一次足额缴纳

D. 一个法人只能设立一个一人公司

【答案与解析】

1. 答案:BC。

解析:《公司法》第57条第2款规定,一人有限责任公司,是指只有一个自然人股东或者一个法人股东的有限责任公司。可见,自然人和法人均可以作为股东设立一人有限公司,本题中张某可以设立一人有限公司。《个人独资企业法》第2条规定,个人独资企业是指依照本法在中国境内设立,由一个自然人投资,财产为投资人个人所有,投资人以其个人财产对企业债务承担无限责任的经营实体。本题中张某作为自然人,可以开办个人独资企业,故A选项正确。

《公司法》第58条规定,一个自然人只能投资设立一个一人有限责任公司。该一人有限责任公司不能投资设立新的一人有限责任公司。修改后的《公司法》对于一人公司的最低注册资本额已没硬性规定,也不再要求注册资本必须一次缴纳。故B选项错误。

《个人独资企业法》第19条第1款规定:"个人独资企业投资人可以自行管理企业事务,也可以委托或者聘用其他具有民事行为能力的人负责企业的事务管理。"可见,自然人开办个人独资企业,并不是必须自己进行管理。故C选项错误。

《公司法》第58条规定:"一个自然人只能投资设立一个一人有限责任公司。该一人有限责任公司不能投资设立新的一人有限责任公司。"法律仅限制一个自然人只能开办一个一人公司,并不限制一个自然人同时开办一人公司和个人独资企业。故D选项正确。

2. 答案:B。

解析:《公司法》第57条第2款规定:本法所称一人有限责任公司,是指只有一个自然人股东或者一个法人股东的有限责任公司。由此可知,法律并不禁止国有企业设立一人公司,故A项错误。

《公司法》第63条规定:一人有限责任公司的股东不能证明公司财产独立于股东自己的财产的,应当对公司债务承担连带责任。故B项正确。

2013年《公司法》修改,删除了一人公司的注册资本必须一次足额缴纳的规定。故C项

错误。

《公司法》第58条规定：一个自然人只能投资设立一个一人有限责任公司。该一人有限责任公司不能投资设立新的一人有限责任公司。法律并未禁止一个法人再去投资设立新的一人公司。故D项错误。

第三章

股份有限公司法律制度

股份有限公司是典型的资合性公司,是现代社会最重要的企业组织形式之一,因此,学习股份有限公司制度对于我们理解和掌握公司制度有着十分重要的意义。本章以股份有限公司的概念和特征作为逻辑起点阐述了股份有限公司设立的条件和程序、股份有限公司股份的发行和转让、股份有限公司的组织机构以及上市公司组织机构的特别规定。其中,股份有限公司股份的发行、转让以及股份有限公司的组织机构是学习的重点。

第一节 股份有限公司概述

一、股份有限公司的概念和特征

股份有限公司,即股份公司,是指依法定程序设立的,公司资本划分为等额股份,并通过发行股票筹集资本,股东以其认购的股份有限公司的股份为限承担责任,公司则以其全部资产对公司的债务承担责任的企业法人。股份有限公司作为有效筹资的最重要的企业形式,既有一般公司的共性,又具有自身的个性。与其他企业组织形式相比,股份有限公司具有独特的法律特征:

(1) 公司信用基础的资合性。股份有限公司的信用基础在于公司的资本,而不在于股东个人的信用,公司对股东的身份没有特别要求,任何人只要依法认购股份就可以成为公司的股东。股东与股东之间通过出资而联系起来,无须彼此了解。相对于有限责任公司而言,股份有限公司募集资本的范围和股东的分布均非常广泛,股份转让也相对自由,因而其股份具有很强的流通性,这些都体现了其更为突出的资合性。

(2) 股东责任的有限性。股份有限公司与有限责任公司一样,有一个共同的基本特征,那就是股东责任的有限性,这也是其区别于无限公司和合伙等组织形式的最主要特征。股份有限公司的股东以其认购的股份为限对公司债务承担责任,而不再以其他财产对公司及公司债权人承担任何责任。一旦公司破产或解散而要求清算时,公司债权人就只能对公司财产提出要求,而无权直接要求股东清偿债务,更不能要求股东以其股本之外的财产清偿公司债务。与有限责任公司所不同的是,股份有限公司的股东是以其所认购的股份为限承担责任,而有限责任公司的股东则是以其出资额为限承担责任。

(3) 公司股份的均等性。基于独特的集资方式及股份转让方式的需要,股份有限公司的资本被划分为等额股份,每一等额股份即是构成公司资本的最小单位,也是计算股东权利义务的最小单位,股东只能按照股份的划分单位进行认购,每一股份代表一定的股权,其所代表的金额是相等的,包含的权利也是平等的,即所谓的同股同权、同股同利,股东权利的大小与其所持有的股份总数成正比例关系。股份的这一特点,既便利了股东权的计算及行使,也使股票的发行、转让更为便捷、高效。

(4) 股东人数的广泛性。股份有限公司除发起设立外,其最大的特点就是能够通过公开募集资本的方式设立,在短期内迅速筹集巨额资本,而这种方式就是通过向社会公众广泛发行股票来扩大投资者主体范围,拓宽融资渠道。任何人无须具备特殊的身份,相互之间也无须存在信赖关系,只需要认购股份以及支付股款,就可以成为股份公司的股东。由于股东具有不特定性和广泛性,各国立法一般都不规定股份有限公司的最高人数限额。

(5) 股份有限公司的开放性。与有限责任公司的封闭性相反,股份有限公司具有很强的开放性。这种开放性不仅表现在公司资本募集的公开性和股份转让的自由性上,而且还反映在公司经营状况的公开性上,股份有限公司必须依照法律规定履行信息公开义务,使社会公众了解公司的经营状况。

二、股份有限公司的利弊分析

股份有限公司采取股份的形式来筹集资本,能在短期内筹集巨额资本,具有强大的筹资功能和分散风险的优势,能够最大限度地吸引投资者、调动社会的整体资源,它创造出来的生产力和财富是单独依靠个人或少数人的资本聚积所无可比拟的。股份有限公司的出现,使得我们可利用的资本呈倍数增长,社会现代化事业得到了飞速发展。股份有限公司作为公司的重要组织形式,具有其他企业组织形式无可比拟的优越性,同时任何一项制度都不可能是完美无缺的,股份有限公司也具备其特有的缺陷和不足。因此,对于股份有限公司我们应该辩证地看待,以求在风险可控的范围内充分发挥其优势。

(一) 股份有限公司的优势分析

1. 股份有限公司具有无可比拟的集资优势

集资是公司产生的经济根源,各种形式公司的出现最初都是出于集资的需要,但与其他公司组织形式相比,股份有限公司在集资范围、集资速度、集资规模上都具有无可比拟的优势。马克思曾经对股份有限公司做出这样的评价:"假如必须等待积累去使某些单个资本增长到能够修铁路的程度,那么恐怕直到今天世界上还没有铁路。但是,集中通过股份公司转瞬之间就把这件事完成了。"

首先,股份有限公司资本划分为等额股份,这样便于广泛吸收社会闲散资金,集中社会的经济资源来进行现代化大生产。其次,股份公司的开放性尤其是其经营管理的对外公开性也有利于吸引更多的投资者加盟,从而扩大公司规模,提高经济效益。再次,股份有限公司在向社会集资过程中,可以根据投资者的不同投资需求,创造和发行不同种类的股票形式,这样使得不同的投资者都能在投资的过程中,满足自身的利益需求,激发其投资的积极性。最后,股份有限公司还可以通过股票上市,在证券市场上募集资金,从而在短时间内聚集巨大资本。

2. 股份有限公司公众性强、股份转让便捷、利于分散风险

股份有限公司具有很强的公众性和社会性,它能广泛地吸收社会闲散资金,使社会的普通人都能够通过购买股份或股票成为公司的股东,进行投资获取收益,而无须受到身份上的特殊限制。可以说股份有限公司的一举一动都牵动着广大社会公众的利益,不管是其股东还是其潜在的投资者都会关注公司的发展,所以股份有限公司要求实行公示主义的管理方式。股份有限公司股份转让的方式使得任何人都可以在适当的时候购买股份,也可以自由卖出股份以获取收益或回避风险。股份的高度流通性也使得股份有限公司能够获取持续的资金支持,而不会因为股东的变动而受影响。

另外,由于股份公司的股东一般人数较多,公司的债务或破产风险往往会分散在众多股东的身上,而每个股东只在其股份范围内承担风险和有限责任。这使得股份有限公司的风险在很多情况下能够被社会投资公众所吸纳。

3. 股份有限公司更有利于实现现代企业的科学管理,促使公司经营管理水平不断提高

随着社会生产力的发展,社会对企业管理水平的要求也日益提高,而股份有限公司能更好地适应这一要求。一方面,股份有限公司的经营管理机构的独立化,促进了公司经营管理的专门化。股份有限公司的股东数量众多,大多数股东并不参与公司治理,而仅仅作为单纯的资本持有者,领取股息和红利。这就促成股份有限公司有一个独立且有力高效的管理机构,为股东利益和公司发展来实际运作公司业务,最终给股东带来盈利。这种以董事会为中心的独立和专门化的经营管理机构的活动,为公司经营管理水平的提高提供了制度性保证。另一方面,公司法人权利与股东权之间相互制衡,推动了公司经营管理水平的提高。股东投资的目的就是通过公司的经营和发展获取利益,因此,他们会选择能够有利于公司发展和有责任感的管理层来管理公司,而董事、经理等高级管理人员为了保持自己在公司中的地位,就会不断寻求改善公司经营管理的途径。

(二)股份有限公司的不足分析

任何事物都具有两面性,股份有限公司也有自身的不足,主要表现在以下方面:

(1)设立程序复杂。由于股份有限公司有很强的社会性,其利益涉及面宽,公司股东权和经营权分离显著,因此,为了保护社会公众投资者的利益,各国公司法对股份有限公司一般都规定了较为复杂的设立程序。根据我国《公司法》的规定,无论采用哪种方式设立股份有限公司,都要经过发起、订立章程、认缴资本、建立公司机构、申请设立登记等一系列程序。同时,股份有限公司经营管理机构复杂、庞大,这也使得股份有限公司的设立较为不便。如果采用公开募集方式设立,则更需要履行一系列的特殊程序。

(2)股东流动性大,相互间缺乏信任感和责任感,不宜合作。股份有限公司的股份转让

有极大的便利性和自由性,股东成员不易固定,流动性大。许多中小股东购买公司股票只是为了短期投机,对公司的长远发展漠不关心,缺乏责任感。当公司经营稍有不佳,这些股东就急于抛售股票,规避风险,这对于公司而言无疑是雪上加霜,甚至会使可能扭亏为盈的公司因股票价格的跌落而一蹶不振。

(3) 公司易被少数股东操纵、控制。由于股份有限公司拥有众多的股东,公司的股份较为分散,因而某个股东只要持有相对多数的股份,就有可能在公司治理过程中占据主导地位,获得公司的控制权,从而操纵控制公司的经营管理。股份公司很容易被少数大股东利用,甚至损害广大中小股东的利益。

(4) 股票市场易被不法分子所利用。股份有限公司的股票可以在证券市场上自由流通,一些不法分子以获取非法利益为目的,通过操纵市场、内幕交易等非法行为牟取暴利,这严重损害了其他投资者的利益,也损害了证券市场的交易秩序。

面对股份有限公司的优势及其不足,为了商事交易安全,各国都不断修改和完善相关股份有限公司的立法,与此同时,对与之联系密切的证券法也适时进行修改和完善。以期更有效地发挥股份有限公司的优势,弥补其不足,使之更好地适应市场经济发展的需要。

【测试题】

关于有限责任公司和股份有限公司,下列哪些表述是正确的?(　　　)(2009年国家司法考试,卷三第71题)

A. 有限责任公司体现更多的人合性,股份有限公司体现更多的资合性

B. 有限责任公司具有更多的强制性规范,股份有限公司通过公司章程享有更多的意思自治

C. 有限责任公司和股份有限公司的注册资本都可以在公司成立后分期缴纳,但发起设立的股份有限公司除外

D. 有限责任公司和股份有限公司的股东在例外情况下都有可能对公司债务承担连带责任

【答案与解析】

答案:AD。

解析:我国公司法上的公司,有限责任公司属于以人合为主但兼具资合性质的公司,股份有限公司是典型的资合公司。但股份有限公司中的非上市公司仍具有一定的人合性质。故 A 项正确。

有限公司具有较强的人合性,属于封闭式公司,即公司的股本全部由设立公司的股东拥有,其股份不能在证券市场上自由流转,公司内部关系的调整一般不涉及第三人的利益和社会公共利益,所以较多采用任意性规范,通过公司章程来赋予公司更多的自治权。股份公司是资合公司,其中的上市公司属于公众公司、开放性公司,可以按法定程序公开招股,股东人数通常无法定限制,公司股份可以在证券市场上自由流转,因其公司内部关系调整经常涉及

公众利益,所以《公司法》对其应更多地采取强制性规范。故 B 项错误。

《公司法》第 80 条第 1 款、第 2 款规定:"股份有限公司采取发起设立方式设立的,注册资本为在公司登记机关登记的全体发起人认购的股本总额。在发起人认购的股份缴足前,不得向他人募集股份。股份有限公司采取募集方式设立的,注册资本为在公司登记机关登记的实收股本总额。"由此可知,以发起设立方式设立股份公司的,注册资本可以在公司成立之后分期缴纳,而以募集方式设立股份公司的,注册资本在设立公司时必须足额缴纳。故 C 项错误。

《公司法》第 20 条规定:"公司股东应当遵守法律、行政法规和公司章程,依法行使股东权利,不得滥用股东权利损害公司或者其他股东的利益;不得滥用公司法人独立地位和股东有限责任损害公司债权人的利益。公司股东滥用股东权利给公司或者其他股东造成损失的,应当依法承担赔偿责任。公司股东滥用公司法人独立地位和股东有限责任,逃避债务,严重损害公司债权人利益的,应当对公司债务承担连带责任。"有限责任是公司制度的基石,但如果公司股东滥用股东独立地位或者股东有限责任,损害其他股东或者债权人利益,得否认其有限责任,由股东承担无限责任,此即公司法人人格否认制度。公司法人人格否认制度既适用于有限公司也适用于股份公司,故 D 项正确。

第二节　股份有限公司的设立

一、股份有限公司设立的概念和特点

股份有限公司的设立,是指股份有限公司的发起人以创办股份有限公司为目的,依照法律、行政法规规定的条件和程序组建公司并为公司成立所实施的一系列法律行为的总称。公司设立的行为都是在公司成立之前进行的行为,设立的结果是股份有限公司获得法律资格,能够以独立法人人格从事各种民商事活动。这是一个动态的过程,其中包括公司发起人的发起行为、公司章程的订立、公司股本的认缴或募集,以及公司的设立登记等内容。

与有限责任公司相比,股份有限公司的设立具有如下特点:

(1) 设立条件和程序较为严格。与股份有限公司相比,有限责任公司是以较强的人合性为基础的,其规模一般比较小,股东人数较少,股东之间存在一定程度上的人身信赖关系,相互之间在资金实力、诚信度方面均有一定的了解。因此,《公司法》对其设立条件和设立程序的要求相对宽松。而股份有限公司是资合公司的典型代表,其公司规模一般较大,其股东以广泛性、流动性和非特定性为显著特点,加之其股份转让相对自由等特征,决定了股份有限公司的活动对股东、社会公众、经济秩序的稳定都有十分重要的影响,因此,《公司法》对其设立的条件和程序作出了较为严格的规定。

(2) 设立主体较为复杂。在股份有限公司募集设立的方式中,设立人可以分为发起人和认股人两种类型,他们在设立活动中扮演着不同的角色,所发挥的作用也是不同的。发起

人承担着较为重大的设立义务,诸如签订发起人协议、制定公司章程、出资等;认股人一般则不参与前期的设立行为,其义务比较简单,主要是进行股份的认购和股款的缴纳,并与发起人共同参加公司创立大会。而有限责任公司的设立主体即是发起人,所有发起人也即全体出资人,发起人通过参与设立公司行为,共同订立公司章程,履行出资义务成为有限责任公司的股东,除此之外不存在其他的设立主体形态。

(3)设立方式具有一定的灵活性。股份有限公司与有限责任公司设立方式的区别主要在于股份有限公司可以采取发起设立和募集设立两类方式,发起人可以根据公司规模、资本筹集的实际情况做出选择,具有一定的灵活性。而有限责任公司则只有一种设立方式,即由公司股东缴纳所有的出资而设立公司。股份有限公司通过募集方式来设立公司,可以充分发挥股份公司在短期内迅速而广泛地筹集巨额资本的优势,尤其是当公司预期设立的规模较大而发起人自身资金不足时,募集设立的方式更显现出其无可比拟的筹资杠杆效应。同时,我国《公司法》还规定,股份有限公司的募集设立又可以分为面向社会不特定公众的募集和面向特定对象的募集。相对于有限责任公司而言,这些都体现了股份有限公司设立方式具有一定的灵活性。

二、股份有限公司设立的条件

公司的组织形式不同,法律所规定的设立条件也有所不同。我国《公司法》第76条规定:设立股份有限公司,应当具备下列条件:(1)发起人符合法定人数;(2)有符合公司章程规定的全体发起人认购的股本总额或者募集的实收股本总额;(3)股份发行、筹办事项符合法律规定;(4)发起人制定公司章程,采用募集方式设立的经创立大会通过;(5)有公司名称,建立符合股份有限公司要求的组织机构;(6)有公司住所。由此可见,设立股份有限公司必须具备主体、资本、组织、行为四个方面的条件。

(一)主体要件

1. 发起人符合法定的资格

发起人是指订立创办公司的协议、提出设立公司的申请,向公司出资或认购股份,并对公司设立承担责任的人。发起人在公司设立过程中承担重要的义务,其资质和行为很大程度上决定了公司是否能够合法成立,因此,法律对发起人必然有所规制。这首先体现在发起人的资格确定上,发起人资格是指发起人依法取得的有权创立股份有限公司的资格。股份有限公司的发起人可以是自然人,也可以是法人,自然人作为发起人,必须是完全民事行为能力人;法人作为发起人,应当是依法成立且在法律上没有特殊限制的法人。有些国家还对发起人的国籍、住所有所限制。我国《公司法》第78条规定,股份有限公司必须有过半数的发起人在中国境内有住所。这主要是考虑到公司设立需要有具体的发起人负责筹办,同时公司设立筹备事项具有长期性和复杂性,发起人在国内有住所,便于其及时从事设立活动,处理相关问题。同时发起人要承担公司设立责任,规定了一部分发起人的住所限制,也有利于对发起人进行监管,防止其恶意设立或逃避法律责任,损害社会公众的利益。

2. 发起人符合法定人数

股份有限公司的发起人的人数都有法定限制,世界各国一般都规定了股份有限公司发起人人数的下限,而这个下限在不同的国家有所区别,除美国以外,其他国家都规定发起人必须为多人。对于发起人的上限,其他国家一般都没有限制,而在我国,《公司法》规定设立股份有限公司,必须符合法定的人数要求,即应有2人以上200人以下的发起人,既规定了上限,也规定了下限。这主要是由于股份有限公司的设立区分为发起设立和募集设立,规定了发起人的人数范围,可以有效区分两种设立方式,有利于防止发起人规避法律,便于法律对不同设立行为的监管和风险控制。

(二) 行为要件

1. 发起人制定公司章程

股份有限公司的章程,是股份有限公司必不可少的重要文件,它是关于股份有限公司组织和运行的基本准则,是规范股份有限公司性质、宗旨、经营范围、组织机构、内部权利义务和分配机制等内容的基本条件。以发起方式设立的股份有限公司,股东人数相对较少,公司章程由发起人直接参与共同制定。而以募集方式设立的股份有限公司,股东人数众多,社会公众性强,不可能每一个股东都直接参与制定公司章程,而只能先由发起人拟定,然后再由发起人与其他认股人共同组成的创立大会决议通过。这样体现了公平和效率的结合。

2. 股份发行、筹办事项符合法律规定

股份的发行是指股份有限公司在设立时为了筹集公司资本,出售和募集股份的法律行为。这里讲的股份的发行是设立发行,是设立公司的过程中,为了组建股份有限公司,筹集组建公司所需资本而发行股份的行为,必须符合法律的规定。此外,签订发起人协议、申请注册登记等一系列设立行为都必须符合法律的规定。

(三) 资本要件

1. 发起人认缴和募集的股本达到法定的最低限额

为维持公司的正常运行、维护交易安全、保护债权人的利益,股份有限公司须具备基本的责任能力,其责任能力最基本的保障就是公司的注册资本。发起设立的,注册资本为在公司登记机关登记的全体发起人认购的股本总额。在发起人认购的股份缴足前,不得向他人募集股份。募集设立的,注册资本为在公司登记机关登记的实收股本总额。法律、行政法规以及国务院决定对股份有限公司注册资本实缴、注册资本最低限额另有规定的,从其规定。

2. 资本构成

股份有限公司资本的一个特别要求,即是股份有限公司的资本应该划分为等额股份,发起人及其他认股人均是认购相应的股份来完成出资义务的。根据《公司法》的规定,发起人可以用货币出资,也可以用实物、知识产权、土地使用权作价出资。发起人以货币出资时,应当缴付现金。发起人以货币以外的其他财产权出资时,必须进行评估作价,核实财产,并折合为股份,且应当依法办理其财产权的转移手续,将财产权转归公司所有。应当注意的是,《公司法》规定的上述出资方式只适用于发起人,其他认股人的出资方式与此不同,一般不以非货币财产作价出资,而只能按照所认购股数缴纳股款,以货币认购。

(四)组织要件

股份有限公司的有效设立必须符合股份有限公司要求的组织体系。股份有限公司设立的组织条件主要包括公司的名称、类别、住所、经营范围、组织机构等。这些内容都是包括在公司章程里的必备条款,也是公司设立登记必须登记的事项,对公司的成立及以后的经营管理具有重要的作用。

名称是股份有限公司作为法人必须具备的条件。公司名称必须符合企业名称登记管理的有关规定,股份有限公司的名称还应标明"股份有限公司"或者"股份公司"字样。

股份有限公司必须有一定的组织机构,以便对内实行管理、对外代表公司。股份有限公司的组织机构是股东大会、董事会、监事会和经理。股东大会是最高权力机构;董事会是执行公司股东大会决议的执行机构;监事会是公司的监督机构,依法对董事、经理和公司的活动实行监督;经理是由董事会聘任,主持公司日常生产经营管理工作的高级管理人员。

公司住所是股份有限公司进行正常生产经营的必备条件,同时,公司住所在确定诉讼管辖、确定诉讼文书收受地、确定债务履行地、确定公司登记管辖等方面具有重要意义,因此我国《公司法》规定,设立股份有限公司必须要有住所。

三、股份有限公司设立的方式和程序

(一)股份有限公司设立的方式

股份有限公司设立的方式有两种:一种是发起设立,一种是募集设立。这两种方式各有特点,发起设立规模较小,募集设立规模较大。发起人应当根据公司设立的规模、资本需求、营业范围等综合考虑,采取符合公司发展战略和模式的设立方式。

发起设立,是指发起人在公司设立时认足公司第一次发行的全部股份资本,而不对外公开招募资金。发起人之间经过博弈和协商后会签订发起人协议,每个发起人认购的股份数按照发起人之间的协议确定。发起人应在规定的时间内,以现金、实物或公司认可的其他资产形式缴足股款,但不得以信用或劳务出资。发起设立股份有限公司设立程序相对简单,不需要公开招股,可以有效地缩短公司设立周期、降低设立费用,因此适宜于资本额较小的中小型股份有限公司。

募集设立,是指发起人只认缴公司首次发行股份的一部分,其余部分向社会公开募集或者向特定对象募集。募集设立可以较大限度地调动社会资金,扩大公司规模,在短期内积聚巨额资本,是很有效的公司设立方式,但是这种方式由于涉及环节较多、利益关系广泛,因此设立过程比较复杂,审批手续繁杂,耗时也比较长,还需要接受公司设立和股份发行两道监管。在我国以此方式设立股份有限公司的,发起人认购的股份不得少于公司股份总数的35%;但是,法律、行政法规另有规定的,从其规定;向社会公众公开募集股份应当同时符合《公司法》和《证券法》的有关规定。

(二)股份有限公司设立的程序

股份有限公司设立的程序因其设立方式不同而有所区别。

1. 发起方式设立

其中采取发起方式设立股份有限公司的程序主要包括：

(1) 发起人签订发起人协议,明确各自在公司设立过程中的权利和义务。

(2) 制定公司章程。

(3) 向设区的市级以上市场监督管理部门申请名称预先核准。设立公司应当申请名称预先核准。法律、行政法规或者国务院决定规定设立公司必须报经批准,或者公司经营范围中属于法律、行政法规或者国务院决定规定在登记前须经批准的项目的,应当在报送批准前办理公司名称预先核准,并以公司登记机关核准的公司名称报送批准。预先核准的公司名称保留期为6个月。预先核准的公司名称在保留期内,不得用于从事经营活动,不得转让。

(4) 股份发行、认购和缴纳股款。

① 股份发行。股份的发行,实行公平、公正的原则,同种类的每一股份应当具有同等权利。同次发行的同种类股票,每股的发行条件和价格应当相同。任何单位或者个人所认购的股份,每股应当支付相同价额。

② 发起人的出资方式。发起人可以用货币出资,也可以用实物、知识产权、土地使用权等可以用货币估价并可以依法转让的非货币财产作价出资；但是,法律、行政法规规定不得作为出资的财产除外。发起人以货币、实物、知识产权、土地使用权以外的其他财产出资的,其登记办法由国家市场监督管理总局会同国务院有关部门规定。发起人不得以劳务、信用、自然人姓名、商誉、特许经营权或者设定担保的财产等作价出资。对作为出资的非货币财产应当评估作价,核实财产,不得高估或低估作价。土地使用权的评估作价,依照法律、行政法规的规定办理。

③ 发起人应当书面认足公司章程规定其认购的股份。一次缴纳的,应即缴纳全部出资；分期缴纳的,应即缴纳首期出资。首次出资是非货币财产的,应当在公司设立登记时提交已办理其财产权转移手续的证明文件。发起人不依照规定缴纳出资的,应当按照发起人协议承担违约责任。发起人首次缴纳出资后,应当选举董事会和监事会,由董事会向公司登记机关报送公司章程以及法律、行政法规规定的其他文件,申请设立登记。

④ 聘请会计师事务所对发起人出资进行验资并出具证明。

(5) 设立登记并公告。设立股份有限公司,应当由董事会向公司登记机关申请设立登记。董事会向公司登记机关报送下列文件:① 公司登记申请书；② 创立大会的会议记录；③ 公司章程；④ 法定代表人、董事、监事的任职文件及其身份证明；⑤ 发起人的法人资格证明或者自然人身份证明；⑥ 公司住所证明。

(6) 符合公司法规定条件的,由公司登记机关登记为股份有限公司,发给公司营业执照。公司申请登记的经营范围中属于法律、行政法规或者国务院决定规定在登记前须经批准的项目的,应当在申请登记前报经国家有关部门批准,并向公司登记机关提交有关批准文件。根据我国现有的法律规定,股份有限公司的登记机关为设区的市(地区)市场监督管理局以上的市场监督管理部门。依法设立的公司,由公司登记机关发给《企业法人营业执照》。公司营业执照签发日期为公司成立日期。公司凭公司登记机关核发的《企业法人营业执照》

刻制印章,开立银行账户,申请纳税登记。设立股份有限公司的同时设立分公司的,应当就设立分公司向公司登记机关申请登记,领取营业执照。公司成立后,应当进行公告。

(7) 交付股票。公司的股份采取股票的形式。股票是公司签发的证明股东所持股份的凭证。股票采用纸面形式或者国务院证券监督管理机构规定的其他形式。股份有限公司成立后,即向股东正式交付股票。公司成立前不得向股东交付股票。

2. 募集方式设立

股份有限公司采取募集方式设立的,其程序在发起设立的基础上,增加了审批、募股等环节,程序较为复杂和严格,因此,这里仅就募集设立程序中的特殊之处进行论述。

公司发行的股票,可以为记名股票,也可以为无记名股票。公司向发起人、法人发行的股票,应当为记名股票,并应当记载该发起人、法人的姓名或者名称,不得另立户名或者以代表人姓名记名。发起人的股票,应当标明"发起人股票"字样。公司发行记名股票的,应当置备股东名册,记载下列事项:① 股东的姓名或者名称及住所;② 各股东所持股份数;③ 各股东所持股票的编号;④ 各股东取得股份的日期。发行无记名股票的,公司应当记载其股票数量、编号及发行日期。

股份有限公司采募集方式设立时其股份发行、认购和缴纳股权的程序主要有以下两个步骤:第一步:发起人认购股份。发起人必须先行认购一部分股份,并缴纳股款,全体发起人认购的股份不得低于公司注册资本的35%。第二步:发起人向特定对象或社会公开募集股份,认股人缴纳股款。发起人向社会公开募集股份的程序如下:

(1) 制作招股说明书,签订承销协议和代收股款协议。发起人向社会公开募集股份,必须制作和公告招股说明书。招股说明书是发起人依法制作、专门用于募集股份的要约文件。招股说明书应当附有发起人制定的公司章程,并应当载明下列事项:① 发起人认购的股份数;② 每股的票面金额和发行价格;③ 无记名股票的发行总数;④ 募集资金的用途;⑤ 认股人的权利、义务;⑥ 本次募股的起止期限及逾期未募足时认股人可以撤回所认股份的说明。

发起人向社会公开募集股份,应当由依法设立的证券公司承销,发起人可以根据本公司实际情况、证券公司的资质等自由选择承销人。同时与之签订承销协议,承销协议是发起人及证券公司就股份发行的事项及相关权利义务的约定。证券公司承销股份可以采取代销、包销两种方式。

发起人向社会公开募集股份,还应当同银行签订代收股款协议。代收股款的银行应当按照协议代收和保存股款,向缴纳股款的认股人出具收款单据,并负有向有关部门出具收款证明的义务。发行股份的股款缴足后,必须经依法设立的验资机构验资并出具证明。

(2) 申请与核准。向社会公开募集股份设立股份公司的,应取得中国证监会的核准。申请募股核准的,必须按照相关法律法规的规定向证监会报送以下材料:① 公司章程;② 发起人协议;③ 发起人姓名或名称,发起人认购的股份数,出资种类及验资证明;④ 招股说明书;⑤ 代收股款银行的名称及地址;⑥ 承销机构名称及有关的协议。证券法规定需要聘请保荐人的,还需报送保荐人出具的发行保荐书。

(3) 公开募集、销售股份。发起人向社会公开募集股份,必须公告招股说明书,并制作认股书。认股书是发起人依法制作,由认股人按规定事项填写的认购股份的承诺书,认股书应当载明《公司法》第86条所列招股说明书的所有事项。承销证券机构应当按照承销协议向认股人销售股票,认股人在认股书上填写认购股数、金额、住所、签名、盖章,并按照所认购股数向代收银行缴纳股款,由依法设定的验资机构出具验资证明。

(4) 召开创立大会。发行股份的股款缴足后,经依法设立的验资机构验资并出具证明后,发起人应当在30日内主持召开公司创立大会。创立大会由认股人组成。发行的股份超过招股说明书规定的截止期限尚未募足的,或者发行股份的股款缴足后,发起人在30日内未召开创立大会的,认股人可以按照所缴股款并加算银行同期存款利息,要求发起人返还。

发起人应当在创立大会召开15日前将会议日期通知各认股人或者予以公告。创立大会应有代表股份总数过半数的认股人出席,方可举行。创立大会行使下列职权:① 审议发起人关于公司筹办情况的报告;② 通过公司章程;③ 选举董事会成员;④ 选举监事会成员;⑤ 对公司的设立费用进行审核;⑥ 对发起人用于抵作股款的财产的作价进行审核;⑦ 发生不可抗力或者经营条件发生重大变化直接影响公司设立的,可以作出不设立公司的决议。创立大会对上述事项作出决议,必须经出席会议的认股人所持表决权过半数通过。发起人、认股人缴纳股款或者交付抵作股款的出资后,除未按期募足股份、发起人未按期召开创立大会或者创立大会决议不设立公司的情形外,不得抽回其股本。

四、股份有限公司发起人的法律责任

在设立股份有限公司的过程中,发起人的作用贯彻始终,在公司的有效设立以及认股人、公司利益的维护方面起到了至关重要的作用,发起人承担了公司设立的大部分义务,其一举一动都有可能直接影响到认股人、债权人以及设立中的公司的利益,影响市场交易秩序和安全,因此,出于维护社会公共利益和投资者利益的角度,法律也对发起人赋予了严格的义务和责任。我国《公司法》也规定了发起人的法律责任。主要包括以下方面:

(一) 公司不能成立时发起人的法律责任

发起人在完成各种设立事务后,公司最终未能成立,即公司设立失败。一般而言,如果公司成立,则公司在设立过程中所产生的债权债务,由成立后的公司承继;如果公司设立失败,公司没有获得独立的法人人格,不能独立承担民事责任,则在设立过程中所产生的债权债务应当由发起人承担。其债务承担包括以下两方面内容:(1) 对设立行为所产生的一切债务和费用,发起人负有连带责任;(2) 对认股人已经缴纳的股款,发起人负有返还股款并加算同期银行存款利息的连带责任。

(二) 公司成立后发起人的法律责任

(1) 出资填补责任。根据我国《公司法》第93条的规定,股份有限公司成立后,发起人未按照公司章程的规定缴足出资的,应当补缴;其他发起人承担连带责任。股份有限公司成立后,发现作为设立公司出资的非货币财产的实际价额显著低于公司章程所定价额的,应当由交付该出资的发起人补足其差额;其他发起人承担连带责任。

(2) 损害赔偿责任。发起人在公司设立过程中,必须忠于职守,不能损害公司及其他股东利益,如果因发起人的过失致使公司利益受损,应当对公司承担赔偿责任。如果股份有限公司设立成功,发起人就自动转变为公司股东,但发起人在设立过程中因其过失所致公司利益的损害,仍然应当承担赔偿责任。

(三)行政责任和刑事责任

发起人除承担上述民事责任外,还需要依据行政法或刑法规定,承担相应的行政责任和刑事责任。发起人虚假出资或公司成立后抽逃出资的,由公司登记机关责令改正,处以虚假出资金额或所抽逃出资金额的5%以上15%以下的罚款,数额巨大,后果严重或有其他严重情节的,处5年以下有期徒刑或拘役,并处或单处虚假出资金额或所抽逃出资金额的2%以上10%以下的罚金。

【测试题】

1. 关于股份有限公司的设立,下列哪些表述符合《公司法》规定?(　　)(2010年国家司法考试,卷三第73题)

   A. 股份有限公司的发起人最多为200人

   B. 发起人之间的关系性质属于合伙关系

   C. 采取募集方式设立时,发起人不能分期缴纳出资

   D. 发起人之间如发生纠纷,该纠纷的解决应当同时适用《合同法》和《公司法》

2. 甲、乙、丙等拟以募集方式设立厚亿股份公司。经过较长时间的筹备,公司设立的各项事务逐渐完成,现大股东甲准备组织召开公司创立大会。下列哪些表述是正确的?(　　)(2016年国家司法考试,卷三第70题)

   A. 厚亿公司的章程应在创立大会上通过

   B. 甲、乙、丙等出资的验资证明应由创立大会审核

   C. 厚亿公司的经营方针应在创立大会上决定

   D. 设立厚亿公司的各种费用应由创立大会审核

【答案与解析】

1. 答案:ABCD。

解析:《公司法》第78条规定:设立股份有限公司,应当有2人以上200人以下为发起人,其中须有半数以上的发起人在中国境内有住所。故A项正确。

《公司法》第94条规定:股份有限公司的发起人应当在公司不能成立时,对设立行为所产生的债务和费用负连带责任,并对认股人已缴纳的股款负返还股款并加算银行同期存款利息的连带责任。据此,发起人签订的发起人协议在性质上属于合伙合同,发起人之间是合伙关系,故B项正确。

《公司法》第80条第2款规定:股份有限公司采取募集方式设立的,注册资本为在公司登记机关登记的实收股本总额。据此,发起人不能分期缴纳出资,应当一次缴清,故C项正确。

《公司法》第83条第2款规定:发起人不依照前款规定缴纳出资的,应当按照发起人协议承担违约责任。据此,发起人协议具有合同性质,发起人之间发生纠纷承担违约责任适用《合同法》的规定,故D项正确。

2. 答案:AD。

解析:本题考查的是募集设立的股份公司创立大会的职权以及股份公司的设立程序。

《公司法》第90条第1款、第2款规定:"发起人应当在创立大会召开15日前将会议日期通知各认股人或者予以公告。创立大会应有代表股份总数过半数的发起人、认股人出席,方可举行。创立大会行使下列职权:(1)审议发起人关于公司筹办情况的报告;(2)通过公司章程;(3)选举董事会成员;(4)选举监事会成员;(5)对公司的设立费用进行审核;(6)对发起人用于抵作股款的财产的作价进行审核;(7)发生不可抗力或者经营条件发生重大变化直接影响公司设立的,可以作出不设立公司的决议。"本题A选项和D选项正确。

依据《公司法》第92条规定,验资证明的审核不是创立大会的职权,而是在公司设立登记时需要,故B选项错误。

依据《公司法》第37条、第99条规定,公司经营方针的决定权属于股东会,故C选项错误。

第三节 股份发行和转让

一、股份概述

(一)股份的概念和特征

股份是指股份有限公司股东持有的公司资本的基本构成单位,也是划分股东权利义务的基本单位。它是股份有限公司的特有概念,也是股份有限公司区别于有限责任公司的重要特征。股份的表现形式为股票,股东通过购买股票来进行投资,获取股东身份。我国《公司法》第125条规定:"股份有限公司的资本划分为股份,每一股的金额相等。公司的股份采取股票的形式。股票是公司签发的证明股东所持股份的凭证。"据此,股份具有以下几个方面的含义:(1)它是股份有限公司资本最基本的构成单位和计算单位。股份有限公司的全部资本划分为等额股份,全部股份金额的总和就构成了公司的总资本。(2)它是股东身份和权利来源的基础,也是计算股东权利义务的最小单位。股东通过认购股份履行出资义务,据此取得股东身份。同时股东的权利义务大小以及其在公司中法律地位的高低与其拥有的股份数量大小成正相关系。(3)它表现为股票的形式,是股票价值的内容。股份是股票的价值内容及存在基础,而股票是股份的表现形式和载体。

由此我们可以看出股份具有以下显著特征:

(1)平等性。股份在资本额和股东权利两个方面表现出明显的平等性。一方面,股份是构成公司资本的基本单位。有额面股份,同一种类的每一股份金额相等,代表相同的资本额。无额面股份，表现为在资本总额中所占比例相等。另一方面，股份是衡量股东权利义务的基本单位。同一种类的每一股份代表的股东权利是相等的。即同股同权、同股同利。除非法律有特别规定，公司不得以任何理由限制或者剥夺股份所包含的股东权利。当然，这种平等性并不是绝对的，如果是不同种类的股份，股权的内容、大小就有可能不同。

（2）自由转让性。可转让性是股份的本质属性，这也是股份有限公司资合性的体现，特别是上市股份有限公司，其股票的自由转让度和流通性更高。股份的这种可转让性，使股份公司能够发挥其强大的筹资功能。股份的自由转让也是股东享有的一项权利，股东可以根据自己的投资规划自由决定股票买卖。

（3）不可分性。股份是公司资本构成的最小单位，其本身不能再分割，并且每一股份所包含的股东权利也不能分离行使。股东转让股份或行使权利，必须以整股为单位。但在实践中存在多人共同持有一股的情形，在此种情况下的共有是共同共有，共有人可以共享股份权益，但不是对股份本体的分割。

（4）以有价证券为表现形式。股份是价值本体，股票是股份的表现形式。股票是公司成立后，以公司名义签发的证明股东所持股份的法律凭证，是一种要式、非设权的有价证券，其所代表的股东权是一种具有财产内容的权利。

（二）股份的表现形式——股票

根据我国《公司法》第125条第2款的规定，公司的股份采取股票的形式，股票是公司签发的证明股东所持股份的凭证。股票与股份的关系形同表里，股份是股票的价值内容和存在基础，股票则是股份的载体和表现形式。股票具有以下特征：

（1）股票是一种证权证券。所谓证权证券，是指证券所代表的权利原已存在，证券只是起一种权利证书的作用，而不创设权利。股权的产生基础是股东认购股份的出资行为，而非股票的制作或签发。股东权利的真正载体是股份，但是为了示权和行权的便利，股份采取了股票的表现形式，股票通过其记载事项证明股东在公司中享有的权利，谁持有股票谁就被推定为公司的股东。在股票转让过程中，转让股票就意味着股东身份的转让。

（2）股票是一种有价证券。有价证券是指各类记载并代表一定权利的法律凭证的统称，用以证明持券人有权依其所持证券记载的内容而取得相应的权益。它反映的是一种财产权利，且该财产权利的行使以提示证券为前提。有价证券本身没有价值，但由于它代表着一定量的财产权利，持有者可凭以直接取得一定量的商品、货币，或是取得利息、股息等收入，因而可以在证券市场上买卖和流通，客观上具有了交易价格。股票是股份的表现形式，而股份的获得是以付出一定的财产为对价的，持有股票代表持有者付出过相应对价，并可以凭借股票的记载获得相应的股息、红利等经济利益，同时可以在证券市场上按照市场价格转让。

（3）股票是一种要式证券。所谓要式证券，是指证券的制作及记载事项必须严格按法律规定进行，否则，将导致证券的无效。根据《公司法》第128条的规定，股票应当采用纸面形式或者国务院证券监督管理机构规定的其他形式。股票应当载明下列主要事项：① 公司名称；② 公司成立日期；③ 股票的种类、票面金额及代表的股份数；④ 股票的编号。股票由法定代表人签名,公司盖章。发起人的股票,应当标明"发起人股票"字样。违反法律规定,或股票的记载内容欠缺或不真实,股票即为无效,公司或责任人将承担相应的法律责任。

(4)股票是一种无限期证券。股票没有固定期限,是一种永久性证券,除非公司终止,否则它将一直存在。股票的持有者可以依法转让股票,却不能要求公司到期还本付息。股票的这一特性使公司摆脱了固定股东的限制,从而使公司获得持续的资金支持,可以通过资本的循环和流动、公司机构的有效运作而使公司长存,这也造就了那些有着几百年历史却仍然充满活力的老牌股份有限公司。

(三)股份的种类

依据不同的标准,可以将股份作出不同的分类。本书择要予以介绍。

1. 普通股和特别股

依据股东所享有的权利和承担的风险大小不同为标准,可以将股份划分为普通股和特别股。

(1)普通股,是指对公司权利一律平等,无任何区别待遇的股份。普通股是股份有限公司发行数量最多、构成公司资本基础部分的股份。持有普通股的股东按股份比例享有公司决策参与权、利润分配权、优先认股权和剩余资产分配权,并承担公司经营亏损的风险。在公司分配利润时具有不确定性,不享有特别权利,由公司盈利状况决定。在公司破产清算时,后于公司债权人及特别股中的优先股股东分得剩余财产。

(2)特别股,是指股份所代表的权利、义务不同于普通股而享有特别内容的股份。特别股主要可分为优先股与后配股两类。① 优先股是公司在筹集资金时,给予投资者在分配收益及分配剩余资产等方面某些优先权的股份。优先股有固定的股息,不受公司经营状况和盈利的影响,并且其股息分配优先于普通股股东。当公司破产进行财产清算时,优先股股东对公司剩余财产有优先于普通股股东的索取权。但是,根据权利义务对等的原则,优先股也会受到一些限制,优先股股东一般不参加公司的红利分配,亦无表决权,不能借助表决权参与公司的经营管理。② 后配股,又称劣后股,是指在普通股之后参与公司盈余分配和剩余财产分配的股份。后配股因参与分配的顺序须排在优先股及普通股之后,故其风险更大。但后配股的股东对公司事务往往有高于其他股东的表决权,多由发起人认购。

我国《公司法》没有对发行特别股作出直接规定,但是《公司法》第131条规定:"国务院可以对公司发行本法规定以外的其他种类的股份,另行作出规定。"这说明我国《公司法》并不绝对禁止公司发行特别股,只是当公司有此需求时,应根据国务院的特别规定实施发行行为。

2. 记名股和无记名股

依股东姓名或名称是否记载于股东名册和股票之上为标准,可将股份分为记名股和无记名股。

(1)记名股是将股东的姓名或名称记载于股东名册和股票之上的股份。此种股份的权利不全依附于股票之上,并且只能由记名股东本人行使,其不以持有股票为要件,股票实际持有人若非股东名册和股票之上记载之人,则无资格行使股东权。记名股票转让手续较繁琐,转让时必须将受让人的姓名或名称记载于公司股票之上,并同时变更公司股东名册的记载,否则,转让不发生法律效力。记名股票更为安全,如被盗、遗失或灭失,股东可以依照《中华人民共和国民事诉讼法》规定的公示催告程序,请求人民法院宣告该股票失效,然后,股东可以向公司申请补发股票。

(2) 无记名股是股东名册和股票上不记载股东姓名或名称的股份。无记名股的权利完全依附于股票之上,持有股票者即推定为股东,依法享有股东权。无记名股份转让方便,只需交付股票,即发生法律效力,无须履行复杂手续,股东身份及股东权利随之一并转让。无记名股票被盗、遗失或者灭失的话,股东无法按照公示催告程序获得补救,安全性较低。

我国《公司法》允许公司发行记名股和无记名股,并明确规定,公司向发起人、法人发行的股票,应当为记名股票,并应当记载该发起人和法人的名称或姓名,不得另立户名或者以代表人姓名记名。向社会公众发行的股份多为无记名股,发行无记名股票的,公司应当记载其股东数量、编号及发行日期。

3. 额面股和无额面股

依股份是否以票面金额表示为标准,可将股份分为额面股和无额面股。

(1) 额面股,也称金额股,是指在股票票面上标明了一定金额的股份。全部股份票面价值的总和即为公司的资本。股票发行价格可以按票面金额,也可以超过票面金额,但不得低于票面金额。

(2) 无额面股,又叫比例股,是指股票票面上并不标明具体金额,而只标明每股占公司资本总额的一定比例的股份,以此表明股东在公司中相应的股权。

根据我国《公司法》第128条第2款第(3)项的规定,股票应当载明股票种类、票面金额及代表的股份数,由此可以推导出在我国不允许无额面股的发行。

4. 人民币股、人民币特种股

依是否以人民币认购和交易股份为标准,可将股份分为人民币股、人民币特种股。这也是较具我国特色的一种分类法。

(1) 人民币股又称A股,是指在股票上以人民币标明面额,以人民币认购和交易,专供我国的法人和公民(不含我国港、澳、台地区的投资者)以人民币认购和交易的股份。

(2) 人民币特种股又有B股、H股、N股、S股等之分。B股是以人民币标明票面面额,由外国和我国港澳台地区投资者以外汇认购和买卖的股票,中国境内大陆投资者不可以买卖。但后来经过国务院批准,证监会已经允许境内大陆居民以合法持有的外汇开立B股账户参与交易。H股是指获香港联合交易所批准上市的人民币特种股票,该股票以人民币标明面值,以港元认购和交易,专供境外投资者进行买卖。依此类推,N股是在纽约批准上市、S股是在新加坡批准上市的股票。

5. 国有股、法人股、社会公众股、外资股

依投资主体及资金来源为标准,可分为国有股、法人股、社会公众股和外资股。这是一种具有中国特色的股份分类方法,主要是通过区分投资主体的经济性质来把握公司的股权结构,以便于国家的宏观调控。

（1）国有股是指代表国家投资的部门或机构以国有资产向公司投资形成的股份，包括以公司现有国有资产折算成的股份，也包括国有法人股。国有股一般为普通股，持股主体在我国主要表现为：国有资产管理部门、国家授权的机构和部门、国有资产经营公司等。

（2）法人股是指一般的法人企业或具有法人资格的事业单位和社会团体以其依法可支配的资产向股份公司出资形成或依法定程序取得的股份。根据法人股认购的对象，可将法人股进一步分为境内发起人股、外资法人股和募集法人股三类。

（3）社会公众股是指社会单个自然人主体以其合法财产向股份公司投资形成或依法定程序取得的股份。在我国的股份制试点过程中，个人股又被进一步分为社会公众个人股和企业内部职工股。

（4）外资股有广义和狭义之分。狭义的外资股仅指外国自然人或法人持有的我国内地股份有限公司的股份。广义的外资股还包括我国港澳台地区的投资者所持有的我国内地股份有限公司的股份。由于此种分类方式的特殊性和历史形成性，分类标准并不绝对，在国家股和法人股、法人股和外资股、社会公众股与外资股之间存在一定的交叉关系。

二、股份有限公司的股份发行

（一）股份发行的概念及原则

股份的发行，是指股份有限公司为筹集资本而依照法定的条件和程序向投资者出售其股份的行为。我国《公司法》规定，股份的发行，实行公平、公正的原则，同种类的每一股份应当具有同等权利。同次发行的同种类股票，每股的发行条件和价格应当相同；任何单位或者个人所认购的股份，每股应当支付相同价额。

（二）股份发行的种类

根据不同标准，股票发行主要有以下种类：

1. 根据发行对象的范围，分为公开发行与非公开发行

（1）公开发行，又称公募发行，是指面向不特定的社会公众所进行的公开募集资金的行为。其募集对象包括法人、自然人。根据我国《证券法》第10条第2款的规定，有下列情形之一的，为公开发行：① 向不特定对象发行证券的；② 向特定对象发行证券累计超过200人的；③ 法律、行政法规规定的其他发行行为。该条第1款规定：公开发行证券，必须符合法律、行政法规规定的条件，并依法报经国务院证券监督管理机构或者国务院授权的部门核准；未经依法核准，任何单位和个人不得公开发行证券。

（2）非公开发行，也称定向发行，是指面向少数特定的投资人所进行的资金募集行为。特定对象主要包括公司股东、特定的法人、公司内部职工或雇员。我国法律规定，非公开发行不得采用广告、公开劝诱和变相公开方式。

2. 根据发行的阶段，分为设立发行与新股发行

（1）设立发行，是指股份有限公司以设立公司为目的，在设立过程中为筹集公司成立所需资本而对外发行股份的行为。这里募集的是公司的初始资本。因公司设立方式的不同，设立发行也有所差别。发起设立的公司，其股份由发起人依法按期认购缴足，不向社会公开

发行;募集设立的公司,发起人按期认购缴足法定部分的股份,除此以外的股份则向社会公开发行或向特定对象不公开发行。

(2) 新股发行是指已经成立的股份有限公司,为了筹集资金、扩大经营规模等目的而再次发行股份的行为,其形成的是新增资本。因此,依发行的先后顺序,股份可以分为原始股和新股。公司设立时发行的股份是原始股,而增资发行的股份则是新股。

3. 根据是否存在发行中介,分为直接发行与间接发行

(1) 直接发行又称自办发行,是指发行人不通过证券承销机构,自担风险向投资者发行股份。其优点在于发行手续简便,筹资成本较低。目前我国上市公司对大股东或特定机构投资者的定向发行一般采取此种方式。

(2) 间接发行指发行人委托证券承销机构代为发售股票的方式,包括代销和直销。这种发行方式符合专业化分工的要求,但是成本较高。

4. 按照股份发行是否增加公司资本,分为增资发行与非增资发行

(1) 增资发行,即公司发行股份以后导致公司注册资本增加的发行行为。以增加资本为目的的发行作为公司的重大事项,必须遵守法定的程序,即先由股东大会做出决议,修改公司章程,最后办理工商变更登记。

(2) 非增资发行,是指在公司资本总额范围内,不增加公司资本而发行股份的行为。这一般是授权资本制的一种制度安排,我国实行法定资本制,不存在非增资发行。

5. 按照新股发行的目的,可分为通常发行和特别发行

(1) 通常发行,是指以增资为目的而发行新股,一般情况下的新股发行都是通常发行。通常发行既增加公司资本,也增加公司资产。

(2) 特别发行,是指不以增资为目的,而是基于某些特殊目的的发行新股,如向股东分配公司盈余、把公积金转为资本、把公司债转换成股份、与其他公司合并而置换股份。

(三) 股份的发行价格

股份有限公司发行股份是采取股票的形式,投资者必须按照一定的价格认购股票进行出资。股票发行价格与股票的票面金额可能会不一致,股票的票面金额是每一单位股份所代表的资本额,而股票的发行价格则是发行人(即发行公司)在向投资者发行股票时所确定的股票发售价格。

股份的发行价格主要有平价发行、溢价发行、折价发行以及中间价发行四种。

(1) 平价发行。平价发行也称面额发行,是指发行人以票面上所记载的金额作为发行价格而实施的股票发行。平价发行多适用于私募发行,由于其发行价格较为低廉而比较吸引投资者,但以此种价格筹集的资金量较少。

(2) 溢价发行。溢价发行是指发行人以高于股票票面金额的价格发行股票。超过票面金额所得的收益可用于支付股份公开发行的费用,也可以列入公司的资本公积金。溢价发行是股份发行广泛采用的手段,它能使公司以少量股票筹措到较多的资金。

(3) 折价发行。折价发行是指发行人以低于股票票面金额的价格发行股票。折价发行使公司实际获得的股款低于其发行的资本总额,这与资本确定和资本维持原则相悖,因此,

为各国公司法所禁止。我国《公司法》第127条规定:"股票发行价格可以按票面金额,也可以超过票面金额,但不得低于票面金额。"可见,我国股份有限公司可以采取平价发行和溢价发行的方式发行股票,但不能折价发行。

(4)中间价发行。中间价发行是指按照股份票面金额与市场价格之间的某一中间价格发行股份。股份发行或上市以后,市场价格往往会高于发行价格,中间价格对投资者比较有利。我国上市股份有限公司对现有股东的配股通常采用中间价发行。

三、股份有限公司的股份转让

股份的转让是股东通过转移股票所有权来转移股东身份和权利的法律行为。股份转让表现为股票载体的交付和移转,但实质上却是股东身份和权利的转让,这也是股份有限公司资合性的重要体现。股份转让可以使股份有限公司保持资本的稳定性和持续性,不会因为公司股东的变动而影响公司资本以及公司的存废。股份自由转让的压力也会促使公司提高经营管理水平,制约公司行为。同时对于股东而言,其通过对自身投资需求、经济实力以及公司经营状况的综合考虑,可以通过股份转让,随时转移投资风险,撤回其投资,也可以增加其所持股份,从而实现长期投资或控制公司的目的。对于潜在投资者的社会公众而言,可通过受让股份而成为公司股东,进行投资获取投资收益。

(一)股份转让的方式

股份有限公司股份的转让是通过股票的转让实现的。我国《公司法》对记名股票和无记名股票的转让作出了不同规定。

记名股票的转让,由股东以背书方式或者法律、行政法规规定的其他方式转让,由公司将受让人的姓名或者名称及住所记载于股东名册。如果记名股票的转让,未将受让人的姓名或者名称记载于股票,或未将受让人的姓名或者名称及住所记载于公司股东名册,则记名股票的转让不具有法律效力。法律、行政法规规定的其他转让方式,主要是指实践中股票的无纸化形式,按照证券交易登记结算规则和程序,利用电子化模式进行显示和转让。

无记名股票的转让,由股东将该股票交付给受让人后即发生转让的效力。无须背书和登记,并且这种效力,既包括转让成立的效力,也包括对抗公司的效力。

(二)股份转让的限制

如上所述,股东持有的股份可以依法转让,但为了保护公司及全体股东的利益,公司法对股份转让也作了一些限制性规定。

(1)股份转让场所的限制。为了规范股票交易,防范黑市交易,《公司法》第138条规定:"股东转让其股份,应当在依法设立的证券交易场所进行或者按照国务院规定的其他方式进行。"这里的证券交易场所包括了全国性证券集中交易系统、地方性证券交易中心和从事证券柜台交易的机构等。

(2)对发起人所持本公司股份转让的限制。股份有限公司发起人的资信和行为严重影响着公司的成立及成立初期的财产稳定、组织管理。为了防止发起人进行公司设立欺诈,或者恶意转嫁投资风险,损害其他股东的权益,我国《公司法》第141条第1款规定:"发起人持有的本公司股份,自公司成立之日起1年内不得转让。公司公开发行股份前已发行的股份,自公司股票在证券交易所上市交易之日起1年内不得转让。"

(3) 对董事、监事、高级管理人员所持本公司股份转让的限制。董事、监事、高级管理人员是公司日常经营管理的核心,其道德、职业素养都会影响公司和股东的利益。为了防止公司高管利用内幕信息非法牟利,损害公司及股东利益,同时激励和敦促上述人员敬业工作,将其自身利益与公司的发展和利益紧密联系起来,因而我国公司立法对上述人员的股份转让有所限制。《公司法》第141条第2款规定:"公司董事、监事、高级管理人员应当向公司申报所持有的本公司的股份及其变动情况,在任职期间每年转让的股份不得超过其所持有本公司股份总数的25%;所持本公司股份自公司股票上市交易之日起1年内不得转让。上述人员离职后半年内,不得转让其所持有的本公司股份。公司章程可以对公司董事、监事、高级管理人员转让其所持有的本公司股份作出其他限制性规定。"

(三) 公司收购本公司股份的限制

公司收购自己的股份,又称股份回购,是指股份有限公司作为受让人从本公司股东买回股份。由于股份回购将导致公司成为自己的股东,使公司与股东的身份混同,权利义务不清,同时也违反了资本充实原则,影响证券交易安全,损害股东和债权人利益,因此,我国《公司法》特别规定,一般情况下公司不得收购本公司股份。但是,有下列情形之一的除外:(1)公司减少注册资本。当公司需要减少其注册资本时,可以以公司名义收购本公司股份,但应当自收购之日起10日内注销其收购的本公司股份,以确保达到减资的目的。(2)与持有本公司股份的其他公司合并。这实质上是指公司与其一个或一个以上的法人股东合并。公司因此而持有的本公司股份,应当在6个月内转让或者注销该部分股份。(3)为了将股份奖励给本公司职工而持有本公司股份。在这种情形下,可以以公司名义收购部分已发行在外的股份。但公司为此而收购的本公司股份,不得超过本公司已发行股份总额的5%;用于收购的资金应当从公司的税后利润中支出;所收购的股份应当在1年内转让给职工。(4) 异议股东行使股份回购请求权。股东因对股东大会作出的公司合并、分立决议持异议,要求公司收购其股份的,公司可以回购其股份。但公司应当在回购股份后的6个月内转让或者注销。(5) 将股份用于转换上市公司发行的可转换为股票的公司债券。(6) 上市公司为维护公司价值及股东权益所必需。公司因第(5)项、第(6)项规定的情形收购本公司股份的,依照法律规定有以下三点需要明确:第一,可以依照公司章程的规定或者股东大会的授权,经2/3以上董事出席的董事会会议决议;第二,公司合计持有的本公司股份数不得超过本公司已发行股份总额的10%,并应当在3年内转让或者注销;第三,应当通过公开的集中交易方式进行。

(四) 股票质押的限制

股东可以以其所有的股票为自己的债务进行担保,但是股份有限公司不得接受本公司的股票作为质押权的标的。因为如果公司接受本公司的股东以本公司的股票作为质押权的标的,一旦债务到期不能清偿,公司行使质押权,那公司等于自己持有了本公司的股份,无异于用自己的财产担保自己的债权,这对于股份有限公司权益的保护是极为不利的。

【测试题】

1. 唐宁是沃运股份有限公司的发起人和董事之一,持有公司15%的股份。因公司未能上市,唐宁对沃运公司的发展前景担忧,欲将所持股份转让。关于此事,下列哪一说法是正确的?(　　)(2016年国家司法考试,卷三第29题)

   A. 唐宁可要求沃运公司收购其股权

   B. 唐宁可以不经其他股东同意对外转让其股份

   C. 若章程禁止发起人转让股份,则唐宁的股份不得转让

   D. 若唐宁出让其股份,其他发起人可依法主张优先购买权

2. 甲在证券市场上陆续买入力扬股份公司的股票,持股达6%时才公告,被证券监督管理机构以信息披露违法为由处罚。之后甲欲继续购入力扬公司股票,力扬公司的股东乙、丙反对,持股4%的股东丁同意。对此,下列哪些说法是正确的?(　　)(2017年国家司法考试,卷三第75题)

   A. 甲的行为已违法,故无权再买入力扬公司股票

   B. 乙可邀请其他公司对力扬公司展开要约收购

   C. 丙可主张甲已违法,故应撤销其先前购买股票的行为

   D. 丁可与甲签订股权转让协议,将自己所持全部股份卖给甲

【答案与解析】

1. 答案:B。

   解析:本题考查的是股份公司股份转让的限制,即股份公司发起人、高管所持股份的转让限制。依据《公司法》第142条规定,本案情形不符合股份有限公司股权收购的情形,故A选项错误。股份公司的股东有权对外转让其股份,无须其他股东的同意,故B选项正确。若公司章程禁止发起人转让股份,发起人也可能提起否认章程该条款的效力而实现股权转让,因此C选项错误。《公司法》对股份公司的股东并未赋予优先购买权,故D选项错误。

2. 答案:BD。

   解析:本题考点在于禁止的证券交易行为、上市公司收购的概念和方式、股份公司的股份转让的原则。

   我国《证券法》第5条仅禁止欺诈、内幕交易和操纵市场类的证券交易行为,如果属于证券交易因违反大额持股信息披露被行政处罚的情形,目前还不能剥夺当事人继续从事证券交易的权利,故选项A错误。这里需要读者正确理解证券行政违法行为与证券交易之间的关系,二者并非非此即彼。

   选项B所描述的情形是反收购措施,尽管《证券法》对此无规定,但从第5条的规定以及要约收购的原理可以推知选项B是正确的。

   已经进行的证券交易是不能撤销的,故选项C错误。

   力扬公司是股份公司,故依据《公司法》第137条,股份可以自由流转,包括以协议转让他人,即使在上市公司收购中,协议转让仍是允许的,只是要履行相关的大额持股披露义务,

收购在 30% 前也不承担强制要约收购的义务,故选项 D 正确。

第四节 股份有限公司的组织机构

一、股份有限公司组织机构概述

股份有限公司的组织机构是指为保证公司正常有效地运营,由法律和公司章程规定对外代表公司、对内行使经营管理的决策、执行和监督职能的机构,并在各公司机关之间进行权力分配和权力制衡而形成的统一体。它是公司治理的基础和核心,组织机构设置的完善程度、相互之间的协调性和效率,直接关系到公司治理的效果和公司的长远发展。

按照我国《公司法》的规定,股份有限公司的组织机构主要包括公司的股东大会、董事会、监事会以及公司经理等。其中,股东大会为公司的权力机构,董事会为公司的经营决策及业务执行机构,监事会为公司业务活动的监督机构,经理负责公司日常经营管理活动。这些机构在法定的权限范围内行使权力,相互制约,维护公司的有效运作,以实现股份有限公司的经营目标。

二、股份有限公司的股东大会

(一)股东大会的地位

股份有限公司股东大会由全体股东组成。股东大会是公司的权力机构,依法行使重大事项决策权和关键职位的人事任免权。尽管在股份有限公司的发展历程中,董事会在公司治理中越来越占据中心地位,但是股东大会作为股份有限公司的意思形成机关和最高权力机关的基础法律地位仍然没有动摇。股东通过参与股东大会,来行使和实现自己对公司的经营管理权和控制权。董事会、监事会在法律地位上都隶属于股东大会,并执行和贯彻股东大会的决议。但是由于股份有限公司股东人数众多,股东大会不可能频繁召开,股东大会除法律规定的临时股东大会之外,一般一年只召开一次,对一些重大事项作出决议。因此,股东大会是股份有限公司的必设机构,是公司的最高权力机关,但并不是常设机构。

(二)股东大会的职权

股东大会作为公司的意思形成机关和最高权力机关,其拥有的职权必定要与其法律地位和功能相匹配。股东大会拥有公司重大事项的决定权,以及重要的人事任免权,这为充分保护股东权益以及其经营控制权提供了合法渠道。根据我国《公司法》第 99 条的规定,关于有限责任公司股东会职权的规定,适用于股份有限公司股东大会。所以股份有限公司的股东大会同样行使下列职权:(1)决定公司的经营方针和投资计划;(2)选举和更换非由职工代表担任的董事、监事,决定有关董事、监事的报酬事项;(3)审议批准董事会的报告;(4)审议批准监事会或者监事的报告;(5)审议批准公司的年度财务预算方案、决算方案;(6)审议批准公司的利润分配方案和弥补亏损方案;(7)对公司增加或者减少注册资本作出决议;

(8)对发行公司债券作出决议;(9)对公司合并、分立、解散、清算或者变更公司形式作出决议;(10)修改公司章程;(11)公司章程规定的其他职权。

(三)股东大会的会议种类

股东大会既是公司全体股东组成的公司最高权力机构,又是定期或临时举行的由全体股东出席的会议。按照会议召开的原因、时间、方式的不同,股东大会可分为定期会议(又称普通会议)和临时会议(又称特别会议)两种。

1. 定期股东大会

定期股东大会,又称股东常会或股东年会,是指依照法律和公司章程的规定,在一定时间内定期召开的、由全体股东参加的会议。股东大会应当每年召开一次年会。实践中,这种法定必须召开的股东大会一般在每一会计年度结束之日起4个月内召开。定期会议是全体股东行使最高决议权的基本形式,主要行使法律或公司章程赋予的职权。

2. 临时股东大会

临时股东大会是指如果发生法定事由,或者根据法定人员、机构的提议,股份有限公司可以临时召开股东大会会议。根据《公司法》第100条的规定,有下列情形之一的,应当在2个月内召开临时股东大会:(1)董事人数不足《公司法》规定人数或者公司章程所定人数的2/3时。公司法规定股份有限公司董事会应当由5~19人组成,公司章程可以在此范围内具体确定董事人数。当董事会成员不足应有数额的2/3时,就会影响董事会决策的有效性,对公司经营管理带来不利,因此应当召开临时股东大会补足差额。② 公司未弥补的亏损达实收股本总额1/3时。③ 单独或者合计持有公司10%以上股份的股东请求时。由于股份有限公司股东众多,许多中小股东由于持股份额有限,不可能通过行使表决权来维护自己权益,为了防止大股东垄断公司事务损害中小股东的利益,公司法规定当合计持有公司10%以上的股东联合起来就可以提议召开临时股东大会,这就给中小股东保护自身利益提供了一项有效途径。④ 董事会认为必要时。这赋予了董事会一定的自由裁量权。⑤ 监事会提议召开时。这使监事会能够及时行使监督权。⑥ 公司章程规定的其他情形。

(四)股东大会召开的程序

1. 股东大会的召集人

股东大会的召集人一般为董事会,董事会是公司常设的决策机关,行使公司的经营决策权和管理权,因此由董事会行使股东大会的召集权是合情合理的。根据我国《公司法》第101条的规定,股东大会会议由董事会召集,董事长主持;董事长不能履行职务或者不履行职务的,由副董事长主持;副董事长不能履行职务或者不履行职务的,由半数以上董事共同推举一名董事主持。董事会不能履行或者不履行召集股东大会会议职责的,监事会应当及时召集和主持;监事会不召集和主持的,连续90日以上单独或者合计持有公司10%以上股份的股东可以自行召集和主持。可见,通常情况下股东大会由董事会召集,特殊情况下也可以由其他主体召集。

2. 股东大会的通知和会议议案披露

依法参与股东大会是股东行使股东权利,参与公司经营管理的重要途径,特别对于广大的中小股东来说,股东大会有利于其了解公司的运行,发表其对公司发展的意见并参与决议。因此及时的通知和信息披露对于股东参与大会是很重要的。我国《公司法》规定,召开股东大会会议,应当将会议召开的时间、地点和审议的事项于会议召开20日前通知各股东;临时股东大会应当于会议召开15日前通知各股东;发行无记名股票的,应当于会议召开30日前公告会议召开的时间、地点和审议事项。无记名股票持有人出席股东大会时,应于会议召开5日以前至股东大会闭会时止将股票交存于公司,以证明其股东身份,防止在会议期间因股票转让导致股东变更,不利于公司决议的产生。

股东参与股东大会,并有权提出临时议案交股东大会讨论。单独或者合计持有公司3%以上股份的股东,可以在股东大会召开10日前提出临时提案并书面提交董事会;董事会应当在收到提案后2日内通知其他股东,并将该临时提案提交股东大会审议。临时提案的内容应当属于股东大会职权范围,并有明确议题和具体决议事项。股东大会不得对会议通知中未列明的事项作出决议。股东大会应当对所议事项的决定作成会议记录,主持人、出席会议的董事应当在会议记录上签名。会议记录应当与出席股东的签名册及代理出席的委托书一并保存。

3. 股东表决权的行使。股东表决权是股东对股东大会审议事项表示支持或者反对的权利。根据股东平等原则的要求,每个股份享有一个表决权。我国公司法规定,股东出席股东大会会议,所持每一股份有一表决权。但是,公司持有的本公司股份没有表决权。

(1) 一般表决规则。股东大会作出普通决议时,必须经出席会议的股东所持表决权过半数通过,这里贯彻的是资本简单多数决原则。但是,股东大会在作出修改公司章程、增加或者减少注册资本的决议,以及公司合并、分立、解散或者变更公司形式这些特别决议时,必须经出席会议的股东所持表决权的2/3以上通过,这里要求的是资本绝对多数决原则。如果《公司法》和公司章程规定公司转让、受让重大资产或者对外提供担保等事项必须经股东大会作出决议的,董事会应当及时召集股东大会会议,由股东大会就上述事项进行表决。

(2) 特殊表决规则。特殊表决权规则包括以下两种:

第一,累积投票制。累积投票制是指股东大会选举董事或者监事时,每一股份拥有与应选董事或者监事人数相同的表决权,股东拥有的表决权可以集中使用。由于传统的资本多数决原则,容易使公司事务为少数大股东所控制,因此,在进行某些决议时,《公司法》采用了累积投票制度,有利于使决议更公平,保护中小股东权益。我国《公司法》第105条第1款规定:"股东大会选举董事、监事,可以根据公司章程的规定或者股东大会的决议,实行累积投票制。"

第二,股东表决权回避制。在某些情况下,公司所进行的决议涉及某些股东的利益,如果按照传统的一票一权的原则,则有可能造成少数利益相关股东操纵表决权,损害其他股东和公司的利益。因此,在这种特殊情况下,法律规定利益相关股东在相关表决事项上没有表决权,以保证决议的公正性。我国《公司法》第16条规定:"公司向其他企业投资或者为他人提供担保,依照公司章程的规定,由董事会或者股东会、股东大会决议;公司章程对投资或者担保的总额及单项投资或者担保的数额有限额规定的,不得超过规定的限额。公司为公司股东或者实际控制人提供担保的,必须经股东会或者股东大会决议。前款规定的股东或者受前款规定的实际控制人支配的股东,不得参加前款规定事项的表决。该项表决由出席会议的其他股东所持表决权的过半数通过。"

三、股份有限公司的董事会和经理

(一) 董事会的地位和组成

董事会是依照法定程序由股东大会选举产生,由全体董事组成,代表公司行使经营决策权和管理权的公司常设业务执行机关。董事会执行股东大会的决议,同时根据经济形势的变化和公司发展的需求做出经营决策,通过公司经理等管理公司的日常事务。董事会在公司的经营管理过程中起着非常重要的作用,其是公司运行的核心。董事会应当由符合法定条件的董事组成,根据《公司法》的相关规定,股份有限公司设董事会,其成员为5~19人,这样的组成有利于决议的有效形成。董事会成员的董事应当由股东大会选举和更换,董事会成员中可以有公司职工代表。董事会中的职工代表由公司职工通过职工代表大会、职工大会或者其他形式民主选举产生。董事任期由公司章程规定,但每届任期不得超过3年。董事任期届满,连选可以连任。董事任期届满未及时改选,或者董事在任期内辞职导致董事会成员低于法定人数的,在改选出的董事就任前,原董事仍应当依照法律、行政法规和公司章程的规定,履行董事职务。董事会设董事长一人,可以设副董事长。董事长可以依照公司章程成为公司法定代表人。董事长和副董事长由董事会以全体董事的过半数选举产生。

(二) 董事会的职权

董事会的决策和经营管理的中心地位决定了其职权是广泛而重要的。我国《公司法》第46条、第108条规定了股份有限公司董事会的职权:(1) 召集股东大会会议,并向股东大会报告工作;(2) 执行股东大会的决议;(3) 决定公司的经营计划和投资方案;(4) 制订公司的年度财务预算方案、决算方案;(5) 制订公司的利润分配方案和弥补亏损方案;(6) 制订公司增加或者减少注册资本以及发行公司债券的方案;(7) 制订公司合并、分立、解散或者变更公司形式的方案;(8) 决定公司内部管理机构的设置;(9) 决定聘任或者解聘公司经理及其报酬事项,并根据经理的提名决定聘任或者解聘公司副经理、财务负责人及其报酬事项;(10) 制定公司的基本管理制度;(11) 公司章程规定的其他职权。

(三) 董事会会议

1. 会议的种类

与股东大会会议的分类相一致,董事会会议也可分为定期会议(普通会议)和临时会议(特别会议)。

(1) 定期会议。定期会议,也称普通会议,是指按照公司法规定的时间定期召开的会议。根据《公司法》第110条第1款的规定,股份有限公司董事会每年度应当至少召开两次董事会会议,按此规定召开的董事会会议就是定期会议。另外,股份有限公司还可以在公司章程中规定定期召开董事会会议的次数,且会议次数不少于两次。

(2) 临时会议。临时会议,又称特别会议,是指股份有限公司在经营管理过程中遇到需要董事会及时决策的紧急事项时依法定程序召开的董事会会议。根据《公司法》第110条第

2款的规定,代表1/10以上表决权的股东、1/3以上的董事或者监事会,可以提议召开董事会临时会议。

2. 召集和主持

根据我国《公司法》第109条第2款的规定,董事会会议由董事长召集和主持,并由其检查董事会决议的实施情况。副董事长协助董事长工作,董事长不能履行职务或者不履行职务的,由副董事长履行职务;副董事长不能履行职务或者不履行职务的,由半数以上董事共同推举一名董事履行职务。

召集董事会会议时,需要履行一定的通知程序。董事长应当自接到提议后10日内,召集和主持董事会会议。董事会召开临时会议,可以另定召集董事会的通知方式和通知时限。

3. 议事规则

董事会定期会议和临时会议都遵循相同的议事规则。根据《公司法》第111条、第112条的规定,董事会会议应当有过半数的董事出席方可举行。董事会会议,应由董事本人出席;董事因故不能出席,可以书面委托其他董事代为出席,委托书中应载明授权范围。董事会作出决议,必须经全体董事的过半数通过。董事会决议的表决,实行一人一票。

4. 董事对董事会决议的责任

根据《公司法》第112条第2款、第3款的规定,董事会应当对会议所议事项的决定作成会议记录,出席会议的董事应当在会议记录上签名。董事应当对董事会的决议承担责任。董事会的决议违反法律、行政法规或者公司章程、股东大会决议,致使公司遭受严重损失的,参与决议的董事对公司负赔偿责任。但经证明在表决时曾表明异议并记载于会议记录的,该董事可以免除责任。这一规定的指导思想主要是,由于股份公司人数众多,股东大会对公司的控制力较弱,因此公司在实际运营中是由董事会控制的。为了防止公司董事通过决议损害公司以及股东的利益,公司法必须规定公司董事承担一定的义务和相应的法律责任。

(四) 经理及其职权

1. 经理的法律地位

股份有限公司的经理是依公司法规定设置,负责公司日常经营管理活动的高级管理人员。公司高级管理人员是指公司的经理、副经理、财务负责人,上市公司董事会秘书和公司章程规定的其他人员。经理是贯彻执行公司经营管理政策的直接管理人员,其直接负责执行公司运营中的各种事项,是最重要的执行机构。其直接对董事会负责,并由董事会决定聘任或者解聘,并可以根据公司章程的规定担任公司的法定代表人。董事会也可以决定由董事会成员兼任经理。

2. 经理的职权

根据《公司法》第49条、第113条的规定,股份有限公司的经理可以行使下列职权:(1) 主持公司的生产经营管理工作,组织实施董事会决议;(2) 组织实施公司年度经营计划和投资方案;(3) 拟订公司内部管理机构设置方案;(4) 拟订公司的基本管理制度;(5) 制定公司的具体规章;(6) 提请聘任或者解聘公司副经理、财务负责人;(7) 决定聘任或者解聘除应由董事会决定聘任或者解聘以外的负责管理人员;(8) 董事会授予的其他职权;(9) 列席董事会会议。另外,公司可以通过公司章程对经理职权作出其他规定。

四、股份有限公司的监事会

(一)监事会的地位和组成

孟德斯鸠有一句名言:"一切有权力的人都容易滥用权力,这是万古不变的一条经验。有权力的人们使用权力一直到遇有界限的地方才休止。"①对于公司的治理也是一样,公司的权力行使需要监督机构的监督才能保证权力的公正有效运行,因而,公司的监督机制对公司组织机构的完善十分重要。监事会是对公司经营管理活动进行监督的机构,是股份有限公司的法定必设机构,其对公司的业务经营和财务会计进行监督。在我国,监事会是与董事会平行的机关,监事会和董事会分别向股东会负责并报告工作。

股份有限公司设立监事会,其成员不得少于3人。监事会应当包括股东代表和适当比例的公司职工代表,其中职工代表的比例不得低于1/3,具体比例由公司章程规定。监事会中的职工代表由公司职工通过职工代表大会、职工大会或者其他形式民主选举产生。监事会设主席1人,可以设副主席。董事、高级管理人员不得兼任监事。监事的任期每届为3年,监事任期届满,连选可以连任。监事任期届满未及时改选,或者监事在任期内辞职导致监事会成员低于法定人数的,在改选出的监事就任前,原监事仍应当依照法律、行政法规和公司章程的规定,履行监事职务。

(二)监事会的职权

在股份有限公司中,股东大会对公司控制力较弱,董事会及其领导下的经理机构享有执行公司业务的广泛权利,因此,为了保护股东的利益,必须加强监事会对董事、经理执行职务活动的监督职能。我国股份有限公司的监事会对内不参与公司经营,对外不代表公司,专司监督职能。

根据《公司法》第53条、第118条的规定,股份有限公司监事会的职权如下:(1)检查公司财务;(2)对董事、高级管理人员执行公司职务的行为进行监督,对违反法律、行政法规、公司章程或者股东会决议的董事、高级管理人员提出罢免的建议;(3)当董事、高级管理人员的行为损害公司的利益时,要求董事、高级管理人员予以纠正;(4)提议召开临时股东会会议,在董事会不履行本法规定的召集和主持股东会会议职责时召集和主持股东会会议;(5)向股东会会议提出提案;(6)依照《公司法》相关规定,对董事、高级管理人员提起诉讼;(7)公司章程规定的其他职权。另外,监事会行使职权所必需的费用,由公司承担。

(三)监事会会议

《公司法》第119条规定,监事会每6个月至少召开一次会议,监事可以提议召开临时监事会会议。监事会的议事方式和表决程序,除遵循《公司法》有关规定外,也可由公司章程规定。监事会决议应当经半数以上监事通过。监事会应当对所议事项的决定作成会议记录,出席会议的监事应当在会议记录上签名。

---

① 〔法〕孟德斯鸠:《论法的精神》,张雁深译,商务印书馆1961年版,第154页。

【测试题】

1. 李方为平昌公司董事长。债务人姜呈向平昌公司偿还40万元时,李方要其将该款打到自己指定的个人账户。随即李方又将该款借给刘黎,借期一年,年息12%。下列哪些表述是正确的?（　　）(2013年国家司法考试,卷三第70题)

　　A. 该40万元的所有权,应归属于平昌公司

　　B. 李方因其行为已不再具有担任董事长的资格

　　C. 在姜呈为善意时,其履行行为有效

　　D. 平昌公司可要求李方返还利息

2. 彭兵是一家(非上市)股份有限公司的董事长,依公司章程规定,其任期于2017年3月届满。由于股东间的矛盾,公司未能按期改选出新一届董事会。此后对于公司内部管理,董事间彼此推诿,彭兵也无心公司事务,使得公司随后的一项投资失败,损失100万元。对此,下列哪一选项是正确的?（　　）(2017年国家司法考试,卷三第26题)

　　A. 因已届期,彭兵已不再是公司的董事长

　　B. 虽已届期,董事会成员仍须履行董事职务

　　C. 就公司100万元损失,彭兵应承担全部赔偿责任

　　D. 对彭兵的行为,公司股东有权提起股东代表诉讼

3. 茂森股份公司效益一直不错,为提升公司治理现代化,增强市场竞争力并顺利上市,公司决定重金聘请知名职业经理人王某担任总经理。对此,下列哪些选项是正确的?（　　）(2017年国家司法考试,卷三第71题)

　　A. 对王某的聘任以及具体的薪酬,由茂森公司董事会决定

　　B. 王某受聘总经理后,就其职权范围的事项,有权以茂森公司名义对外签订合同

　　C. 王某受聘总经理后,有权决定聘请其好友田某担任茂森公司的财务总监

　　D. 王某受聘总经理后,公司一旦发现其不称职,可通过股东会决议将其解聘

【答案与解析】

1. 答案:CD。

解析:在本案中,李方让姜呈将40万元打入其个人账户,并将该款项借给刘黎的行为违反了《公司法》第148条的规定,平昌公司有权要求李方返还。但是货币作为具有高度可替代性的特殊种类物,其占有和所有权不可分割,姜呈将40万打入李方个人账户时,该款项的所有权即归李方享有,平昌公司对该款项不享有所有权,仅对李方享有要求其返还的债权,故选项A错误。

《公司法》第44条第3款规定:"董事会设董事长一人,可以设副董事长。董事长、副董事长的产生办法由公司章程规定。"第109条第1款规定:"董事会设董事长一人,可以设副董事长。董事长和副董事长由董事会以全体董事的过半数选举产生。"《公司法》第146条规定了董事、监事、高级管理人员的消极任职资格。第147条、第148条规定了董事、高级管理人员的义务和禁止行为,但是不履行义务以及实施了禁止性行为并不当然导致董事、高级管理人员资格的丧失。本案中李方虽然实施了禁止行为,但是并不当然丧失董事长资格。故选项B错误。

李方作为平昌公司的董事长,对外可以直接代表公司,姜呈如对李方该行为的性质不知

情,即姜呈作为善意第三人,其履行债务的行为应当有效。故选项C正确。

李方通过将40万存入个人账户所获得的利息,属于第148条第2款规定的"所得的收入",应归平昌公司所有,公司有权要求李方返还。故选项D正确。

2. 答案:B。

解析:本题考查董事、监事、高级管理人员的责任和相关行为的禁止性规定。《公司法》第45条第2款规定:"董事任期届满未及时改选,或者董事在任期内辞职导致董事会成员低于法定人数的,在改选出的董事就任前,原董事仍应当依照法律、行政法规和公司章程的规定,履行董事职务。"读者应当理解公司董事任职的此种延续对于公司营业维持的必要,因此,本题选项B的表述是正确的。当然,对于选项A和选项B,读者也可以从《公司法》第37条所规定的董事应当由股东会选举来分析;无论何种原因,即使是出现公司僵局的情形,只要股东会未能选出新的董事,原董事仍应当履行董事职务。选项C考查的是董事因失职导致公司损失的赔偿责任。需要读者理解《公司法》中董事商业判断准则的应用。从选项设计的情形看,彭兵是有违反董事义务的情形,但其他董事也同样有此情形,因此彭兵不应承担全部责任,故根据《公司法》第147条、第149条的规定,选项C错误。选项D考查股东代表诉讼,需要读者正确加以判断,依据《公司法》第151条的规定,彭兵的行为不属于股东可得提起代表诉讼的情形,故该选项是错误的。

3. 答案:AB。

解析:本题考查股份公司董事会职权、经理职权。《公司法》第113条第2款规定:"本法第49条关于有限责任公司经理职权的规定,适用于股份有限公司经理。"第108条规定,股份公司董事会的职权也适用有限公司的相关规定,因此股份公司经理的聘任(包括薪酬事项)与解聘即适用《公司法》第49条与第46条的规定,即经理应当由董事会决定聘任、决定薪酬和解聘,可见选项A正确、选项D错误。财务总监属于财务负责人,经理仅有权"提请聘任"而非决定,财务负责人仍由董事会决定聘任、解聘和报酬事项,所以选项C是错误的。经理一旦被聘任,即属于公司法人的工作人员,则根据《民法总则》第170条第1款,执行法人工作任务的人员,就其职权范围内的事项,以法人名义实施民事法律行为,对法人发生效力,故选项B为正确选项。

第五节 上市公司组织机构的特别规定

一、上市公司概述

(一) 上市公司的概念及其性质

上市公司属于股份有限公司,是指其股票在证券交易所上市交易的股份有限公司。[①] 在

---

① 《公司法》第120条规定:本法所称上市公司,是指其股票在证券交易所上市交易的股份有限公司。

各国公司法中,并无将上市公司和非上市公司规定为基本法律形态的立法先例。尽管英美法中有公众公司与封闭公司(或私人公司)之分,大陆法系有股份有限公司和有限责任公司之分,但是,绝不能简单地将前后二者分别等同于上市公司和非上市公司。上市公司和非上市公司实际上是证券法上的概念,其区分的标准是公司的股份是否向社会公众公开发行以及发行后的股份是否可以在证券交易所上市交易。公开发行并不一定与证券交易所发生必须联系。实际上,证券交易所内的证券交易并不涉及股份有限公司最初进行的股份公开发行。而已经公开发行的股份的交易和转让,也不一定都在证券交易所内进行。在非上市公司中,既有有限责任公司,也有股份有限公司,把有限责任公司等同于非上市公司与把股份有限公司等同于上市公司都是不成立的。因此,就公司形态而言,上市公司属于股份有限公司,它不是一种能够脱离股份有限公司而独立的公司形态。

在证券法上,股份有限公司可以有上市公司与非上市公司之分,如果把上市公司与非上市公司的概念引入公司形态之中,就势必将上市公司的法律规范置于公司法之中,这又必然导致在立法上造成公司法与证券交易法混淆不清的问题。正是因为意识到我国旧《公司法》已经发生的这一问题,我国立法机关在 2005 年《公司法》与《证券法》同时修订的过程中,将 1993 年《公司法》中"上市公司"一节中的若干本该属于证券法调整的内容归还到 2005 年《证券法》之中,而只在 2005 年《公司法》中规定"上市公司组织机构的特别规定"。应当说,这是我国公司法立法与证券立法相互衔接与协调的一次有益尝试。

由此亦可见,上市公司运行的法律规范主要是证券法律规范。由于它的股份有限公司属性,其组织形式又必然受到公司法的规范。

(二) 上市公司的特征

作为股份有限公司的上市公司其与一般股份有限公司相比,具有如下特征:

1. 上市公司是股票已经向社会公开发行并在证券交易所上市交易的股份有限公司

(1) 股票公开发行是股份有限公司成为上市公司的前提。按照《公司法》第 77 条和《证券法》第 10 条的规定,股份有限公司公开发行股份分为向特定对象和向不特定对象公开发行股份两种情形。① 前者可称之为"向社会公开募集股份"简称"公募",后者可称之为"向特定对象募集股份"简称"定向募集"。《证券法》第 50 条第 1 款又规定,股份有限公司申请股票上市的条件之一就是"股票经国务院证券监督管理机构核准已公开发行"。由此来看,"公募公司(亦可称之为公众公司)"和"定向募集公司"均可成为上市公司。但该条第 2 款又规定,证券交易所可以规定高于《证券法》规定的一般股份有限公司上市的条件,并报国务院证券监督管理机构批准。因此,"定向募集公司"是否可以成为上市公司,还取决于证券交易所规定的上市条件。

(2) 股票上市交易是股份有限公司成为上市公司的标志。按照《公司法》和《证券法》的

---

① 关于募集设立,《公司法》第 77 条第 3 款规定:"募集设立,是指由发起人认购公司应发行股份的一部分,其余股份向社会公开募集或者向特定对象募集而设立公司。"关于公开发行,《证券法》第 10 条第 2 款规定:有下列情形之一的,为公开发行:(1) 向不特定对象发行证券的;(2) 向特定对象发行证券累计超过 200 人的……

规定,股份有限公司通过向社会公开发行股份之后,如果符合上市条件,就可以申请其股票在证券交易所上市交易。

(3) 公开发行股票和股票上市在法律上本来是两个不同的阶段,法律对公开发行股票和股票上市规定的条件是不相同的。也就是说,公开发行股票之后并不意味着该股票就一定上市,或者说"公募公司(公众公司)"并不等于上市公司。然而,现实中我国目前采取的是股票公开发行和上市联动的制度安排,表现为在公司向社会公开发行股票和股票上市上采取了"直通车"的做法,即中国证监会批准股份有限公司向社会公众发行股票也就等于是同意其股票上市。

在多数国家和地区,证券监管机构主要审查发行条件,上市条件主要由证券交易所等自律机构制定,股份有限公司是否能够上市则由证券交易所按照上市规则进行独立审查。因此,公开发行的证券,未必能够上市。在我国,证券发行条件及上市条件在法律上虽然有些不同。但在实践中经过了证监会的核准,交易所并无理由驳回发行人的上市申请。也就是说证券监管机构在审查股票发行申请的过程中,实际上也就同时完成了对该股票上市条件的审查。

2. 上市公司以证券市场为依托,是证券业的核心主体

证券市场由证券发行市场(即一级市场)和证券交易市场(即二级市场)两个部分组成。上市公司首先是在一级市场公开发行股票,然后依照法定程序,将其公开发行的股票在二级市场即证券交易所挂牌交易,这就决定了它的存在必须以证券市场为依托。作为现代企业形式中最高形式的上市公司,其主要功能的形成和释放,须臾离不开证券市场。

3. 上市公司股东人数众多,公众性强,存在保护中小股东利益的内在需求

作为股票上市的法定必要条件之一,1993年《公司法》曾于第152条第(4)项规定,持有股票面值达人民币1000元以上的股东人数不少于1000人,即所谓"千股千人"。虽然《公司法》在修订之后取消了这一规定,《证券法》对此亦未作出相应要求,其实,在法律上无论是否作出上述要求,在现实生活中,上市公司股东人数都会人数众多,动辄上万、甚至以数十万计。这是因为,任何人通过证券市场购买股票都可以成为上市公司的股东。因此,在其股东构成上,一端是人数众多的社会公众,由于股权分散,这些自然人股东多为持股数额较少的中小股东;而另一端则是人数较少的上市公司控股股东。这在上市公司股东的构成上形成强弱两大阵营,弱势一方的合法利益需要法律的特别保护,以实现法律价值的实质公正。

4. 上市公司是受国家强制最多的股份有限公司

国家强制的多少,决定了公司法中任意性规范与强制性规范的比重,在涉及公司的法律体系中对于上市公司的国家强制性远远大于一般公司,因而,对于上市公司的强制性规范远远多于一般公司。

5. 上市公司是信息最公开、最透明的股份有限公司

实践表明,只有那些财务状况良好,有发展潜力的上市公司才能给投资者带来近期或远期的收益,而投资者只有依据上市公司公开的各种信息才能作出是否进行投资的抉择。并且,通过这些信息对上市公司反映的透明度越高,投资者作出准确判断的可能性就越大。信

息披露是上市公司必须履行的一项法定义务,正因为如此,上市公司也就成为信息最公开、最透明的股份有限公司。

6. 公司一旦上市就从"地方队"变成了"国家队"

这是一个形象的比喻,其意思是指公司一旦在证券交易所上市而成为上市公司,就从地方公司变成了全国性公司。因为任何一个公司都是成立于某一个行政区划之内,在上市之前,其股东具有明显的地方性,但是,上市之后,证券交易所的股民是全国性的,乃至国际性的(如B股),而且它展示的平台也是全国性的,即天天在全国性的股市信息平台之上展示该公司的各类经营信息。

（三）上市公司的制度功能

人类创设上市公司的目的在于发挥其优越的制度功能,较之于一般公司而言其突出的制度功能主要体现在以下几个方面：

1. 融资功能更强

上市公司是最有利于融通资本的公司形式,这不仅是由于它可以对外公开发行股票和债券,而且由于它的股份金额划分为均等的小份额,买多买少投资者可以自行决定,这就为广泛吸收社会的小额分散资金提供了便利。加之上市公司以证券市场为依托,股票的上市交易,使股票具有很强的流通性和变现性,因而成为最受投资者欢迎的投资形式。上市公司不仅在其募集设立发行时可以迅速集资,而且也为其日后进行的增资和新股发行创造了有利的条件,使其在证券市场上的融资能力得到实质性的增强。可以说,是一种宝贵的融资载体,所谓的"壳资源"就是指上市公司作为融资的"壳体"是一种稀缺的市场资源,许多公司千方百计争取上市就是看中了上市公司融资的强大功能。

2. 分散投资风险的功能更强

由于上市公司大量的股东个人所拥有的股份只占公司资本总额的很少一部分,股票又具有很强的流通性和变现性,并且股东仅以其拥有的股份金额对公司承担有限责任,这就十分有利于分散投资者的投资风险。

3. 管理更科学,公司行为的规范性更强

在上市公司中,所有权与经营高度分离。一般投资公众远离公司的生产经营活动,生产和经营的决策及管理活动是由以董事会和经理层为中心的专门管理机构进行,一般投资公众只是作为股票的单纯所有者而领取股息和红利或者在证券市场上通过交易而赚取差价。这种职业化的专门管理使上市公司的管理水平更高、更科学。

如前文所述,上市公司的行为受到比普通公司更多的强制性规范的约束,在其日常运行中,不仅必须接受证券监管机关和证券交易所的行政管理和市场管理,而且因其必须进行信息披露而受到社会公众和广大投资者以及各类新闻媒体的监督和约束。这些因素决定了上市公司行为的规范性更强。

4. 知名度和商誉度更高

较之普通公司,上市公司具有更高的知名度和商誉度,其主要原因有二：

第一,上市公司利益的牵涉面范围广,社会影响力大。在现代经济生活中,证券市场成为社会经济的重要组成部分和经济发展情况的晴雨表,上市公司成为公众密切关注的对象,无论是股票的发行,还是上市交易都受到社会公众密切的关注,证券交易所股票交易的行情更是人们每日关注的经济新闻。

第二,强制信息公开制度,使上市公司的任何重大活动都在公众视野之下,证券法对上市公司的信息披露有严格的规范和要求,并且按照信息披露制度公开的信息还必须在指定的媒体上公布。上市公司由此具有普通公司难以达到的市场认知度或知名度,业绩良好的上市公司会因此而获得更高的商业信誉和更强的市场竞争力。

(四)《公司法》对上市公司特别规定的目的

由于上市公司具有股东人数多、股权高度分散、股票自由流通等特点,致使公司重大资产变动有可能产生较大风险,从而对公司的长期运营和股东利益带来不利影响,同时由于其所有权与经营权高度分离,更容易出现董事、经理等高级管理人员控制和操纵公司的问题。因此,我国《公司法》对上市公司的组织机构作出了特别的制度安排,主要包括上市公司购买或出售重大资产或者担保金额超过法定金额的决议程序、上市公司的独立董事与董事会秘书的设置、上市公司关联交易等。上市公司规范的其余内容,则如前文所述由《证券法》予以规范。

二、独立董事

独立董事是指不在公司担任除董事以外的其他职务,并与其受聘的上市公司及其主要股东不存在可能妨碍其进行独立客观判断的关系的董事。独立董事最基本的特征就是其法律地位、意思表示、职能上的独立性。独立董事的引入主要是基于在我国的公司实践中,监事会往往形同虚设,沦为董事会、经理层的附庸和"聋子的耳朵",没有起到法律所规定的监督管理职能,这种现象在上市公司中尤为严重。而独立董事在一定程度上剥离了其与公司的利益联系,更有利于对上市公司的监督,更好地保护投资者利益和公司利益。我国《公司法》第122条规定:"上市公司设立独立董事,具体办法由国务院规定。"按照中国证监会2001年《关于上市公司建立独立董事制度的指导意见》(以下简称《指导意见》),独立董事制度主要包括以下内容:

1. 独立董事的任职条件

根据上述《指导意见》,担任独立董事应当符合下列基本条件:(1)根据法律、行政法规及其他有关规定,具备担任上市公司董事的资格;(2)具有相应的独立性;(3)具备上市公司运作的基本知识,熟悉相关法律、行政法规、规章及规则;(4)具有5年以上法律、经济或者其他履行独立董事职责所必需的工作经验;(5)公司章程规定的其他条件。

下列人员不得担任独立董事:(1)在上市公司或者其附属企业任职的人员及其直系亲属、主要社会关系(直系亲属是指配偶、父母、子女等;主要社会关系是指兄弟姐妹、岳父母、儿媳女婿、兄弟姐妹的配偶、配偶的兄弟姐妹等);(2)直接或间接持有上市公司已发行股份1%以上或者是上市公司前10名股东中的自然人股东及其直系亲属;(3)在直接或间接持有上市公司已发行股份5%以上的股东单位或者在上市公司前5名股东单位任职的人员及其直系亲属;(4)最近1年内曾经具有前3项所列举情形的人员;(5)为上市公司或者其附属企业提供财务、法律、咨询等服务的人员;(6)公司章程规定的其他人员;(7)中国证监会认定的其他人员。

2. 独立董事的职权和勤勉义务

独立董事除了应当具有公司法和其他相关法律、法规赋予董事的职权外,上市公司还应当赋予独立董事以下特别职权:(1)重大关联交易(指上市公司拟与关联人达成的总额高于300万元或高于上市公司最近经审计净资产值的5%的关联交易)应由独立董事认可后,提交董事会讨论;独立董事作出判断前,可以聘请中介机构出具独立财务顾问报告,作为其判断的依据。(2)向董事会提议聘用或解聘会计师事务所。(3)向董事会提请召开临时股东大会。(4)提议召开董事会。(5)独立聘请外部审计机构和咨询机构。(6)可以在股东大会召开前公开向股东征集投票权。

较普通董事而言,独立董事的忠实义务与勤勉义务有更为严格的要求,主要表现在:独立董事应当按照相关法律法规、上述《指导意见》和公司章程的要求,认真履行职责,维护公司整体利益,尤其要关注中小股东的合法权益不受损害。独立董事应当独立履行职责,不受上市公司主要股东、实际控制人、或者其他与上市公司存在利害关系的单位或个人的影响。独立董事原则上最多在5家上市公司兼任独立董事,并确保有足够的时间和精力有效地履行独立董事的职责。

3. 任职程序及任期

独立董事的提名、选举和更换应当依法定程序规范地进行。独立董事由股东大会选举产生,每届任期与该上市公司其他董事任期相同,且任期届满,可连选连任,但是,连任时间不得超过6年。

三、董事会秘书

董事会秘书是专门为实现董事会职能而服务的专职工作人员,是上市公司的必设机构。董事会秘书由公司董事会聘任或解聘。董事会秘书作为公司与证券交易所、证券监督管理机构及众多投资者之间的重要桥梁,应当负责公司股东大会和董事会会议的筹备、文件保管以及公司股东资料的管理,办理信息披露事务等事宜。

董事会秘书属于公司高级管理人员,其选任应当符合公司法关于公司高级管理人员任职资格的规定,与董事、监事和经理一样履行忠实和勤勉义务,并依法承担以下职责:(1)依法准备和递交国家有关部门所要求董事会会议、股东大会出具的报告和文件;(2)筹备股东大会和董事会会议,并负责会议的记录工作,保管会议文件和记录;(3)依法负责公司有关信息披露事宜,建立和完善信息披露制度,并保证公司信息披露的及时性、合法性、真实性和完整性;(4)协助董事处理董事会的日常工作,协助董事及经理在行使职权时切实履行法律、法规、公司章程及其他有关规定;(5)办理公司与董事、证券管理部门、证券交易所、各中介机构和投资人之间的有关事宜;(6)接待来访,回答咨询;(7)保管股东名册和董事会印章;(8)参与组织资本市场融资。

四、表决权回避

董事表决权回避制度,又称利害董事表决权排除制度,是指当董事会通过某项决议时,与该决议有特别利害关系的董事应当回避,不得行使其表决权的制度。该制度设置的目的在于防止董事滥用权力,事先保护股东及公司利益。我国公司法公开规定了在关联交易中的关联董事的表决权回避制度,即当上市公司董事与董事会决议事项所涉及的企业之间有关联关系时,不得对该项决议行使表决权,也不得代理其他董事行使表决权。该董事会会议由过半数的无关联关系董事出席即可举行,董事会会议所作决议须经无关联关系董事过半数通过。出席董事会的无关联关系董事人数不足3人的,应将该事项提交上市公司股东大会审议。

这里所指的关联关系,是指公司控股股东、实际控制人、董事、监事、高级管理人员与其直接或者间接控制的企业之间的关系,以及可能导致公司利益转移的其他关系。但是,国家控股的企业之间不能仅因为同受国家控股而具有关联关系。控股股东,是指其出资额占有限责任公司资本总额50%以上或者其持有的股份占股份有限公司股本总额50%以上的股东;出资额或者持有股份的比例虽然不足50%,但依其出资额或者持有的股份所享有的表决权已足以对股东会、股东大会的决议产生重大影响的股东。实际控制人,是指虽不是公司的股东,但通过投资关系、协议或者其他安排,能够实际支配公司行为的人。

五、购买、出售重大资产或者担保的限制

上市公司的交易行为,通常会对公司、股东、债权人,甚至对投资者利益带来重大影响,因此,应当对其中重大交易行为的决议设置严格的限制程序。我国《公司法》第121条明确规定:"上市公司在1年内购买、出售重大资产或者担保金额超过公司资产总额30%的,应当由股东大会作出决议,并经出席会议的股东所持表决权的2/3以上通过。"

【测试题】

1. 甲公司是一家上市公司。关于该公司的独立董事制度,下列哪一表述是正确的?（   ）(2015年国家司法考试,卷三第28题)

   A. 甲公司董事会成员中应当至少包括1/3的独立董事
   B. 任职独立董事的,至少包括一名会计专业人士和一名法律专业人士
   C. 除在甲公司外,各独立董事在其他上市公司同时兼任独立董事的,不得超过5家
   D. 各独立董事不得直接或间接持有甲公司已发行的股份。

2. 星煌公司是一家上市公司。现董事长吴某就星煌公司向坤诚公司的投资之事准备召开董事会。因公司资金比较紧张,且其中一名董事梁某的妻子又在坤诚公司任副董事长,有部分董事对此投资事宜表示异议。关于本案,下列哪些选项是正确的?（   ）(2016年国家司法考试,卷三第71题)

   A. 梁某不应参加董事会表决

B. 吴某可代梁某在董事会上表决

C. 若参加董事会人数不足,则应提交股东大会审议

D. 星煌公司不能投资于坤诚公司

3. 吉达公司是一家上市公司,公告称其已获得某地块的国有土地使用权。嘉豪公司资本雄厚,看中了该地块的潜在市场价值,经过细致财务分析后,拟在证券市场上对吉达公司进行收购。下列哪些说法是正确的?( )(2016年国家司法考试,卷三第75题)

A. 若收购成功,吉达公司即丧失上市资格

B. 若收购失败,嘉豪公司仍有权继续购买吉达公司的股份

C. 嘉豪公司若采用要约收购则不得再与吉达公司的大股东协议购买其股份

D. 待嘉豪公司持有吉达公司已发行股份30%时,应向其全体股东发出不得变更的收购要约

【答案与解析】

1. 答案:A。

解析:本题考查的是《公司法》对独立董事制度的规定以及中国证监会《关于在上市公司中建立独立董事制度的指导意见》两项法律法规。

根据证监会发布的《关于在上市公司建立独立董事制度的指导意见》第1条第(3)项的规定,自2003年6月30日之后,上市公司董事会中的独立董事人数不得低于全体董事人数的1/3,故A选项正确。又根据上述条文的规定,独立董事中至少包含1名会计专业人士,其余独立董事的资格未有具体的规定,因此B选项表述错误,不选。同时,上述规定第1条第(2)项规定,独立董事最多只能在5家上市公司中任职,而非最多再兼任5家上市公司独立董事,故C选项的表述也错误,不选。其第3条第(2)项、第(3)项规定,以下人士不得担任独立董事:直接或间接持有上市公司已发行股份1%以上或者是上市公司前10名股东中的自然人股东及其直系亲属;在直接或间接持有上市公司已发行股份5%以上的股东单位或者在上市公司前5名股东单位任职的人员及其直系亲属。因此,只要独立董事及其亲属持股不超过上述限额,也可以继续任职。故D选项错误。

2. 答案:AC。

解析:本题考查上市公司有关联关系的董事表决的特殊规定。依据《公司法》第216条第(4)项之规定,董事长梁某之妻在星煌公司任副董事长属于关联关系,因此梁某属于《公司法》第124条所规定的有关联关系的董事。

《公司法》第124条具体规定:"上市公司董事与董事会会议决议事项所涉及的企业有关联关系的,不得对该项决议行使表决权,也不得代理其他董事行使表决权。该董事会会议由过半数的无关联关系董事出席即可举行,董事会会议所作决议须经无关联关系董事过半数通过。出席董事会的无关联关系董事人数不足三人的,应将该事项提交上市公司股东大会审议。"依据该条,上市公司董事与董事会决议事项有关联关系的,不得行使表决权,也不得代理其他董事行使表决权,故A选项正确,B选项错误。董事会的召开需要过半数无关联关

系的董事参加,若人数不足,则应提交股东大会审议,所以 C 选项正确。投资是公司的权利能力之一,只要经过合法程序就可以对外投资,并不因关联关系存在而被禁止,故 D 选项错误。

3. 答案:BC。

解析:选择本题的目的在于拓展读者的视野,能够把《公司法》与《证券法》紧密联系起来。此题在《公司法》中无法找到现成答案,而是需要了解《证券法》中有关上市公司收购的规定。

按照我国上市公司收购管理的相关规定,上市公司收购是取得上市公司控制权的行为,收购成功并非必然终止上市资格,不符合上市条件才终止,故 A 选项错误。若收购失败,《证券法》并未禁止收购人继续购买目标公司的股份,故 B 选项正确。

收购分为协议收购和要约收购,如果采用要约收购,依据《证券法》第 93 条规定:"采取要约收购方式的,收购人在收购期内,不得卖出被收购公司的股票,也不得采取要约规定以外的形式和超出要约的条件买入被收购公司的股票。"可见不得在要约收购期间采用协议收购,故 C 选项正确。

依据《证券法》第 88 条规定,收购人持有目标公司 30% 的股份后,应当进行强制要约收购,此外《证券法》第 91 条规定:"在收购要约确定的承诺期限内,收购人不得撤销其收购要约。收购人需要变更收购要约的,必须及时公告,载明具体变更事项。"可见要约收购是发出不得撤销的收购要约,该要约并非不得变更,故 D 选项错误。

第四章

两类公司通用的法律制度

 导 读

　　两类公司通用的法律制度,是指我国《公司法》规定的有限责任公司和股份有限公司两类公司均适用的法律制度。本章涵盖的内容比较多,具体包括:公司董事、监事、高级管理人员的资格和义务,公司资本,公司债券,公司财务会计制度,公司的合并、分立与组织变更,公司的解散和清算。分为以下六节来论述:一、公司董监高级管理人员的资格包括积极资格和消极资格,义务包括忠实义务和勤勉义务。二、公司资本制度在公司法中具有主导、核心地位,本节重点介绍了公司资本原则、公司资本形成制度等基本理论,具体阐释了股东出资制度中的注册资本认缴制度、出资形式、出资缴纳、出资瑕疵及其法律责任等内容,并对公司资本增加和减少的条件和程序予以论述。三、公司债券一节,解读了公司债券的种类及其与公司股份的区别等基础知识。随后重点阐明了公司债券的发行与上市、转让与偿还、可转换公司债券以及保护公司债券持有人制度的基本原理,其中保护公司债券持有人制度作为本节的重要内容,应当重点掌握。四、公司财务会计制度具有保护投资者和债权人利益、保护社会公共利益和职工集体利益、利于吸收社会投资、利于政府宏观管理等诸多功能。公司应当依法编制、公示财务会计报告,依法提取和使用公积金,依法分配公司利润。五、在现代市场经济条件下,公司的合并、分立与组织变更是公司生产经营过程中市场规律作用的必然结果,是公司资本运营的重要法律形式。为保护公司股东、债权人的合法权益,维护社会经济秩序的稳定,我国《公司法》对公司的合并、分立及组织变更的相关内容进行了明确的规定。六、公司的解散和清算是公司退出市场的重要法律制度。公司解散是公司法人终止的法定事由之一,而公司清算则是公司解散的必经程序。公司的解散和清算,涉及对公司股东、债权人等多方面利益的保护。

第一节　公司董事、监事、高级管理人员的资格和义务

　　我国《公司法》第六章即为,"公司董事、监事、高级管理人员的资格和义务"。为方便起

见,本书有时将"公司董事、监事、高级管理人员"简称为"董监高管理人员",公司实践中也经常作此简称。

一、"董监高管理人员"的资格

"董监高管理人员"的资格,是指"董监高管理人员"的任职资格,分为积极资格和消极资格。

（一）"董监高管理人员"任职的积极资格

所谓"董监高管理人员"任职的积极资格,是指公司法规定担任"董监高管理人员"应具备的条件。不同国家（地区）在对待董事、监事、高级管理人员"积极任职资格"上有不同的态度。大致表现在以下三个方面:(1) 是否必须具有本国国籍？多数国家或地区的公司法不规定"董监高管理人员"必须具有本国国籍。有的国家（地区）由公司章程规定公司董事、高级管理人员的国籍问题,譬如,韩国商法虽未规定公司董事必须具有韩国籍,但公司章程大多规定董事限于韩国人、国内居住者。① (2) 是否必须是自然人？许多发达的市场经济国家（地区）要求董事必须是有行为能力的自然人,如德国《股份法》第76条第3款规定,董事会成员只能是一个具有完全行为能力的自然人。日本《公司法》明确规定,法人不得担任董事、监事。有的国家（地区）则认为自然人、法人都可以担任董事,如法国法律规定,董事可以是自然人或者是法人。对监事会的要求,则要求监事长、副监事长必须是自然人。② (3) 是否必须是本公司股东？一般国家（地区）不规定董事必须是本公司股东,但是,法国法律则要求董事必须具有股东身份。该国的学者认为,股东是他们自身利益的最佳法官。因此,董事会的成员清一色都是本公司的股东,这样有利于公司的管理。③

我国《公司法》没有对"董监高管理人员"的积极任职资格作出规定,可以推定,在我国担任公司的董事,不要求必须是中国人,也不要求必须是本公司的股东。法律也未规定"董监高管理人员"的担当者必须是自然人,但是,在实践中目前一般都是有完全行为能力的自然人。

（二）"董监高管理人员"任职的消极资格

所谓任职的消极资格,是指法律规定的不得担任董事、监事、高级管理人员的情形。由公司法规定"董监高管理人员"的消极任职资格是各国（地区）立法的通行做法,我国《公司法》借鉴他国经验,结合本国实践,对"董监高管理人员"的消极任职资格在第146条作出了明确规定,即有下列情形之一的,不得担任公司的董事、监事、高级管理人员:(1) 无民事行为能力或者限制民事行为能力;(2) 因贪污、贿赂、侵占财产、挪用财产或者破坏社会主义市场经济秩序,被判处刑罚,执行期满未逾5年,或者因犯罪被剥夺政治权利,执行期满未逾5年;(3) 担任破产清算的公司、企业的董事或者厂长、经理,对该公司、企业的破产负有个人责任的,自该公司、企业破产清算完结之日起未逾3年;(4) 担任因违法被吊销营业执照、责

---

① 〔韩〕李哲松:《韩国公司法》,吴日焕译,中国政法大学出版社2000年版,第437页。
② 〔法〕伊夫·居荣:《法国商法》（第1卷）,罗结珍、赵海峰译,法律出版社2004年版,第338、389页。
③ 同上书,第338页。

令关闭的公司、企业的法定代表人,并负有个人责任的,自该公司、企业被吊销营业执照之日起未逾3年;(5) 个人所负数额较大的债务到期未清偿。

公司违反上述规定选举、委派董事、监事或者聘任高级管理人员的,该选举、委派或者聘任无效。

二、"董监高管理人员"的义务

根据《公司法》第147条的规定,董事、监事、高级管理人员对公司负有忠实义务和勤勉义务。

(一)忠实义务

1. 忠实义务的内涵

忠实义务,又称为忠诚义务、信义义务等。一般认为,忠实义务是指董事、高级管理人员经营管理公司业务时,应当竭尽忠诚地为公司工作并诚实地履行职责,毫无保留地为公司利益最大化而努力工作,当自身利益与公司整体利益发生冲突时,应以公司利益为先。忠实义务的本质决定了其必然包括两项不可或缺的内容,即:(1) 在主观方面,董事、高级管理人员应在法律、法规及公司章程允许的范围内,忠实于公司利益,始终以实现和维护公司利益为履行职务的出发点;(2) 客观上,董事、高级管理人员在履行职务时,一旦个人利益与公司利益发生冲突时,必须优先考虑公司利益,不得利用在公司的职权、职位为自己或与自己有利害关系的第三人谋取不正当利益。

2. 忠实义务的主要内容

董事、高级管理人员忠实义务的具体内容可以概括为以下几类:

(1) 自我交易方面的义务。所谓自我交易,是指董事自己或者与其有利害关系者与公司进行的以经济利益为内容的各种交易。董事等对外代表公司,如果董事自己与公司进行交易,就相当于民法中代理人同时代理双方当事人,当事人双方利益存在对立和冲突。这时,公司中存在利益冲突交易,董事、高级管理人员很容易将其个人私利凌驾于公司利益之上,若此,将构成违反忠实义务。

(2) 关联交易方面的义务。公司的关联交易一般是指具有投资关系或合同关系的不同主体之间所进行的交易,又称为关联方交易。我国《公司法》第216条第(4)项对关联关系进行了界定,即"关联关系,是指公司控股股东、实际控制人、董事、监事、高级管理人员与其直接或者间接控制的企业之间的关系,以及可能导致公司利益转移的其他关系。但是,国家控股的企业之间不仅因为同受国家控股而具有关联关系。"从本质上看,关联交易也是一种带有利益冲突的自我交易。与自我交易相似,关联交易同样是无法避免的,因此,法律不能仅仅简单地加以禁止,而是要采取一定方法将其加以规范。尽管关联交易与自我交易的表现形式有所不同,但二者在本质上却具有相同的性质。因此,我国法律对于关联交易和自我交易在规范方面具有很大的相似性。

(3) 禁止篡夺公司机会的义务。公司机会是指董事、高级管理人员在执行公司职务过程中获得的并有义务向公司披露的与公司经营活动密切相关的各种商业机会。大陆法系传统公司立法及学理均未确立禁止篡夺公司机会的原则,但随着英美法系董事忠实义务被逐渐引入,在日本等国家和地区,已确立了该原则。我国2005年《公司法》采纳了法学界的主流意见,承认了禁止篡夺公司机会义务的独立形态地位,并将其与竞业禁止义务一同规定于第149条第1款第(5)项之中。但是,没有制定详细的程序性规则,仅规定,董事、高级管理人员不得"未经股东会或者股东大会同意,利用职务便利为自己或者他人谋取属于公司的商业机会,自营或者为他人经营与所任职公司同类的业务"。

(4) 同业竞争。同业竞争问题,是一个关于公司董事及高管是否可以自营或者为他人经营与所任职公司同类业务的问题。关于这一问题,不同的法律有着不同的态度。总体上,有三种做法:即竞业自由、竞业限制和竞业禁止。

从辩证思维的角度来看,对同业竞争采取绝对放任和绝对禁止的态度都是不可取的。事实上许多国家的现代公司法,对同业竞争大都采取了相对禁止的态度。对此,我国也采取了相对禁止的态度,《公司法》第148条第1款第(5)项规定,董事、高级管理人员未经股东会或者股东大会同意,不得利用职务便利为自己或者他人谋取属于公司的商业机会,自营或者为他人经营与所任职公司同类的业务。相对禁止的普遍做法是,设置竞业活动的批准程序,经过公司机关批准的竞业活动可以合法进行,而未经批准的竞业活动则不得进行。

(5) 忠实义务的其他情形。忠实义务的内容除以上四种典型情形外,还有其他许多非典型情形,对此,我国《公司法》还从其他几个方面规定了董事、高级管理人员对公司的忠实义务:

① 不得挪用公司资金与不得将公司资金以其个人名义或者以其他个人名义开立账户存储。董事、高级管理人员享有公司事务管理权和公司业务执行权,如果该种权力被滥用就会损害公司利益。对此,我国《公司法》第148条第1款第(1)项、第(2)项规定董事、高级管理人员不得挪用公司资金,不得将公司资金以其个人名义或者以其他个人名义开立账户存储。

② 不得收受贿赂或者其他非法收入,不得侵占公司的财产。我国《公司法》第147条第2款规定:"董事、监事、高级管理人员不得利用职权收受贿赂或者其他非法收入,不得侵占公司的财产。"该法第148条第1款第(6)项还规定,董事、高级管理人员不得接受他人与公司交易的佣金归为己有。"董监高"如果违反此种义务,为自己谋取利益,不管该利益的表现形式如何,不管是手续费、资格股、现金还是回扣、介绍费或物品,均应将其所得返还给公司。

③ 不得违反章程规定,未经股东会或者董事会同意的借贷或者担保。《公司法》第148条第1款第(3)项规定,董事、高级管理人员不得违反公司章程的规定,未经股东会、股东大会或者董事会同意,将公司资金借贷给他人或者以公司财产为他人提供担保。

④ 不得擅自披露公司秘密。《公司法》第148条第1款第(7)项规定,公司董事、高级管理人员不得擅自披露公司秘密。

由于公司董事、高级管理人员违反忠实义务的行为还可能表现为各种意想不到的情形,仅有《公司法》第148条的列举方式难以概括其全部,所以《公司法》第148条第1款第(8)项规定,公司董事、高级管理人员不得有违反对公司忠实义务的其他行为。这里的"其他行为",泛指董事、高级管理人员违反忠实义务的任何行为。作此概括或兜底性规定,用以穷尽规制公司实践中现实和未来可能发生的各类非忠实行为。

(二) 勤勉义务

1. 勤勉义务的内涵

勤勉义务,在大陆法系通常以民法典规定,称之为"善良管理人的注意义务",简称善管义务。如果董事等高级管理人员履行其职责时,没有尽到合理的谨慎、勤勉义务而给公司造成损失的,他应当对公司承担赔偿责任。

2. 勤勉义务的判断标准

董事的勤勉义务抽象而原则,因此有必要对其作适度的界定,制定合适的判断标准。该标准如果放得过宽,则会虚化勤勉义务,反而不利于内心追求勤勉的董事进一步改善经营并提高经营水平的积极性,从而不利于公司和股东权益的保护。但是,董事勤勉义务的衡量标准也不宜定得过于严厉,因为市场风险千变万化,并且时时存在,不可能要求董事在经营过程中万无一失。所以,各国法律都相应规定了一些尽可能宽严适度的具体判断标准。

3. 我国"董监高"勤勉义务的立法

20世纪70年代末,我国开始步入改革开放的年代,随后国有企业进行公司制改革,即现代企业制度改革。由于体制不健全和法律不完善,许多公司仅仅只是将原国有企业的名称更改为公司,并未实现根本性的变革。在这些公司中,董事会成员多数为原国有企业的领导干部,不具备应有的业务经营素质,并且,主观上也缺少勤勉义务的意识,公司(企业)管理混乱的局面没有得到根本的改善。1992年,我国进入社会主义市场经济时期,国家制定了公司基本法,但是,1993年《公司法》并没有设立"董监高"的勤勉义务,公司实践中存在的"董监高"违反勤勉义务的行为,依然无法可依。直到2005年《公司法》进行修订,才第一次有了"董监高"勤勉义务的规范,即现行《公司法》第147条和第149条之规定,但十分不具体,过于原则。如第149条规定:"董事、监事、高级管理人员执行公司职务时违反法律、行政法规或者公司章程的规定,给公司造成损失的,应当承担赔偿责任。"此条原则性地确立了董事、监事、高级管理人员的勤勉义务。此规定与我国台湾地区"公司法"第23条第1款之规定[①]基本相同,均未就判断勤勉义务的标准作相应规定。如果法律对"董监高"勤勉义务的标准不作规定,则必然存在着法官因无法定标准可资参照而滥用自由裁量权的潜在危险。尤其是在我国,法官公司法案件审判素养的普遍提高还有待时日,因而,在《公司法》中明确"董监高"勤勉义务的标准显得十分必需。

勤勉义务与忠实义务的区别在于:勤勉义务主要是为了克服董事的懈怠和责任心不强。忠实义务则主要是为了克服董事、高级管理人员的自私和贪腐行为。董事、高级管理人员违反忠实义务主要表现在两个方面:一是利用优势地位和职权为自己谋利;二是将自身的利益置于公司和股东利益之上,当发生利益冲突时,为保全自身利益而牺牲公司和股东的利益。

---

① 台湾地区"公司法"第23条第1款规定:"公司负责人应忠实执行业务并尽善良管理人之注意义务,如有违反致公司受有损害者,负担损害赔偿责任。"见林纪东、郑玉波等编纂:《新编基本六法全书》,五南图书出版公司2005年版,第叁一七页。

第四章 两类公司通用的法律制度

125

【测试题】

1. 郑贺为甲有限公司的经理,利用职务之便为其妻吴悠经营的乙公司谋取本来属于甲公司的商业机会,致甲公司损失 50 万元。甲公司小股东付冰欲通过诉讼维护公司利益。关于付冰的做法,下列哪一选项是正确的?(　　)(2012 年国家司法考试,卷三第 27 题)

　　A. 必须先书面请求甲公司董事会对郑贺提起诉讼
　　B. 必须先书面请求甲公司监事会对郑贺提起诉讼
　　C. 只有在董事会拒绝起诉情况下,才能请求监事会对郑贺提起诉讼
　　D. 只有在其股权达到 1% 时,才能请求甲公司有关部门对郑贺提起诉讼

2. 源圣公司有甲、乙、丙三位股东。2015 年 10 月,源圣公司考察发现某环保项目发展前景可观,为解决资金不足问题,经人推荐,霓美公司出资 1 亿元现金入股源圣公司,并办理了股权登记。增资后,霓美公司持股 60%,甲持股 25%,乙持股 8%,丙持股 7%,霓美公司总经理陈某兼任源圣公司董事长。2015 年 12 月,霓美公司在陈某授意下将当时出资的 1 亿元现金全部转入霓美旗下的天富公司账户用于投资房地产。后因源圣公司现金不足,最终未能获得该环保项目,前期投入的 500 万元也无法收回。陈某忙于天富公司的房地产投资事宜,对此事并不关心。

请回答第(1)—(3)题。

(1) 针对公司现状,甲、乙、丙认为应当召开源圣公司股东会,但陈某拒绝召开,而公司监事会对此事保持沉默。下列说法正确的是(　　)。(2016 年国家司法考试,卷三第 92 题)

　　A. 甲可召集和主持股东会
　　B. 乙可召集和主持股东会
　　C. 丙可召集和主持股东会
　　D. 甲、乙、丙可共同召集和主持股东会

(2) 若源圣公司的股东会得以召开,该次股东会就霓美公司将资金转入天富公司之事进行决议。关于该次股东会决议的内容,根据有关规定,下列选项正确的是(　　)。(2016 年国家司法考试,卷三第 93 题)

　　A. 陈某连带承担返还 1 亿元的出资义务
　　B. 霓美公司承担 1 亿元的利息损失
　　C. 限制霓美公司的利润分配请求权
　　D. 解除霓美公司的股东资格

(3) 就源圣公司前期投入到环保项目 500 万元的损失问题,甲、乙、丙认为应当向霓美公司索赔,多次书面请求监事会无果。下列说法正确的是(　　)。(2016 年国家司法考试,卷三第 94 题)

　　A. 甲可以起诉霓美公司
　　B. 乙、丙不能起诉霓美公司
　　C. 若甲起诉并胜诉获赔,则赔偿款归甲
　　D. 若甲起诉并胜诉获赔,则赔偿款归源圣公司

【答案与解析】

1. 答案：B。

解析：《公司法》第149条规定："董事、监事、高级管理人员执行公司职务时违反法律、行政法规或者公司章程的规定，给公司造成损失的，应当承担赔偿责任。"第151条第1款规定："董事、高级管理人员有本法第149条规定的情形的，有限责任公司的股东、股份有限公司连续180日以上单独或者合计持有公司1%以上股份的股东，可以书面请求监事会或者不设监事会的有限责任公司的监事向人民法院提起诉讼；监事有本法第149条规定的情形的，前述股东可以书面请求董事会或者不设董事会的有限责任公司的执行董事向人民法院提起诉讼。"本题中，经理郑贺是甲公司的高级管理人员，郑贺的行为给公司造成损失，股东付冰如果想提起股东代表诉讼，须首先书面请求监事会提起诉讼，监事会拒绝提起或者在收到请求之日起30内不提起诉讼的，付冰方可提起代表诉讼，所以A、C选项错误。本题中甲公司是有限公司，任一股东都有权提起代表诉讼，对股东的出资比例没有要求，所以D选项错误。只有B选项正确。

2-(1)答案：AD。

解析：本题考查的是有限责任公司股东会的召集。题目中"源圣公司股东会"以及增资后四位股东的持股比例均已经表明源圣公司是一家有限责任公司。根据《公司法》第40条第3款的规定，代表1/10以上表决权的股东有权召集和主持股东会，故A选项正确，B选项和C选项错误。依据第40条的规定，甲、乙、丙三位股东共同召集和主持股东会应当也是允许的，故D选项正确。

对此题进一步分析如下：依据《公司法》第40条的规定："有限责任公司设立董事会的，股东会会议由董事会召集，董事长主持；董事长不能履行职务或者不履行职务的，由副董事长主持；副董事长不能履行职务或者不履行职务的，由半数以上董事共同推举一名董事主持。有限责任公司不设董事会的，股东会会议由执行董事召集和主持。董事会或者执行董事不能履行或者不履行召集股东会会议职责的，由监事会或者不设监事会的公司的监事召集和主持；监事会或者监事不召集和主持的，代表1/10以上表决权的股东可以自行召集和主持。"

可见，董事会不召集股东会的，监事会应召集和主持，监事会不召集的，持股超过10%的股东可以召集和主持股东会，在解释上股东的持股联合计算也符合第40条本意，故本题A选项和D选项正确，乙和丙的单独持股比例不够法定比例，故B选项和C选项错误。

2-(2)答案：ABC。

解析：本题考查的是股东抽逃出资的相关法律后果。股东若抽逃出资即违反了股东的出资义务，应负继续履行的民事责任，《公司法司法解释（三）》第14条规定："股东抽逃出资，公司或者其他股东请求其向公司返还出资本息、协助抽逃出资的其他股东、董事、高级管理人员或者实际控制人对此承担连带责任的，人民法院应予支持。公司债权人请求抽逃出资的股东在抽逃出资本息范围内对公司债务不能清偿的部分承担补充赔偿责任、协助抽逃出资的其他股东、董事、高级管理人员或者实际控制人对此承担连带责任的，人民法院应予支持；抽逃出资的股东已经承担上述责任，其他债权人提出相同请求的，人民法院不予支持。"

故陈某作为董事长协助抽逃出资,要对此承担连带责任,且出资的利息损失也应由出资违约者承担,所以 A 选项和 B 选项正确。

根据《公司法司法解释(三)》第 16 条规定:"股东未履行或者未全面履行出资义务或者抽逃出资,公司根据公司章程或者股东会决议对其利润分配请求权、新股优先认购权、剩余财产分配请求权等股东权利作出相应的合理限制,该股东请求认定该限制无效的,人民法院不予支持。"可见,股东会可以决议限制不履行出资义务股东的权利,故 C 选项正确。

根据《公司法司法解释(三)》第 17 条第 1 款规定:"有限责任公司的股东未履行出资义务或者抽逃全部出资,经公司催告缴纳或者返还,其在合理期间内仍未缴纳或者返还出资,公司以股东会决议解除该股东的股东资格,该股东请求确认该解除行为无效的,人民法院不予支持。"由此可知,对不履行出资义务的股东,在股东资格的解除方面应遵守相应程序,即应先催告,仍不履行返还出资责任才能解除股东资格,故 D 选项错误。

2-(3)答案:AD。

解析:本题考查的是股东代表诉讼。本题中霓美公司是控制股东,应当属于《公司法》第 151 条第 3 款的规定的"他人",因此可适用股东代表诉讼。《公司法》第 151 条规定:"董事、高级管理人员有本法第 149 条规定的情形的,有限责任公司的股东、股份有限公司连续 180 日以上单独或者合计持有公司 1% 以上股份的股东,可以书面请求监事会或者不设监事会的有限责任公司的监事向人民法院提起诉讼;监事有本法第 149 条规定的情形的,前述股东可以书面请求董事会或者不设董事会的有限责任公司的执行董事向人民法院提起诉讼。监事会、不设监事会的有限责任公司的监事,或者董事会、执行董事收到前款规定的股东书面请求后拒绝提起诉讼,或者自收到请求之日起 30 日内未提起诉讼,或者情况紧急、不立即提起诉讼将会使公司利益受到难以弥补的损害的,前款规定的股东有权为了公司的利益以自己的名义直接向人民法院提起诉讼。他人侵犯公司合法权益,给公司造成损失的,本条第 1 款规定的股东可以依照前两款的规定向人民法院提起诉讼。"

按股东代表诉讼的程序及后果的规定,有限公司的股东在提起代表诉讼时并无持股比例限制,故 A 选项正确,B 选项错误。诉讼的后果归源圣公司而非原告或股东个人,故 C 选项错误,D 选项正确。

第二节 公司资本制度

一、公司资本制度概述

(一) 公司资本的概念和特征

1. 公司资本的概念

公司资本,是一个内涵极其丰富的概念,在不同的语境和领域中有不同的含义。

(1) 经济学意义上的资本概念。资本首先是经济学上的概念,马克思主义政治经济学认为,资本是能够带来剩余价值的价值;现代经济学则更多地将资本视为与土地、劳动并列的生产的三大要素之一,是指用于生产其他商品(产品、服务)的全部资产。从公司经济活动的角度而言,资本是指一家公司生产商品(包括产品与服务)的总财富或者总资产,是公司赖以生存和发展的物质基础,不仅包括原料、设备等以实物形式存在的有形财产,而且包括以专利、商标、信誉、劳务等形式存在的无形财产。

(2) 会计学意义上的资本概念。仅就会计学意义而言,资本亦为一个复杂的概念,在不同的使用场合具有不同的含义。较为常见的含义有以下四种:① 企业所有资金来源的总和,包括股本、以前年度留存盈利长期借款和流动负债等,此种意义上的资本总额和资产总额相当,与经济学意义上的资本概念含义相近;② 资本总额减去流动负债后的长期资金,相当于财务分析中"使用资本"(employed capital)这一概念;③ 净资产,即企业中属于出资人权益的这一部分资产;④ 出资人在设立企业时的原始投入。

(3) 法律意义上的公司资本概念。这里有广义和狭义之分。广义上的公司资本是指包括股权资本、债权资本和公司自生资本在内的资本。所谓股权资本、债权资本和自生资本,是就资本的形成方式不同而做的划分,股权资本是指基于股权融资而形成的资本,债权资本是指基于债权融资而形成的资本,而自生资本(internal generated funds)则是指公司存续期间基于原始投入的经营所得而积累的资本,包括利润留成、提取的公积金和公益金、资产出售所得等。

狭义上的公司资本是仅就股权资本而言,又称为公司股本(equity capital),是指公司成立时公司章程确定并载明,由全体股东出资构成的公司财产的总和。通常所谓法律意义上的公司资本,如无特别说明,即为此处所指狭义上的公司资本,是公司设立必须具备的观念上的财产总额,在组成上包括货币出资和非货币出资,其数额较为固定且需登记注册,故又称为"注册资本"。

2. 公司资本的特征

公司资本是公司成立的基本条件,是公司从事经营活动、对外承担法律责任的物质基础和保障。概括而言,公司资本具有下列几个方面的法律特征:

(1) 公司资本是公司自身所有的独立法人财产,具有独立性。尽管公司资本源于股东出资,但股东一旦依法完成出资,即构成对公司的永久性投资,不得退股,并由此形成作为公司独立法人财产的公司资本和股东基于出资而享有的股权。公司资本的这一特点,使其区别于广义上的公司资本中的债权资本,也使其区别于经济学意义上的资本概念和会计学意义上的资本概念。

(2) 公司资本仅来源于股东出资,具有来源上的单一性。公司资本只能由股东出资构成,具体而言,包括初始资本和新增资本。前者是指公司成立时的股东出资;后者则指公司成立后根据需要依法通过增资程序而新发行、募集的资本。此处需要明确公司存续期间与股东出资有关的几种情形:① 公司经营积累或接受赠与等形成的财产,在性质上属于公司的自有资产,而非属于股东出资,从而不能直接计入公司资本。② 资本亏损后,公司可以用以往的盈余弥补,此种弥补既是弥补资本,也是弥补股东出资,因此其在性质上属于股东出资。③ 在公司以公积金转增为资本的情形下,因公积金属于股东权益,本应分配给股东,故在转增为资本时亦可视为股东出资。④ 公司溢价发行股份情形下,因公司的资本额按照全部股份的票面金额计算,故股东的实际出资额会高于公司的资本额,该情形下超出公司资本额的股东出资应当计入公司的资本公积金而非计入公司资本。这一情形属于公司资本概念中源于股东出资的唯一例外,值得注意。

(3) 公司资本具有抽象性。尽管构成公司资本的财产可以以货币、实物、知识产权、土地使用权等具体形式存在,并且这些具体形式之间可以依法进行转换,但公司资本本身是一个抽象的价值数额,而非具体的财产形式。所以,以实物、知识产权、土地使用权等非直接表现为数额形式的财产出资的,应当予以评估,转化为数额形式,始能计入公司资本。

(4) 公司资本具有相对的确定性。公司资本在公司成立时由章程载明并须依法予以核准登记,其数额一经确定,非经法定程序不得随意变更。公司资本的这一特征使其区别于公司资产这一概念,公司成立后,依其具体经营状况或盈利或亏损,资产数额变动不居,但并不因此而改变公司资本的数额。公司资本数额的变动必须依照法定的增加资本或减少资本的程序,由股东会作出决议、修改章程并办理变更登记。

(5) 公司资本由公司章程确定、载明,并依法注册登记,具有一定的公示性。公司资本是公司章程的绝对必要记载事项,无论是初始资本还是新增资本,其数额及变动均须由章程确定并载明。另外,交易相对方可以很容易获知公司资本额的相关信息,并由此大体判断公司的资信状况,公司资本因此而具有重要的信用功能。

(二) 公司资本与相关概念的区别

根据公司资本的上述定义和法律特征的论述,可以将其与以下相关概念予以区别:

(1) 公司资产。公司资产,是指公司存续过程中可供其支配的全部财产或财产权利的总称。就其法律性质而言,可以分为有形财产和无形财产;就其内容而言,可以分为包括货币、财物、民事权利等在内的积极财产和包括债务、民事义务等在内的消极财产;就其来源而言,主要有股东出资、公司对外负债以及公司存续期间的资产收益和经营收益等三个方面。

公司资产与公司资本的联系表现为二者均可以以一定的数额来表示,且公司资本是公司资产的一部分。二者的区别表现为:① 公司资产的外延大于公司资本,除公司资本外,公司资产还包括公司负债、经营收益和资产收益。② 在公司存续过程中,公司资产会随公司经营状况而不断发生变化;公司资本则自公司成立时起便具有相对的确定性,由公司章程确定、载明,非依法定程序不得变更。③ 就数额而言,公司成立时,公司资本数额即为公司资产数额;公司成立后,基于其营利性特征,公司资产一般会高于公司资本,但亦会发生公司经营不善导致亏损场合下使得公司资产小于公司资本的情形。而且,一般而言,公司存续过程中公司资本实际上仅具有纯粹的计算意义。

(2) 公司净资产。公司净资产,是会计学上的概念,指公司资产与公司负债的差额,主要包括资本金、资本公积金、盈余公积金和未分配利润,是反映公司盈亏状况的重要指标。另外,确定公司净资产的意义还在于其有助于理解股东权益的概念,公司净资产是股东权益的客体。所谓股东权益,既是一个会计学上的概念也是一个公司法上的概念,是指股东对公司净资产所享有的权利。

公司净资产与公司资本的联系表现为二者均可以一定的数额来表示,而且公司资本是公司净资产的一部分。二者的区别表现为:① 公司净资产的外延大于公司资本,除公司资本外,公司净资产还包括资本公积金、盈余公积金和未分配利润。② 公司存续过程中,公司净资产会随公司经营状况而不断发生变化;公司资本则自公司成立起便具有相对的确定性,由公司章程确定、载明,非依法定程序不得变更。③ 就数额而言,公司成立时,公司资本数额即为公司净资产数额;公司成立后,公司的净资产随公司的经营状况而不断发生变化,其数额可能大于公司资本,也可能小于公司资本。而且在公司资不抵债场合,净资产还可能为负值。

(三) 公司资本的具体形式

在各国公司法的资本制度之中,基于其具体含义和表现形态的不同以及公司类型的划分,公司资本之下还可以分出若干概念,这些概念在我国公司法中亦多有体现。

1. 注册资本(registered capital)

注册资本,又称面额资本或核定资本,是指公司成立时登记注册的资本总额。就其字面表述和实质含义而言,各国公司法关于注册资本的规定各有不同:有的国家严格限定了注册资本这一术语,如我国;有的国家则未明确使用注册资本的表达,而是通过规定登记注册资本额的方式予以界定。在实行法定资本制的国家,公司的注册资本与公司成立时股东实际投入的财产是一致的,而在实行授权资本制的国家,二者往往并不相符,且注册资本是否应为实缴资本,是否可以授权资本或发行资本登记注册,各国规定亦不尽相同。

就我国而言,2005年《公司法》对公司注册资本作出了明确的界定,如第26条规定:"有限责任公司的注册资本为在公司登记机关登记的全体股东认缴的出资额。公司全体股东的首次出资额不得低于注册资本的20%,也不得低于法定的注册资本最低限额,其余部分由股东自公司成立之日起2年内缴足;其中,投资公司可以在5年内缴足。有限责任公司注册资本的最低限额为人民币3万元。法律、行政法规对有限责任公司注册资本的最低限额有较高规定的,从其规定。"第59条第1款规定:"一人有限责任公司的注册资本最低限额为人民币10万元。股东应当一次足额缴纳公司章程规定的出资额。"第81条规定:"股份有限公司采取发起设立方式设立的,注册资本为在公司登记机关登记的全体发起人认购的股本总额。公司全体发起人的首次出资额不得低于注册资本的20%,其余部分由发起人自公司成立之日起2年内缴足;其中,投资公司可以在5年内缴足。在缴足前,不得向他人募集股份。股份有限公司采取募集方式设立的,注册资本为在公司登记机关登记的实收股本总额。股份有限公司注册资本的最低限额为人民币500万元。法律、行政法规对股份有限公司注册资本的最低限额有较高规定的,从其规定。"

根据上述规定可知,我国2005年《公司法》中注册资本的显著特征为:(1) 注册资本具有法定最低限额,且根据公司类型的不同而不同,如有限责任公司为3万元人民币,股份有限公司为500万元人民币。(2) 采取法定资本制,但态度上有所缓和,除一人有限公司外,注册资本虽然必须在公司成立时由股东认足,但可以分期缴纳。在分期缴纳的情况下,首次缴纳数额不得低于法定比例,也不得低于最低注册资本限额。(3)注册资本由公司成立时的股东出资构成,必须记载于公司章程,并予以注册登记。

为了进一步实现公司法鼓励投资的原则,我国在2013年《公司法》的修正过程中,将原26条修改为:"有限责任公司的注册资本为在公司登记机关登记的全体股东认缴的出资额。法律、行政法规以及国务院决定对有限责任公司注册资本实缴、注册资本最低限额另有规定的,从其规定。"将原第59条第1款修改为(现第58条):"一个自然人只能投资设立一个一人有限责任公司。该一人有限责任公司不能投资设立新的一人有限责任公司。"将原第81条修改为(现80条):"股份有限公司采取发起设立方式设立的,注册资本为在公司登记机关登记的全体发起人认购的股本总额。在发起人认购的股份缴足前,不得向他人募集股份。股份有限公司采取募集方式设立的,注册资本为在公司登记机关登记的实收股本总额。法律、行政法规以及国务院决定对股份有限公司注册资本实缴、注册资本最低限额另有规定的,从其规定。"可见,2013年《公司法》放弃了最低资本额制而采用更为灵活的资本认缴制。

2. 授权资本(authorized capital)

授权资本,又称为名义资本(nominal capital),是指公司根据公司章程授权可发行的全部资本。授权资本是授权资本制下特有的概念,且多在英美公司法中以公司章程的必要记载事项的形式出现。在适用授权资本的情况下,公司设立不需要将授权资本全部发行,只需部分发行即可,剩余部分可以授权董事会根据需要分次发行。我国因采法定资本制,故公司法中无授权资本之概念。

3. 发行资本(issued capital)

发行资本,是指公司实际上已经发行的资本总额。发行资本,从不同的角度可以有不同的理解,对公司而言,表现为已发行资本,采取法定资本制的情况下,发行资本等于注册资本。采取授权资本制的情况下,如果公司资本全部发行,则发行资本等于注册资本;如果公司股份尚未全部发行,则发行资本小于注册资本。对股东而言,发行资本则表现为认购资本。股东认购股份后,可能一次缴纳全部股金,也可能按照法定期限和比例分期缴纳。在一次全部缴足的情况下,发行资本等于实缴资本;在分期缴纳的情况下,则发行资本等于实缴资本和待缴资本之和。

4. 实缴资本(paid-up capital)

实缴资本,又称为已缴资本、实收资本,是指股东实际已经向公司缴纳的资本。资本已经发行并不等于股东已经实际缴纳。在法定资本制下,如适用实缴制,则实缴资本即等于发行资本;如适用分期缴纳制,在发行资本被缴足之前,实缴资本小于发行资本。在授权资本制下,虽然发行资本可以低于注册资本,但所发行的资本也必须认足、缴足,股东实际缴纳的部分即构成实缴资本。我国2005年《公司法》实行实缴资本,但允许分期缴纳。

5. 认缴资本(subscribed capital)

认缴资本,是指股东对公司注册资本的认购,但并未向公司实际缴纳的资本。认缴资本制度的意义在于既可以使股东在认缴的范围内承担有限责任,同时又可以在设立公司时不用现实地实缴出资,便于充分利用资金。一旦需要股东实际承担有限责任时,则此时其资本必须实缴到位,否则承担出资不实的法律责任。我国 2013 年《公司法》确认了该项制度,即设立公司应当有符合公司章程规定的全体股东认缴的出资额;有限责任公司的注册资本为在公司登记机关登记的全体股东认缴的出资额。

6. 待缴资本(uncalled capital)

待缴资本,又称为催缴资本,是指公司已经发行、股东已经认购但尚未缴纳的资本。对于待缴资本,公司享有随时向股东催缴的权利,股东则负有按照法定或约定的期限和数额向公司缴纳的义务。因无论在法定资本制还是授权资本制下,发行的资本均必须认足、缴足,故在此意义上可以将待缴资本理解为发行资本和实缴资本之间的差额(只是此时的法定资本制须允许股东分期缴纳)。从公司债权人角度,公司待缴资本已经构成股东对公司债务的担保,已经纳入公司法人独立财产范畴,故公司法上对股东应缴而未缴已认购股份认定为违约,应当承担相应的法律责任。

7. 保留资本(reserve capital)

保留资本,又称为储备资本,是指公司正常经营状况下,在发行资本和待缴资本中不得向股东催缴的部分,对于待缴资本,仅得在公司破产情况下始可催缴,故为保留资本。我国《公司法》中无保留资本之概念。

综上可知,公司资本的相关概念和表现形态,依公司资本的原则和形成制度的不同而多有差别。可见公司法中的公司资本原则和公司资本形成制度对公司资本的基本理念和具体制度均影响甚大,以下详述。

二、公司资本原则

传统公司法认为公司是一种资本的集合,资本是公司从事经营活动的物质基础和对外承担法律责任的信用保障。有限责任制度的确立,使得股东仅以其出资为限对公司债务承担责任,而所有权和经营权的相互分离,更加大了委托代理关系所产生的代理成本和道德风险,为维护公司资本的真实、安全,确保公司稳健经营,保护股东有限责任之下的债权人利益,立法上预先设计了一整套关于公司资本形成、维持和退出的机制,其中最具影响力的即为公司法上的资本三原则——资本确定原则、资本维持原则和资本不变原则。

(一)资本确定原则

资本确定原则,又称为资本法定原则,是指公司资本必须在公司设立时由公司章程明确规定其数额,由股东认足并按期缴纳,否则公司不能成立;公司成立后若发行股份,则必须依法履行增资程序、修改章程。资本确定原则是关于公司资本形成的原则,其基本含义如下:

(1)公司资本必须由公司章程明确规定,我国 2005 年《公司法》曾规定公司资本不得低于法定最低注册资本限额,2013 年《公司法》将资本最低限额取消。

(2)公司章程规定的公司资本必须由股东认足,按期缴纳。有关股东对其认缴的出资或认购的股份的缴纳,依所适用的资本形成制度而不同:在严格法定资本制之下,公司资本实行实收制或实缴制,即由股东一次缴足;在相对宽松的法定资本制之下,则可以分期缴纳。我国现行《公司法》将实缴制改为认缴制。

(3) 出资方式具有法定性。资本确定原则要求法律对可以作为出资的财产范围予以明确界定,超出规定范围的财产,不得作为股东出资。一般而言,法律往往认定其价值容易确定的财产作为出资财产,而劳务、商誉等不易估计、评定其价值的财产会受到出资限制。如我国《公司法》第 27 条第 1 款规定:"股东可以用货币出资,也可以用实物、知识产权、土地使用权等可以用货币估价并可以依法转让的非货币财产作价出资;但是,法律、行政法规规定不得作为出资的财产除外。"可见,其中非货币财产出资的限制性条件是"可以用货币估价并可以依法转让",而且无"法律、行政法规规定不得作为出资"的限制。

理论上有学者将资本确定原则等同于法定资本制,但实际上,无论是法定资本制、授权资本制还是折中资本制,均不同程度地体现了资本确定原则的要求,但各自强调的程度不同而已,法定资本制只是最为完整地体现了资本确定原则。

资本确定原则的目的是保证公司设立时资本的真实可靠,防止公司设立中的投机、欺诈行为,防止股东滥用权利设置公司,从而保护债权人的利益、维护交易安全。但资本确定原则亦存在诸多不足:过分地强调公司设立的资本要求,会人为地提高公司设立标准,产生操作障碍。而且公司资本的数额限制难以灵活设置,数额过高,不易尽快认足,造成资金的闲置和浪费;数额过低,则难以避免存续过程中繁琐的增资程序。鉴于公司资本确定原则的优势和缺陷,实践中多数国家公司法中摒弃了早期实行的严格资本确定原则,在坚持其基本精神的同时对其予以一定程度的缓和和弱化。我国 1993 年《公司法》采用的就是严格的资本确定原则,即要求公司设立时必须认足并全部缴纳注册资本,且不得低于法定最低注册资本限额。严格的资本要求难以体现公司法鼓励股东投资的原则,不适应公司实践发展的需要。2005 年《公司法》对其进行了修正,一方面降低了法定最低注册资本限额,另一方面允许有限责任公司和采发起方式设立的股份有限公司可以在设立时认足注册资本、分期缴纳;同时辅之以首次出资比例、出资缴纳时间、设定出资责任等制度的规定,保证债权人的利益,从而不致背离资本确定原则的基本精神。我国 2013 年《公司法》修正之后,仍实行较严格的资本确定原则,体现在:特定行业的最低注册资本制,注册资本需由全体股东、发起人认足(2013年《公司法》第 26 条、第 80 条);章程需要明确记载资本且被登记与公示(2013 年《公司法》第 25 条、第 81 条)。

(二) 资本维持原则

资本维持原则,又称为资本充实原则,是指公司应当维持与其资本总额相当的财产,即在公司存续期间,应当经常维持与其资本总额相当的财产,以具体财产充实抽象资本。公司在其存续过程中,会基于其自身经营状况的变化而处于或盈利或亏损的状态,使得公司的实际资产与公司资本不相一致,尤其在公司亏损状态下,其实际偿债能力会大为降低。因此,为了控制公司资本在公司存续过程中的状态,防止其发生实质性减少,确保债权人利益和公司经营活动的正常开展和持续进行,各国公司法均在其资本制度中确立了资本维持原则。这一原则对于防范公司经营过程中的违法行为,保护公司债权人利益、维护交易安全,具有重要的实践意义。

资本维持原则,并不仅限于以理论上基本原则的形式出现,也体现于公司法上的诸多具体制度中：

（1）禁止股东退股、抽逃出资。公司成立后股东不得以任何理由抽回出资。如我国《公司法》第35条对有限责任公司的股东抽逃资金作出了禁止性规定："公司成立后，股东不得抽逃出资。"第91条则对股份有限公司予以规定："发起人、认股人缴纳股款或者交付抵作股款的出资后，除未按期募足股份、发起人未按期召开创立大会或者创立大会决议不设立公司的情形外，不得抽回其股本。"

（2）不得折价发行公司股份。我国《公司法》第127条规定："股票发行价格可以按票面金额，也可以超过票面金额，但不得低于票面金额。"

（3）对非货币出资的条件予以限制。非货币出资在财产价值确定和权利转移程序上具有特殊性，容易构成虚假出资，影响公司资本实际价值，故公司法常对其出资形式和数额比例予以限制，并要求依法对其价值进行评估。我国《公司法》第27条规定："股东可以用货币出资，也可以用实物、知识产权、土地使用权等可以用货币估价并可以依法转让的非货币财产作价出资；但是，法律、行政法规规定不得作为出资的财产除外。对作为出资的非货币财产应当评估作价，核实财产，不得高估或者低估作价。法律、行政法规对评估作价有规定的，从其规定。"

（4）按照规定提取和使用公积金。公司经营过程中难以保证不会出现亏损现象，公司公积金则主要用于弥补亏损、转增资本、扩大生产规模，故公司法中关于强制提取资本公积金和盈余公积金的规定，即为实现资本维持的预防性措施。

（5）禁止回购公司自身的股份[①]、禁止接受以本公司股份提供的担保。公司收购自己的股份，实际上等同于股东退股，从而导致虚假出资。因此，除满足法定情形和法定程序外，公司不得收购自己的股份。而接受本公司自己的股份作为质押权的标的，则会在实现质押权的同时导致公司取得自己的股份，产生与回购公司自身股份相同的效果，故亦应予以禁止。如我国《公司法》第142条第1款规定："公司不得收购本公司股份。但是，有下列情形之一的除外：① 减少公司注册资本；② 与持有本公司股份的其他公司合并；③ 将股份用于员工持股计划或者股权激励；④ 股东因对股东大会作出的公司合并、分立决议持异议，要求公司收购其股份；⑤ 将股份用于转换上市公司发行的可转换为股票的公司债券；⑥ 上市公司为维护公司价值及股东权益所必需。"同时，该条第5款规定："公司不得接受本公司的股票作为质押权的标的。"

（6）没有盈利不得分配公司股利。"无盈不分"是公司股利分配的基本规则，公司盈利应当首先用于弥补公司亏损，只有在弥补亏损、提取公积金和公益金后仍有盈余的情况下才可以向股东分配股利，否则将侵蚀公司资本。如我国《公司法》第166条第4款、第5款规定："公司弥补亏损和提取公积金后所余税后利润，有限责任公司依照本法第34条的规定分

[①] 我国《公司法》一般严禁股份回购行为，但立法趋势是逐渐放宽：1993年起草《公司法》时规定了两种例外事项（即减少注册资本、合并），在2005年修订《公司法》时新增两种例外事项（员工持股计划、股权激励和股东大会作出的合并、分立决议等），2018年修正时再次新增两种例外事项（将股份转换为可转债和为市值管理所需）。同时，对于新增的两种例外事项，延长了注销时间（3年）和提高了回购比例（已发行股份总额的10%）。

配;股份有限公司按照股东持有的股份比例分配,但股份有限公司章程规定不按持股比例分配的除外。股东会、股东大会或者董事会违反前款规定,在公司弥补亏损和提取法定公积金之前向股东分配利润的,股东必须将违反规定分配的利润退还公司。"

资本维持原则不仅在大陆法系公司法中抽象成为系统理论,同时在英美法系公司法中也得到了充分的肯认,且主要体现为在其公司法实践中形成的丰富而详尽的判例规范,在一定程度上亦可谓英美公司资本制度的根本原则。

（三）资本不变原则

资本不变原则,是指公司资本已经确定,不得随意改变,如需增减,必须严格按照法定程序进行。因此,所谓"资本不变",并非指公司资本绝对地不得变更,而是指非经法定程序确保债权人利益外,不得随意增减。而且,就维护公司财产能力、保护债权人利益而言,资本不变原则的规范重点在于对公司减资行为的严格限制。

资本不变原则具有同资本维持原则相同的立法旨趣,即防止公司资本总额减少而导致公司偿债能力降低,充分维护债权人的利益。而且,资本不变原则对于资本维持原则具有重要的辅助和补强作用,即尽管资本维持原则本意是保证公司实有财产和公司资本总额相一致,但若一旦公司实有财产减少即可通过减少资本总额的方式来达到这种一致性的话,则仅仅依赖资本维持原则就很难起到充实资本、保护债权人的实际作用。因此,可以说,资本维持原则是就公司存续过程中公司财产和资本总额相一致的角度来防止公司资本的实质性减少;资本不变原则是就公司存续过程中维持资本总额不变的角度来防止公司资本的形式性减少。前者是一种动态上的维护,后者则是一种静态上的维护,二者相辅相成、相互配合,共同维护资本的真正充实。

我国《公司法》中同样规定了资本不变原则,主要体现为对公司减少注册资本的程序性限制。《公司法》第 177 条规定:"公司需要减少注册资本时,必须编制资产负债表及财产清单。公司应当自作出减少注册资本决议之日起 10 日内通知债权人,并于 30 日内在报纸上公告。债权人自接到通知书之日起 30 日内,未接到通知书的自公告之日起 45 日内,有权要求公司清偿债务或者提供相应的担保。"

公司资本三原则形成于大陆法系公司法,并在英美法系公司法中亦有一定程度的体现。公司资本三原则在公司资本制度发展中具有重要的积极意义,其基本目的是在股东有限责任框架下维持公司清偿债务的财产能力,从而保护债权人利益、维护交易安全,实现股东与债权人之间的利益平衡;其基本逻辑是由资本确定原则确定资本的基本水准,资本维持原则确保此水准得以真实反映公司财力,资本不变原则是在债权人利益获得确切保障前,禁止此水准之变动。但值得注意的是,公司资本三原则作为一种理论上的抽象概括,亦存在其自身固有的缺陷,使得其越来越多地受到理论上的质疑和抨击,并在实践发展中受到现实的挑战和冲击。主要体现为以下几个方面:

(1) 公司资本三原则的制度设计不符合交易自由原则,有悖于公司自治的理念。公司资本三原则,无论就资本的形成、维持或退出,均具有强烈的强制性,给公司自身和投资者留下的自治空间极为狭窄。较为严格的、整齐划一的资本准入标准和实际缴纳出资的要求,限制了投资者对投资工具和投资方式的自主选择权,产生不同程度的资金浪费和闲置,并且难以根据各个公司实体的具体情况进行安排。容易造成投资者在投资机会上的不平等,弱化、抑制了投资者的投资积极性,不符合现代公司法上鼓励股东投资的原则和理念,难以形成具有竞争力的公司发展环境。

(2)公司资本三原则不符合交易效率原则,有悖于促成交易的理念。商事交易,最为重视交易效率,尤其在信息瞬息万变的今天,交易机会的准确把握和综合利用尤为重要。现代公司法均以促成交易为基本理念,而公司资本三原则难以符合这一要求。例如,最低法定注册资本限额的设定和严格实缴资本制度增加了公司融资的难度,资本维持原则的诸多细节性要求和资本不变原则的严格程序增加了公司的交易成本,并且难以在公司存续过程中根据公司的经营状况适时进行灵活调整。

(3)资本三原则以抽象的资本信用为理论基础,难以实现其保护债权人利益、维护交易安全的立法目标。注册资本一旦形成,就构成一个静止的数额,仅具有账面意义,它表达的仅仅是公司设立时的信用基础,鉴于公司存续过程中基于其自身经营状况的不同而使得公司实际财产始终处于变动状态,由此表明,公司以注册资本形式体现的资本信用和以公司资产形式体现的实际信用并不相符。公司作为独立法人以其全部财产为限对外承担责任,而此处"全部财产"的数额和范围显然是指公司责任资产总额,它更多的是关注公司的资产总额,或者更准确地说是公司的净资产额,而非注册资本数额。公司实践中,尽管公司资本信用的判断更为直观和简易,但相对于公司表面的注册资本而言,理性的债权人在与公司发生交易的过程中更加重视公司以财务结构、现金流量等形式表现的公司资产信用。

传统公司法中的资本三原则尽管具有重要的意义,但随着公司资本制度的演变和资产信用理念、融资工具更新的兴起,在公司实践中面临着愈来愈多的理论困境,有必要对其进行一系列的理性反思和制度变革,以更适应实务发展的需要。

三、公司资本形成制度

公司资本是公司成立必备的基本条件,也是公司成立后从事经营活动、对外承担责任的物质基础。公司资本由公司股份发行而形成,可以选择一次性发行,也可以选择分次发行;发行后的股份可以一次性全部缴足,也可以依法分期缴纳。具体依实行的公司资本形成制度的不同而有所区别。公司资本形成制度是公司制度中重要组成部分,各国公司法中根据资本理念、法律传统以及实践需要等方面的因素,构成不同的公司资本形成制度,主要有法定资本制、授权资本制和折中资本制三种表现形式。

(一)法定资本制

法定资本制,是指公司设立时,由公司章程明确规定公司资本总额,并一次性发行、全部认足,否则公司不得成立。公司成立后,公司章程中规定的资本额不得随意变更,公司如需增加资本或减少资本,必须经股东会作出决议、修改公司章程,履行一定的法律程序,始可为之。法定资本制由法国、德国公司立法首创,后为意大利、瑞士、比利时等大陆法系国家公司立法效仿,是大陆法系中公司资本制度的典型表现形式,其主要内容可以概括为以下几个方面：

(1) 公司设立时，必须在公司章程中明确规定公司资本总额。

(2) 公司设立时，必须将公司资本或者股份一次性全部发行，并由股东或者发起人全部认足。

(3) 公司资本或者股份经认足后，各认股人应当根据发行的股份缴纳股款。缴纳股款可以采用一次性缴纳的方式，也可以采用分期缴纳的方式。所谓一次性缴纳，是指认股人必须按照认购额一次性缴纳全部股款，不得分期缴纳。分期缴纳，是指认股人可以分期分次缴纳股款而不必一次全部缴清，但由法律对认股人分期缴纳的比例和期限予以限定。

(4) 公司成立后因经营活动等需要增加资本或者减少资本的，非经依法履行股东会决议、变更章程、进行变更登记等程序，不得实现。

值得注意的是，法定资本制的核心特点是公司资本或股份的一次性发行、一次性认足，但并不要求必须一次性缴纳，股东或者发行人在认足全部股份后，通常可以分期缴纳而不必在公司成立时一次性全部缴清所有股款。

如前所述，法定资本制通常与严格的资本确定原则紧密联系，二者具有大致相当的优缺点，即有利于保证公司资本的真实可靠、强化公司的资本信用，从而保护债权人利益、维护交易安全，但同时过于严格和僵化的资本要求，增加了公司设立的资金成本和资本变更的程序障碍，易造成资金闲置、浪费，难以根据公司自身实际需要灵活调整。实践中，各国公司法多根据各自公司制度发展的现实需要对法定资本制采取不同程度的矫正和改造。

(二) 授权资本制

授权资本制，是指公司设立时必须在公司章程中确定公司资本总额，但章程载明的资本总额不必一次性全部发行、认足，股东只需缴纳其中的一部分，公司即可有效成立，未认足部分的资本，授权董事会根据公司经营需要和市场状况在必要时一次或分次发行。授权资本制是英美公司法上长期发展的结果，最初来源于公司设立特许主义之下的国家授权发行股份数额，且该种授权必须记载于公司章程，称之为授权资本额。由于其自身的灵活性和适应性，使得这一传统一直延续至实行准则主义之后，并被英美法系国家长期奉行，成为又一个典型的公司资本形成制度。其主要内容可以概括如下：

(1) 公司设立时，必须在公司章程中载明公司资本总额，这一点与法定资本制相同。不同的是，授权资本制之下，还需在公司章程中载明授权资本的数额。

(2) 公司章程中载明的公司资本总额，在公司设立时不必一次性全部发行。公司可以仅发行其中的一部分，并由股东认足和缴纳，公司即可有效成立。

(3) 公司设立时发行的股份，股东认购后应当实际缴纳股款，且通常应为一次性缴纳，如美国《示范公司法》就不允许分期缴纳。

(4) 公司成立后如需增加资本，仅需在授权资本数额内由董事会自行作出决议、发行新股，而无须履行经股东会决议并变更公司章程等程序。

授权资本制最为显著的特点就是资本或者股份的分次发行，并由此产生了授权资本这一概念。在授权资本制下，公司章程必须载明的只是授权资本，而发行资本则取决于公司实际决定发行的数额。另外，值得注意的是，在法定资本制允许分期缴纳的情形下，很容易与授权资本制下的分次发行相混淆，但二者具有根本的区别：① 授权资本制下的分次发行是指公司资本的分次形成，而法定资本制下的分期缴纳则指在资本一次形成的前提下采取较为灵活的分期缴纳股款的方式。② 授权资本制下的分次发行适用于股份有限公司公开发行股份，而法定资本制下的分期缴纳则通常适用于非公开发行股份的有限责任公司和采发起方式设立的股份有限公司。

授权资本制基于其分次发行公司资本或者股份的特点，具有显著的优势：① 公司不必一次性发行全部资本或者股份，可以减轻公司设立的难度。② 授权董事会根据公司经营需要和市场状况自行决定增加资本，而无须经过股东会决议、变更公司章程，一方面简化了公司增资程序、降低成本；另一方面可以适时发行资本，从而避免资本闲置、提高资本利用效率。但授权资本制也存在着其自身难以克服的缺陷：公司章程中载明的授权资本，仅具名义数额，且未对公司首次发行资本的最低数额和发行期限作出限制，极易导致实缴资本与名义资本以及公司实际财产能力之间的落差，引发交易风险，损害债权人的利益。

（三）折中资本制

折中资本制，是大陆法系公司法在对法定资本制的制度弊端进行反思、矫正，同时借鉴、吸收授权资本制的制度优势的基础上演变而来的公司资本形成制度。具体包括折中授权资本制和许可资本制两种类型。

1. 折中授权资本制

折中授权资本制，是指公司设立时，必须在公司章程中载明公司资本总额，但不必一次性全部发行、认足，首次发行、认足部分资本或者股份，公司即可有效成立，其他部分授权董事会根据经营需要和市场状况予以发行，但这种发行须在法定期限内完成，且首次发行不得低于法定最低限额或比例。

折中授权资本制，坚持了授权资本制的基本内容，故其核心仍为授权资本制，但在此基础上增加了董事会于公司成立后决定发行新股时的期限限制和比例限制，又体现了法定资本制的要求。折中授权资本制由部分原采法定资本制的大陆法系国家适用，如日本、韩国。

2. 许可资本制

许可资本制，又称为认许资本制，是指公司设立时，必须在公司章程中载明公司资本总额，并且必须一次性全部发行、认足，公司始可有效成立；同时公司章程可以授权董事会在公司成立后一定期限内，在授权的公司资本的一定比例范围内，发行新股、增加资本，而无须经股东会决议等特别程序。

许可资本制坚持了法定资本制的基本内容，即对公司设立时的资本发行仍须一次性全部发行、认足，故其核心仍为法定资本制。但对公司成立后的发行新股、增加资本等行为则放宽了限制，可以依据公司章程对董事会的授权通过相对简化的程序完成公司增资，又体现了授权资本制的灵活性和适应性。原采法定资本制的大陆法系国家，现多实行许可资本制，包括德国、法国、丹麦、奥地利等国家，如法国《商事公司法》第75条规定，公司资本必须被全部认购。货币股份在认购时应至少缴纳面值一半的股款，剩余股款根据董事会或经理室的决定,自公司在商业和公司注册簿之日起不超过5年的期限内,根据情况,一次或分数次缴纳。

就我国而言,在1993年《公司法》制定时,由于正处于社会主义市场经济初步建立阶段,我国刚刚实行公司制度,实践中出现了大量公司虚假出资、架空经营的不规范现象,为保护公司债权人利益和社会公共利益,维护交易安全、稳定社会经济秩序,1993年《公司法》实行了严格的法定资本制。要求公司股份必须在公司设立时一次性全部发行、认足,并必须一次性全部缴纳。但这种严格的资本形成制度,仅建立在表面的公司资本信用基础之上,使得保护债权人的初衷流于形式,并且对公司的设立效率和交易成本造成了极大的障碍,难以适应公司的现实发展需要。同时,我国的外商投资企业法中对以公司形式设立的外商投资企业的出资形式采取了与内资公司完全不同的态度,一方面造成内外资公司在设立出资上的不平等,另一方面也为我国《公司法》的修改提供了可供参照的国内立法蓝本。

2005年修订后的《公司法》为矫正原《公司法》过于严格的公司出资要求、适应公司发展的需要,对公司资本形成方面的制度给予了一定程度的修正。2005年《公司法》第26条第1款规定:"有限责任公司的注册资本为在公司登记机关登记的全体股东认缴的出资额。公司全体股东的首次出资额不得低于注册资本的20%,也不得低于法定的注册资本最低限额,其余部分由股东自公司成立之日起2年内缴足;其中,投资公司可以在5年内缴足。"第81条第1款、第2款规定:"股份有限公司采取发起设立方式设立的,注册资本为在公司登记机关登记的全体发起人认购的股本总额。公司全体发起人的首次出资额不得低于注册资本的20%,其余部分由发起人自公司成立之日起2年内缴足;其中,投资公司可以在5年内缴足。在缴足前,不得向他人募集股份。股份有限公司采取募集方式设立的,注册资本为在公司登记机关登记的实收股本总额。"根据上述规定,我国《公司法》对不同的公司类型采取了不同的公司资本形成制度:对有限责任公司和发起设立的股份有限公司,实行一次发行、分期缴纳的较为宽松的法定资本制;对募集设立的股份有限公司,仍实行严格的法定资本制。

随着资本信用理念向资产信用理念的演变以及公司实践的现实要求,我国公司法中的公司资本形成制度也朝着更加鼓励投资、提高公司运作效率、增强公司竞争力的制度方向发展。为此,我国2013年《公司法》对我国的公司资本形成制度进行进一步改革,主要内容如下:(1)有限公司、发起设立股份公司实行注册资本认缴制,发起人、股东对认缴出资额、出资方式、出资期限等自主约定并记载于章程。(2)认缴的出资(股本)总额,即注册资本在登记机关登记,不再登记实收资本(第26条第1款、第80条第1款)。但是,募集设立股份公司的资本实收制仍予保留(第80条第2款)。(3)有限公司的股东以认缴的出资额为限对公司承担责任,股份公司的股东以认购的股份为限对公司承担责任(第3条第2款)。(4)发起人、股东认缴的股份额、出资方式、出资期限、缴纳情况通过市场主体信用信息公示系统向社会公示,对其缴纳出资情况的真实性、合法性负责,对相关违法行为承担法律责任。(5)法律、行政法规以及国务院决定对特定行业注册资本最低限额另有规定的,继续适用法定最低资本制。

四、股东出资制度

(一) 股东出资的概念及意义

股东出资,是指公司股东在公司依法设立或增加资本时,以取得股权为目的,根据法律法规、公司章程的规定以及认股协议的约定,向公司履行交付财产或者其他给付义务的法律行为。股东出资制度在公司法上具有重要的意义:

(1) 股东出资是股东对公司负有的最基本的义务,也是公司设立和产生股权等一系列法律关系的前提。

(2) 股东出资是公司资本的形成基础。公司资本直接来源于股东的出资,公司的资本总额即由全体股东的出资总和构成。股东出资制度与公司资本制度具有紧密的联系,尤其是在法定资本制下,为确保公司资本的真实、可靠,公司法一般会对股东出资制度予以严格限定,如限制法定出资形式、设定股东出资义务的履行时间以及禁止股东抽逃出资等。

(3) 股东出资以取得股权为目的,是股东取得股权的对价和依据。股东按照法律规定或者协议约定向公司履行出资义务的目的是为了取得股东身份,进而享有以股东身份为前提的股权。股东出资是股东取得股权的对价和依据,尤其对初始股东而言,其股东身份的取得须以对公司的出资承诺为前提,其股权收益的实际取得,也以出资义务的实际履行为前提,并且其大小也一般由实际出资的比例或数额决定。

(4) 股东出资是股东有限责任的前提。一方面,公司法上的股东有限责任和无限责任是以股东的出资额为基准予以划分的。我国《公司法》第3条第2款规定:"有限责任公司的股东以其认缴的出资额为限对公司承担责任;股份有限公司的股东以其认购的股份为限对公司承担责任。"另一方面,股东享受有限责任保护利益的前提是其须依照公司法和公司章程的规定全面、适当地履行出资义务,否则,应当承担相应的出资责任,或者在导致公司法人人格否定的情形下丧失有限责任利益,须对公司债务承担无限责任。

股东出资制度为公司法上的重要制度,各国公司法均对其予以规制。而且股东出资制度与公司法上的其他制度具有密切的联系,就其内容而言,包括公司设立时股东的出资形式、出资限额、出资履行、出资验证以及出资瑕疵责任等,亦可扩展至公司存续期间的资本变动如增资、发行新股等,还会涉及股东资格的取得、变更和丧失等一系列的内容。本节中有关股东出资制度内容的介绍则主要涵盖最低注册资本限额、出资缴纳、出资形式、出资估价以及出资瑕疵责任等方面,其他内容详见本书相关章节。

(二) 最低注册资本限额

最低注册资本限额,即公司注册资本必须达到法律规定的最低数额,否则公司不得成立。该制度体现了对公司资本的量化要求,在资本数额上保证公司具备从事经营活动的物质条件和对外承担责任的财产保障。

最低注册资本限额的规制动因源于在股东有限责任的前提下对股东和债权人之间利益的平衡,即由立法设定公司准入的最低资本门槛,来为公司债权人提供最低限度的财产担保,亦使股东在享有有限责任利益的同时承担相应的出资对价。大陆法系公司法和英美法系公司法均对最低注册资本限额予以规定,但近年来,公司资产信用理论的发展以及各国为了吸引投资、增强公司制度竞争力,有关最低资本数额的规定逐渐放宽,甚至流于形式,如美国1969年《示范公司法》就完全取消了最低资本额的限制,后为很多州公司立法效仿,目前美国大多数州均不再实行最低资本额制度,理论上1美元即可成立一家公司。但值得注意的是,尽管立法上放宽了标准,但实践中公司设立仍会产生相关费用,并且为了使设立的公司能够对外产生足够的公信力,仍须依赖相应的资本支持。

我国1993年《公司法》沿袭了传统公司法上最低注册资本限额制度,规定了较高的最低注册资本限额,尤其对股份有限公司设定了过高的最低注册资本限额,还对有限责任公司根据所在的行业不同设置了不同的最低资本限额要求。上述规定不仅缺乏足够的理论基础,也不符合现代公司法的发展变化趋势和我国公司实践的现实需要。为了适应公司发展具体现状、提高资本利用效率、体现鼓励投资原则,2005年修订后的《公司法》在坚持最低注册资本限额制度基本精神的前提下对其作了重大变革。而2013年我国《公司法》则基本上废止了最低注册资本限额制度。与此同时,为保证经济安全、保护相关主体利益、维护交易秩序,公司法仍给法律、行政法规针对特定行业的特殊公司另行设定更高的最低注册资本限额预留了空间。例如,《公司法》第26条第2款规定,法律、行政法规以及国务院决定对有限责任公司注册资本实缴、注册资本最低限额另有规定的,从其规定。第80条第3款规定,法律、行政法规以及国务院决定对股份有限公司注册资本实缴、注册资本最低限额另有规定的,从其规定。

(三) 出资缴纳

出资缴纳,即公司股东按照法律、章程规定或者协议的约定实际履行交付财产或者其他给付的义务。根据我国《公司法》的相关规定,其内容主要包括以下几个方面:

(1) 股东出资的缴纳,除依募集方式设立的股份有限公司须一次性全部缴纳外,有限责任公司和依发起方式设立的股份有限公司则分别采取认缴、认购的方式登记出资额。《公司法》第26条第1款规定:"有限责任公司的注册资本为在公司登记机关登记的全体股东认缴的出资额。"《公司法》第80条第1款规定:"股份有限公司采取发起设立方式设立的,注册资本为在公司登记机关登记的全体发起人认购的股本总额。在发起人认购的股份缴足前,不得向他人募集股份。"

(2) 股东出资的缴纳,须履行相应的财产转移手续并依照规定的期限、方式和比例进行交付。根据《公司法》第28条第1款的规定,有限责任公司股东应当按期足额缴纳公司章程中规定的各自所认缴的出资额。股东以货币出资的,应当将货币出资足额存入有限责任公司在银行开设的账户;以非货币财产出资的,应当依法办理其财产权的转移手续。

根据《公司法》第83条第1款的规定,以发起设立方式设立股份有限公司的,发起人应当书面认足公司章程规定其认购的股份,并按照公司章程规定缴纳出资。以非货币财产出资的,应当依法办理其财产权的转移手续。

根据《公司法》第84条的规定,以募集设立方式设立股份有限公司的,发起人认购的股份不得少于公司股份总数的35%;但是,法律、行政法规另有规定的,从其规定。

(3) 股东认足出资后,须申请设立登记、履行法定的验资程序。《公司法》第 83 条第 3 款规定:"发起人认足公司章程规定的出资后,应当选举董事会和监事会,由董事会向公司登记机关报送公司章程以及法律、行政法规规定的其他文件,申请设立登记。"第 89 条第 1 款规定,发行股份的股款缴足后,必须经依法设立的验资机构验资并出具证明。所谓验资,是指由法定机构依法对股东所缴纳的出资是否真实、合法等进行检验并出具相关证明的行为。根据上述规定,股份有限公司发起人缴纳首次出资或者发行的股款缴足后,均必须经依法设立的验资机构验资并出具证明,验资证明必须客观、真实,否则应由验资机构对验资不实承担法律责任。

(四) 出资形式

前已述及,股东出资是公司资本的来源,构成公司从事经营活动的物质基础和对外承担责任的财产保障,在公司法上具有重要的意义。因此各国公司法均对股东出资的形式给予规定和限制,我国亦然。《公司法》第 27 条、第 82 条规定,有限责任公司和股份有限公司股东可以用货币出资,也可以用实物、知识产权、土地使用权等可以用货币估价并可以依法转让的非货币财产作价出资;但是,法律、行政法规规定不得作为出资的财产除外。对作为出资的非货币财产应当评估作价,核实财产,不得高估或者低估作价。法律、行政法规对评估作价有规定的,从其规定。根据上述规定,我国《公司法》对股东出资形式的规定具有以下几个方面的内容:

1. 现行《公司法》放宽了对股东出资形式的限制

一方面,采取列举方式,规定股东可以货币、实物、知识产权、土地使用权等出资;另一方面,采取概括方式,规定凡可以用货币估价并可以依法转让的非货币财产均可以作为股东出资的形式。这一规定,极大地拓宽了股东出资的财产范围,即除货币出资外,非货币财产只需满足以下三个条件即可作为出资:(1) 可以货币估价,即具有价值上的可确定性;(2) 可以依法转让,即具有可转让性,可流通、变现;(3) 非属法律、行政法规规定不得作为出资的财产,即具有合法性。为保证公司资本的真实、可靠和充实,保障债权人利益和交易安全,《公司法》在放宽出资形式要求的同时仍保留了法律、行政法规在特定情形下对出资形式予以限定的权力。

2. 对于股东的非货币财产出资,须评估作价

非货币财产的价值,不像货币出资一样具有直观表象,而且易受外部因素的影响,对非货币财产的过高估价,会造成股东出资不实和注册资本的虚假,损害债权人利益;过低估价,则又会对出资股东造成损害,现实中国有资产流失多由对国有资产出资的过低估价造成。因此《公司法》要求,对作为出资的非货币财产应当评估作价,核实财产,不得高估或者低估作价。法律、行政法规对评估作价有规定的,从其规定。

对于股东非货币出资的评估作价,最为重要的问题便是评估权的设置,包括由谁享有对非货币出资进行评估作价的权力,以及对评估作价不实的责任设定和承担。考察外国立法例,早期的公司立法一般赋予股东会评估作价的权力,现代公司法则多将这一权力交由董事会行使,由此降低评估程序过于复杂所产生的不当成本,同时有助于解决公司成立之后增加

资本或者发行新股时由谁来决定出资财产价格的问题。董事会享有评估作价权的同时,对评估不实承担责任,同时有权视情况而定将出资财产交由法定机构再行评估验资。

我国《公司法》尽管明确规定对非货币财产出资必须进行评估作价,但却对评估权主体未作具体设定,仅第90条中规定募集设立的股份有限公司由创立大会对发起人用于抵作股款的财产进行审核。另外,第207条规定:"承担资产评估、验资或者验证的机构提供虚假材料的,由公司登记机关没收违法所得,处以违法所得1倍以上5倍以下的罚款,并可以由有关主管部门依法责令该机构停业、吊销直接责任人员的资格证书,吊销营业执照。承担资产评估、验资或者验证的机构因过失提供有重大遗漏的报告的,由公司登记机关责令改正,情节较重的,处以所得收入1倍以上5倍以下的罚款,并可以由有关主管部门依法责令该机构停业、吊销直接责任人员的资格证书,吊销营业执照。承担资产评估、验资或者验证的机构因其出具的评估结果、验资或者验证证明不实,给公司债权人造成损失的,除能够证明自己没有过错的外,在其评估或者证明不实的金额范围内承担赔偿责任。"根据这一规定,对股东的非货币财产出资,应当由法定的资产评估机构进行评估验资,资产评估机构除因提供虚假资料、过失提供有重大遗漏的报告而承担行政责任外,还应对评估不实给公司债权人造成的损失承担过错赔偿责任。

3. 我国《公司法》对股东出资构成予以限制的立法变化

股东出资的构成,又称为股东出资的比例结构,即在股东出资总额中各种出资形式的占比。所谓比例结构,实际上是在货币出资和非货币出资之间进行比较并合理配置,从而保证公司资产结构的合理性,一方面,避免货币出资要求过于苛刻,而造成资本闲置和浪费;另一方面,防止非货币出资比重过大而影响公司资产的流通性和稳定性。2005年修订的《公司法》摒弃了原《公司法》中对技术出资比例上限给予直接限制的做法,改为对有限责任公司货币出资规定最低的比例要求,即全体股东的货币出资金额不得低于其注册资本的30%,更具合理性。此后,为了进一步鼓励投资,尊重公司及股东的意思自治,2013年《公司法》将全体股东的货币出资金额不得低于其注册资本30%的规定予以取消。

4. 股东的非货币出资问题的争论

在各国公司法理论和立法实践中,有关股东的非货币出资问题多有争议,而且相关规定颇有不同,如我国《公司法》及相关法律法规规定,可以作为股东非货币出资的财产形式有实物、知识产权、土地使用权以及可以货币估价并可依法转让的股权、债权、用益物权等,商誉、信用、劳务、特许经营权、设定担保的财产等则不得作为公司股东的非货币出资。而美国《示范公司法》第621条(b)规定:"现金、本票、已提供之劳务、将提供劳务之契约或公司之其他证券都可以用于出资。"就其总体发展趋势而言,各国均在逐渐放宽可以作为股东出资的财产形式限制,以鼓励自由创业和财富增长。因此,本书将结合我国公司立法现行规定和实践发展需要,对几种主要的非货币出资予以论述。

(1) 实物出资。实物出资,是指公司股东以公司经营活动中实际需要的各种动产和不动产出资。其中所指的"实物",为民法上所谓的"有形物",包括动产和不动产。实物出资,均具有可转让性,且易于估价,既可满足公司实际经营需要,也可免去再行购买的繁琐,降低公司成本,是公司实践中较为普遍的出资形式,尤其我国国有企业、集体企业改制组建公司过程中,多以原国有企业或集体企业的实物资产作为出资,并在出资总额中占有相当大的比例。

我国《公司法》规定,以实物出资的,应当依法办理其财产权的转移手续,应遵循物权变动的法律原则。根据《物权法》第9条、第23条、第24条的规定,除法律另有规定外,动产物权的转移以交付为要件;船舶、航空器、机动车辆等特殊动产的物权转移,非经登记不得对抗第三人;不动产物权的转移则以登记为要件。

(2)知识产权。知识产权作为一种具有财产价值的无形财产,对知识密集型、技术密集型公司的设立和成长极具经济价值和战略意义,各国公司法中均允许以知识产权作为股东出资的重要形式。但就知识产权的范围而言,各国则具有不同的界定。按照《与贸易有关的知识产权协定》的规定,知识产权包括版权和邻接权、商标权、专利权、地理标志权、工业品外观设计权、集成电路布图设计权以及未公开信息专有权等。而《世界知识产权公约》则将其界定为包括著作权、表演权、专利权、发现权、商业标记权以及关于制止不正当竞争的权利。我国《民法通则》中规定的知识产权范围则包括著作权、商标权、专利权、发明权、发现权以及其他非专利技术权利。在我国加入WTO的背景下,实践中应将知识产权的范围作较为宽泛的理解,其中可以作为股东出资的知识产权包括专利权、商标权、非专利技术、企业名称权以及著作权中的财产权。值得注意的是,1993年《公司法》使用的是"工业产权"的表达,修改后的《公司法》则变更为"知识产权",将著作权中的财产权涵盖在内。

以知识产权出资的,应当办理知识产权的转让。专利权、商标权的转让应当按照《专利法》《商标法》等法律的相关规定办理申请核准、变更登记和公告手续;非专利技术的转让,则需比照一般动产的转让方式办理技术交付;著作权中的财产权的转让,则需根据作品的具体情况完成相关出资的要求。另外,知识产权多具有期限要求,股东须保证其用于出资的知识产权仍处于有效期之内。

(3)土地使用权。土地使用权是指非土地所有人依法对土地加以利用和取得收益的权利。在我国,土地归国家或者集体所有,能够作为股东出资的不是土地所有权,而仅指土地使用权,而且并非所有的土地使用权均可以作为股东出资形式,依照《物权法》《土地管理法》等相关法律的规定,土地使用权中的宅基地使用权、家庭土地承包经营权等不得作为股东出资,仅建设用地使用权和经营性土地承包经营权可以作为股东出资,但其中依划拨方式产生的建设用地使用权的出资仍受有严格限制。

股东以土地使用权出资的,应当办理土地使用权的转让手续。《物权法》第129条规定:"土地承包经营权人将土地承包经营权互换、转让,当事人要求登记的,应当向县级以上地方人民政府申请土地承包经营权变更登记;未经登记,不得对抗善意第三人。"该法第139条则规定:"设立建设用地使用权的,应当向登记机构申请建设用地使用权登记。建设用地使用权自登记时设立。登记机构应当向建设用地使用权人发放建设用地使用权证书。"根据上述规定,建设用地使用权的转让,以登记为生效要件;土地承包经营权的转让,则以登记为对抗要件,股东以土地使用权为出资的,其出资义务的适当履行应当包括土地的实际交付和土地使用权转让时的变更登记。

（4）股权出资。股权出资，是指股东以其所拥有的另一公司的股权作为出资转让给公司，并由此取得对于该公司的股权。股权出资性质上属于股权的转让，是股东将其拥有的另一公司股权转让给公司。股权出资虽不属于我国《公司法》明确列举的法定出资形式，但它符合非货币财产出资的三个条件，故可以作为股东出资。

实践中，股权出资亦较为常见，如公司改制、资产重组和上市公司组建一般均采取股权置换的方式完成对新设立公司的出资。但值得注意的是，股权出资具有价值确定上的困难和不确定性，容易导致虚假出资和股权出资的贬值，故通常需要对其原所属公司的资产状况和真实财务水平进行评估、审计，程序上较为繁琐。

（5）债权出资。债权出资，是指股东以其对第三方拥有的债权作为出资转让给公司，并由此取得对该公司的股权。债权出资性质上属于债权转让，即股东将其对第三人享有的债权转让给公司。债权出资虽不属于我国《公司法》明确列举的法定出资形式，但只要符合非货币财产出资的三个条件的债权，均可以作为股东的出资财产。

国外公司立法中也都认可债权出资的合法性，英美国家甚至对债权出资未作任何限制，大陆法系公司法则将债权实现的风险考虑在内，多对债权出资设有限制，如意大利仅在要求股东须就债务人的偿付能力向公司提供担保的前提下，始允许以债权出资。在我国，股东以符合相应条件的债权出资并不存在理论上和法律上的障碍，而且在实践中债权出资的情况已比较多见，如国有商业银行改革中的"债转股"现象，即为典型的债权出资形式。但因为以债权形式构成的出资，其实现多存在风险，难以合理评估其价值，除上述由国家信用担保的情况外，一般的公司设立过程中较难接受股东的债权出资。

（6）用益物权。除《公司法》中明文规定的土地使用权外，其他用益物权如果符合非货币出资的条件，即可以货币估价、可依法转让、未受强制性出资禁止限制，亦可以作为股东出资。根据我国《物权法》和其他特别法的规定，采矿权、狩猎权、渔业权等用益物权均可以作为公司法上的股东出资，另外，实践中，还存在以公路收费权等不动产收益权作为出资的情况，性质上也可归入此种出资形式。

（7）商誉出资。所谓商誉，是指特定商事主体享有的一种具有特殊价值的社会评价。在英美法中，商誉是作为一种法律概念存在的，如《布莱克法律辞典》将其界定为"从社会公众那里赢得的关于商事经营的美好声誉"，而且其属于无形资产范畴。

商誉，作为一种社会公众的良好评价，毫无疑问能够为其所属商事主体带来经济利益，但这种经济利益具有极大的变动性，容易受外在因素的影响，且其确切价值难以货币形式评估。另外，商誉作为社会公众给予商事主体的良好评价，显然不能脱离其所属的商事主体而单独存在，更不能作为一种出资形式单独转让。鉴于此，我国《公司登记管理条例》明确规定，股东不得以商誉等作价出资。

（8）劳务出资。劳务出资，是指股东以其向公司已经付出或将要付出的劳动作为出资，由此取得对公司的股权。此处所指劳务，不仅局限于简单的体力劳动，复杂的、高级技术或管理性工作亦包括在内。劳务出资，一方面，体现了人力资源的经济价值，符合劳动力资本商品化的市场经济要求,可以使劳动者同时获得投资者的身份,有利于调动其参与公司经营治理、获得产权和收益的积极性。但另一方面,劳务出资的价值难以评估,具有强烈的人身性,其转让不得强制执行;不符合资合公司以财产为信用基础的基本精神,而且在社会信用不良的情况下极易形成虚假出资,损害债权人利益,增大交易风险。因此,各国公司法依据本国公司发展现状,对劳务出资采取了不同的态度。大陆法系公司法一般允许无限公司、两合公司中的无限责任股东以劳务出资,但不允许有限责任股东以劳务出资,甚至对劳务出资持最为宽松态度的法国《商事公司法》也只是允许劳务出资作为参与公司权益分配和损失分担的计算根据,但不计入公司资本,或者只允许经营内容与技艺性劳务直接相关的公司以技艺性劳务出资。英美法系国家对劳务出资一般采取更为灵活的态度,如美国大多数州的法律都规定,已为公司实际履行的劳务和服务,可以作为取得股票的对价,而且相关判例亦确定公司设立前实际履行的劳务,也可以作为出资。就我国而言,尽管《合伙企业法》中允许合伙人可以劳务出资,但考虑到公司的资合性特征以及劳务出资本身所具有的上述弊端,《公司法》未将劳务作为合法的出资形式予以确认,而且《公司登记管理条例》明确规定,股东不得以劳务作价出资。

(9) 信用出资。信用出资,是指股东以其个人信用供公司使用并以之作价出资,由此取得公司股权。信用出资的主要有股东允许公司以自己名义从事交易、对公司汇票予以承兑或背书、为公司债务提供担保等方式。信用出资同样具有价值确定和有效转移上的困难,而且严重依赖股东的个人信用,因此,各国公司法中大多仅允许无限责任股东以信用出资。我国《公司法》未将信用作为合法的出资形式予以确认,而且《公司登记管理条例》明确规定,股东不得以信用作价出资。

(五) 股东出资瑕疵及其法律责任

1. 股东出资瑕疵

股东出资瑕疵,是指股东违反出资义务,未按照法律法规、公司章程的规定或者认股书、发起人协议的约定全面、适当地履行出资的行为。股东出资瑕疵可包括股东出资义务的不履行和不适当履行两种表现形式。

(1) 股东出资义务的不履行,是指股东根本未实际履行出资义务,具体包括以下几种情形:

① 拒绝出资,即股东在公司章程、认股书、发起人协议生效后,无正当理由拒绝按照约定履行出资义务。

② 出资不能,即股东因个人财产状况恶化或者作为出资的非货币财产毁损、灭失等原因,客观上不能履行出资义务。

③ 虚假出资,即股东宣称已出资但实际上并未出资的情形,性质上属于欺诈行为。

④ 抽逃出资,即股东在公司成立或者履行验资程序后,将其已经缴纳并转移到公司名下的出资抽回,性质上亦属于欺诈行为。

(2) 股东出资义务的不适当履行,是指股东虽然履行出资义务,但其出资在数额、期限、形式或程序等方面不符合法律法规、公司章程的规定或者认股书、发起人协议的约定,具体包括以下几种情形：

① 不完全履行，又称为部分履行。即股东只履行了部分出资义务，其出资在数额上不符合其认股数额，未能足额缴纳股款。具体而言，又包括货币出资不足和非货币出资价值显著低于公司章程规定的价额两种情况。

② 迟延履行，即股东未能按照规定或约定的出资期限交付货币、办理非货币财产的权利移转手续。

③ 股东作为出资的非货币财产在质量或者权利上具有瑕疵，如股东缴纳的财产存在质量缺陷或者存在第三人可以主张的影响实际出资的权利（如所有权）。

2. 股东出资瑕疵责任

股东出资瑕疵责任，是指股东违反出资义务所应承担的法律后果。有关股东出资瑕疵责任的分析，具有多种分析角度，如可以股东违反出资义务的时间阶段为标准，分为公司成立前的出资瑕疵责任和公司存续过程中的出资瑕疵责任；可以股东承担责任的性质为标准，分为股东出资瑕疵的违约责任、资本充实责任和损害赔偿责任等。本书则依照股东违反出资义务的表现形态，结合公司类型的不同和承担法律责任的具体主体来阐述股东的出资瑕疵责任。此与本书第六章公司的法律责任在相关责任的后果上相同，但是分析的角度却是不一样的，我们可以将这两部分联系起来进行比较学习。

（1）有限责任公司股东未按期足额缴纳所认缴出资额的法律责任。《公司法》第28条规定："股东应当按期足额缴纳公司章程中规定的各自所认缴的出资额。股东以货币出资的，应当将货币出资足额存入有限责任公司在银行开设的账户；以非货币财产出资的，应当依法办理其财产权的转移手续。股东不按照前款规定缴纳出资的，除应当向公司足额缴纳外，还应当向已按期足额缴纳出资的股东承担违约责任。"根据上述规定，此情形下有限责任公司股东的出资瑕疵行为包括不履行、不完全履行以及迟延履行等行为，应当承担以下法律责任：

第一，继续履行。有限责任公司股东按照《公司法》的规定，对其认缴的出资额应当按期足额缴纳，未缴纳、或者虽缴纳但构成迟延、或者部分缴纳时，应当继续履行其出资义务，向公司足额缴纳。

第二，承担违约责任。股东的出资义务源于法律法规、公司章程的规定或者认股书、发起人协议的约定，对于公司的各个股东而言，无论是公司章程，还是认股书、发起人协议，均为股东之间基于意思表示一致而达成的协议。股东未能按照规定或者约定的出资义务按期足额缴纳股款，给其他已经履行出资义务的股东造成损失的，构成违约，应当向其他已经按期足额缴纳出资的股东承担违约责任。

（2）股份有限公司发起人未按期足额缴纳所认购股份的法律责任。《公司法》第83条第1款、第2款规定："以发起设立方式设立股份有限公司的，发起人应当书面认足公司章程规定其认购的股份，并按照公司章程规定缴纳出资。以非货币财产出资的，应当依法办理其财产权的转移手续。发起人不依照前款规定缴纳出资的，应当按照发起人协议承担违约责任。"根据上述规定，发起人未能按期足额缴纳所认购的股份情形下的出资瑕疵责任应当注意以下三个方面：① 承担法律责任的主体仅限于发起设立的股份有限公司的发起人；② 承担法律责任的依据是发起人协议；③ 承担法律责任的性质属于违约责任。

(3) 股份有限公司成立后发起人未缴足出资的法律责任。《公司法》第93条第1款规定："股份有限公司成立后，发起人未按照公司章程的规定缴足出资的，应当补缴；其他发起人承担连带责任。"根据上述规定，此情形下的出资瑕疵法律责任包括：

第一，予以补缴。股份有限公司成立后，发起人未能按照公司章程的规定缴足出资时，予以补缴，自属应当。

第二，其他发起人承担连带责任。股份有限公司成立后，已经作为一个独立的法律主体而存在并从事经营活动，对外发生交易、承担责任。任何一位发起人未按照公司章程规定缴足出资，均会影响到公司的资本充实和公司债权人的利益。因此，应当由其他发起人承担对公司补缴出资的连带责任。

(4) 公司成立后发现非货币财产出资不实时股东、发起人的法律责任。《公司法》第30条规定："有限责任公司成立后，发现作为设立公司出资的非货币财产的实际价额显著低于公司章程所定价额的，应当由交付该出资的股东补足其差额；公司设立时的其他股东承担连带责任。"第93条第2款规定："股份有限公司成立后，发现作为设立公司出资的非货币财产的实际价额显著低于公司章程所定价额的，应当由交付该出资的发起人补足其差额；其他发起人承担连带责任。"根据上述规定，此情形下的出资瑕疵责任具有以下特点：

第一，仅适用于非货币财产高估作价出资的情形。前已述及，非货币财产作为股东出资的，应当评估作价，而货币出资不涉及评估作价问题，亦不会发生因高估而产生的出资不实问题。非货币财产高估价格的情况下，才会产生此种法律责任，而所谓高估作价，是指非货币财产的实际价额显著低于公司章程所定价额。

第二，由该未能足额出资的股东或者发起人承担补足差额的责任。其非货币出资实际价额显著低于公司章程规定价额的股东或发起人，违反了资本充实原则，自当补缴其差额部分。

第三，其他股东或发起人承担连带责任。公司一旦成立即作为一个独立的法律主体从事经营活动，对外发生交易、承担责任。任何一位股东或发起人的非货币财产出资不实，均会影响到公司的资本充实。因此，股东或者发起人之间互相负有出资瑕疵担保责任，对其他股东或发起人非货币财产出资不实承担连带责任，以保护债权人利益。

另外，需要补充的是，根据相关法律法规的规定，股东以非货币财产出资的，须经法定验资机构评估验资，因此在设定出资不实的股东、发起人法律责任的同时，我国《公司法》第207条设定了非货币财产出资不实时验资机构的行政责任和民事责任。根据该条规定，验资机构民事责任的承担需要满足一定的条件：① 须验资机构出具的评估结果有虚假陈述或者重大遗漏；② 须因上述虚假陈述或重大遗漏给公司债权人造成了损失；③ 须验资机构对虚假陈述或重大遗漏具有过错，且该过错责任适用过错推定原则，即验资机构负有证明自己没有过错的义务，不能证明自己没有过错时，应当承担法律责任；④ 具有责任范围上的限定，即验资机构在评估不实的金额范围内承担损害赔偿责任。

(5) 股东、发起人抽逃出资、抽回股本的法律责任。《公司法》第35条规定："公司成立后,股东不得抽逃出资。"第91条规定："发起人、认股人缴纳股款或者交付抵作股款的出资后,除未按期募足股份、发起人未按期召开创立大会或者创立大会决议不设立公司的情形外,不得抽回其股本。"第200条规定："公司的发起人、股东在公司成立后,抽逃其出资的,由公司登记机关责令改正,处以所抽逃出资金额5%以上15%以下的罚款。"根据上述规定,我国《公司法》对股东在公司成立后抽逃出资、发起人非依法定情形抽回股本的,仅对其明确设定了行政责任,而未明确规定民事责任,但依第200条"责令改正"的表述以及相关法理分析,在此情形下,抽逃出资的股东和抽回股本的发起人也应当承担民事责任,将所抽逃出资和抽回股本返还公司,因此对公司造成损失的,并应当承担损害赔偿责任。

五、公司资本的变动

传统公司法设定了公司资本不变的观念和原则,即公司成立后须对公司资本予以维持,非经法定程序,不得变动公司资本。但该原则并不意味着在公司存续期间,公司资本须绝对一成不变,实际上,公司资本可以随着公司经营状况的发展变化而予以适时调整,即公司资本的变动。公司资本变动,包括公司资本增加和公司资本减少两种形式。

(一) 公司增资

1. 公司增资的概念

公司增资是指公司依据法定的条件和程序,增加和扩大公司原有注册资本总额的法律行为。公司增资是公司资本变动的情形之一,公司为了扩大经营规模和范围,或者为了将注册资本调整到与公司的实际资产相符,或者是为了提高公司的资本信誉,或者是为了调整现有的股权结构或持股比例,都可能会发生公司增资的行为。因此,公司增加注册资本是公司为适应市场经济发展的客观要求而作出的一种法律行为,对有效开展生产经营活动具有重要的意义。

2. 公司增资的方式

公司增资的方式主要有两种:增加股份数量和增加股份金额。

(1) 增加股份的数量。由于股份有限公司和有限责任公司的资本构成不同,所以两者的增资方式也有所区别。股份有限公司增资主要采取的是增加股份数量的方式,即在原有股份数额的基础上发行新股,使股份总数增加,而每股代表的资本数额不变。《公司法》第178条第2款规定:"股份有限公司为增加注册资本发行新股时,股东认购新股,依照本法设立股份有限公司缴纳股款的有关规定执行。"所以股份有限公司通过发行新股来增加注册资本时,应符合《公司法》发行新股的相关规定。

(2) 增加股份的金额。公司在不改变原有股份总数的情况下增加每股的金额,是公司增资的另一种主要方式。这种方式增加了原有股东的出资额度,可以通过将应分配的股息和红利转增资本,计入股东名下,也可以由原股东另外追缴股款。《公司法》第178条第1款规定:"有限责任公司增加注册资本时,股东认缴新增资本的出资,依照本法设立有限责任公司缴纳出资的有关规定执行。"

3. 公司增资的程序

根据《公司法》的有关规定,公司增资的程序如下:

(1) 董事会拟订公司增资方案。根据《公司法》第 46 条、第 108 条的规定,公司增资方案的拟订是公司董事会的职权之一,董事会有权制订公司的增资方案。因此,公司增资的方案通常都由公司董事会拟订。

(2) 股东会(股东大会)作出公司增资的决议。公司增加注册资本是公司的重大事项之一,对此必须由股东会(股东大会)作出决议。《公司法》第 37 条、第 43 条、第 66 条、第 103 条规定,公司董事会(或执行董事)制订的公司增资方案,需通过股东会(股东大会)特别决议通过。其中,有限责任公司股东会对公司增资作出决议,必须经代表 2/3 以上表决权的股东通过。股东会可以是召开股东会的形式作出,也可以是不召开股东会的形式直接作出,以直接形式作出的,须股东书面方式一致表示同意。国有独资公司增加注册资本应由国有资产监督管理机构决定,其中重要的国有独资公司增资应当由国有资产监督管理机构审核后,报本级人民政府批准。股份有限公司股东大会对公司增资作出的决议,必须经出席会议的股东所持表决权的 2/3 以上通过。

(3) 股东缴纳出资或认购新股。有限责任公司增加注册资本时,股东认缴新增资本的出资,依照设立有限责任公司缴纳出资的有关规定执行。即有限责任公司增加注册资本,其股东认缴出资,应当按照《公司法》第 26～28 条的规定进行。

股份有限公司为增加注册资本而发行新股时,其股东认购新股应当按照《公司法》中有关设立股份有限公司缴纳股款的规定执行。具体而言,就是应当按照《公司法》第 80 条、第 82 条、第 83 条的规定进行。

(4) 办理公司变更登记。公司增加注册资本以后,应当向公司登记机关申请办理注册资本变更登记。公司注册资本属于公司章程的绝对必要记载事项,也是公司登记内容的重要事项,因此,公司增加注册资本必须依法修改公司章程,办理相关变更登记手续。

(二) 公司减资

1. 公司减资的概念

公司减资是指公司依据法定的条件和程序,减少公司已注册资本总额的法律行为。公司减资也是公司资本变动的情形之一。

根据资本不变原则,公司是不能随意减少公司资本的。但是,由于公司在生产经营过程中发生资本过剩、经营亏损等情况时,为了减轻公司的负担,发挥社会财富的整体效益,法律允许特定情况下的公司减资。因为如果坚持资本不变,就可能在公司资本过剩或者严重亏损时发生资本停滞和浪费现象,使资本失去作为公司经营物质基础和信用标示的作用。所以,在公司资本过剩时的公司减资可以消除公司运营过程中存在的预定资本过多、过剩现象,而在公司经营出现严重亏损时的公司减资能够及时注销公司的部分股份,使公司的注册资本与公司的净资产水准相符,有利于昭示公司的真正信用状况。

2. 公司减资的方式

公司减资的方式主要有三种:减少股份总数、减少股份金额和同时减少股份总数和每股金额。

（1）减少股份总数。减少股份总数是指只减少公司股份的数额，每股股份的金额并不减少，该种方式又可分为消除股份和合并股份。消除股份指取消一部分或特定的股份；合并股份是指将两股以上的股份合并为一股。

（2）减少股份金额。减少股份金额是指减少公司股份每股的金额，而并不减少公司股份的总数。该种减资方式可以通过免除股东应缴纳的股款或者发还已缴纳股款的方式进行，也可以通过注销公司股份，即在公司亏损时减少公司股份每股的金额以抵消应由股东弥补的资本亏损。

（3）同时减少股份总数和每股金额。同时减少股份总数和每股金额就是前两种方式的合并运用。这种减资方式的结果是既减少了公司股份的数量，又降低了每股股份的金额，公司股东的股权比例和持股比例都发生了减少。

3. 公司减资的程序

由于公司减资直接影响到债权人及股东的利益，为遏制公司随意减资，规范公司减资，各国公司法对公司减资都有较为严格的规定。根据我国《公司法》的相关规定，公司减少注册资本的程序大致如下：

（1）董事会拟订公司减资方案。根据《公司法》第46条、第108条的规定，公司减资方案的拟订是公司董事会的职权之一，董事会有权制订公司的减资方案。

（2）编制资产负债表和财产清单。公司减资对公司债权人及股东利益都有直接影响，股东与债权人合法权益得到保护的前提条件是公司清晰的财产状况。《公司法》第177条第1款规定："公司需要减少注册资本时，必须编制资产负债表及财产清单。"因此公司在减少注册资本时，必须清理公司资产、负债和收益情况，编制资产负债表和财产清单。

（3）股东会（股东大会）作出公司减资的决议。公司减少注册资本是公司的重大事项之一，对此必须由股东会（股东大会）作出决议。《公司法》第37条、第43条、第66条、第103条规定，公司董事会（或执行董事）制订的公司减资方案，需通过股东会（股东大会）特别决议通过。其具体程序与前述"公司增资的程序"相一致，为避免重复，在此不再赘述。

最后仍需要强调的是，法律、行政法规对公司的注册资本有最低限额规定的，公司减资后的注册资本不得低于该法定的最低限额。

（4）通知和公告债权人。《公司法》第177条第2款规定："公司应当自作出减少注册资本决议之日起10日内通知债权人，并于30日内在报纸上公告。债权人自接到通知书之日起30日内，未接到通知书的自公告之日起45日内，有权要求公司清偿债务或者提供相应的担保。"这是为防止公司假借减资而逃避债务，对公司债权人合法权益进行保护的程序性规定。

（5）办理公司变更登记。公司减少注册资本以后，应当向公司登记机关申请办理注册资本变更登记。公司减少注册资本，应自公告之日起45日内申请变更登记，并应提交公司在报纸上登载公司减资公告的有关证明和公司债务清偿或者债务担保情况的说明。公司注册资本属于公司章程的绝对必要记载事项，也是公司登记内容的重要事项，因此，公司减少注册资本必须依法修改公司章程,办理相关变更登记手续。

【测试题】

1. 2014 年 5 月,甲、乙、丙三人共同出资设立一家有限责任公司。甲的下列哪一行为不属于抽逃出资行为?( )(2014 年国家司法考试,卷三第 29 题)

    A. 将出资款项转入公司账户验资后又转出去

    B. 虚构债权债务关系将其出资转出去

    C. 利用关联交易将其出资转出去

    D. 制作虚假财务会计报表虚增利润进行分配

2. 甲乙丙丁戊五人共同组建一有限公司。出资协议约定甲以现金 10 万元出资,甲已缴纳 6 万元出资,尚有 4 万元未缴纳。某次公司股东会上,甲请求免除其 4 万元的出资义务。股东会五名股东,其中四名表示同意,投反对票的股东丙向法院起诉,请求确认该股东会决议无效。对此,下列哪一表述是正确的?( )(2010 年国家司法考试,卷三第 25 题)

    A. 该决议无效,甲的债务未免除

    B. 该决议有效,甲的债务已经免除

    C. 该决议需经全体股东同意才能有效

    D. 该决议属于可撤销,除甲以外的任一股东均享有撤销权

3. 甲、乙、丙成立一家科贸有限公司,约定公司注册资本 100 万元,甲、乙、丙各按 20%、30%、50% 的比例出资。甲、乙缴足了出资,丙仅实缴 30 万元。公司章程对于红利分配没有特别约定。当年年底公司进行分红。下列哪一说法是正确的?( )(2012 年国家司法考试,卷三第 25 题)

    A. 丙只能按 30% 的比例分红

    B. 应按实缴注册资本 80 万元,由甲、乙、丙按各自的实际出资比例分红

    C. 由于丙违反出资义务,其他股东可通过决议取消其当年分红资格

    D. 丙有权按 50% 的比例分红,但应当承担未足额出资的违约责任

4. 甲有限责任公司成立于 2014 年 4 月,注册资本为 1000 万元,文某是股东之一,持有 40% 的股权。文某已实缴其出资的 30%,剩余出资按公司章程规定,应在 2017 年 5 月缴足。2015 年 12 月,文某以其所持甲公司股权的 60% 作为出资,评估作价为 200 万元,与唐某共同设立乙公司。对此,下列哪一选项是正确的?( )(2017 年国家司法考试,卷三第 27 题)

    A. 因实际出资尚未缴纳完毕,故文某对乙公司的股权出资存在权利瑕疵

    B. 如甲公司经营不善,使得文某用来出资的股权在 1 年后仅值 100 万元,则文某应补足差额

    C. 如至 2017 年 5 月文某不缴纳其对甲公司的剩余出资,则甲公司有权要求其履行

    D. 如至 2017 年 5 月文某不缴纳其对甲公司的剩余出资,则乙公司有权要求其履行

5. 胡铭是从事进出口贸易的茂福公司的总经理,姚顺曾短期任职于该公司,2016 年初

第四章 两类公司通用的法律制度

离职。2016年12月,姚顺发现自己被登记为贝达公司的股东。经查,贝达公司实际上是胡铭与其友张莉、王威共同设立的,也从事进出口贸易。胡铭为防止茂福公司发现自己的行为,用姚顺留存的身份信息等材料,将自己的股权登记在姚顺名下。就本案,下列哪些选项是错误的?(　　)(2017年国家司法考试,卷三第69题)

A. 姚顺可向贝达公司主张利润分配请求权

B. 姚顺有权参与贝达公司股东会并进行表决

C. 在姚顺名下股权的出资尚未缴纳时,贝达公司的债权人可向姚顺主张补充赔偿责任

D. 在姚顺名下股权的出资尚未缴纳时,张莉、王威只能要求胡铭履行出资义务

6. 榴风公司章程规定:股东夏某应于2016年6月1日前缴清货币出资100万元。夏某认为公司刚成立,业务尚未展开,不需要这么多现金,便在出资后通过银行的熟人马某将这笔钱转入其妻的理财账户,用于购买基金。对此,下列哪些说法是正确的?(　　)(2017年国家司法考试,卷三第70题)

A. 榴风公司可要求夏某补足出资

B. 榴风公司可要求马某承担连带责任

C. 榴风公司的其他股东可要求夏某补足出资

D. 榴风公司的债权人得知此事后可要求夏某补足出资

7. 湘星公司成立于2012年,甲、乙、丙三人是其股东,出资比例为7:2:1,公司经营状况良好。2017年初,为拓展业务,甲提议公司注册资本增资1000万元。关于该增资程序的有效完成,下列哪些说法是正确的?(　　)(2017年国家司法考试,卷三第68题)

A. 三位股东不必按原出资比例增资

B. 三位股东不必实际缴足增资

C. 公司不必修改公司章程

D. 公司不必办理变更登记

【答案与解析】

1. 答案:A。

解析:《公司法司法解释(三)》第12条规定:"公司成立后,公司、股东或者公司债权人以相关股东的行为符合下列情形之一且损害公司权益为由,请求认定该股东抽逃出资的,人民法院应予支持:(1)制作虚假财务会计报表虚增利润进行分配;(2)通过虚构债权债务关系将其出资转出;(3)利用关联交易将出资转出;(4)其他未经法定程序将出资抽回的行为。"A选项中的情形在2013年《公司法》修订之后被取消,故正确答案为A。

2. 答案:A。

解析:《公司法》第28条规定,股东应当按期足额缴纳公司章程中规定的各自所认缴的出资额。股东以货币出资的,应当将货币出资足额存入有限责任公司在银行开设的账户;以非货币财产出资的,应当依法办理其财产权的转移手续。股东不按照前款规定缴纳出资的,除应当向公司足额缴纳外,还应当向已按期足额缴纳出资的股东承担违约责任。第22条第

1款规定,公司股东会或者股东大会、董事会的决议内容违反法律、行政法规的无效。可见,甲应向公司足额缴纳,还应当向已按期足额缴纳出资的股东承担违约责任,而股东会对于免除甲四万元出资义务的决议违反法律规定,应为无效决议。A选项正确,BCD选项错误。

3. 答案:B。

解析:《公司法》第34条规定,股东按照实缴的出资比例分取红利;公司新增资本时,股东有权优先按照实缴的出资比例认缴出资。但是,全体股东约定不按照出资比例分取红利或者不按照出资比例优先认缴出资的除外。本题中,成立该有限公司,约定注册资本100万元,甲、乙、丙各按20%、30%、50%的比例出资,即三者出资分别为20万元、30万元、50万元,但丙仅实缴30万元,差额20万元,所以成立该公司实缴注册资本80万元。没有约定的,应按实缴出资比例分红,B项正确。需要注意的是,丙按实缴出资比例分红,并不影响甲、乙追究其违约责任。

4. 答案:C。

解析:本题需要读者先理清楚本案的股权出资关系,之后再按照认缴资本制的原理以及非货币出资的要求来加以判断。文某是甲公司的股东,他用对甲公司的部分股权出资设立乙公司,按照《公司法》第28条对非货币财产出资应当办理财产权转移手续的规定,以及《公司法司法解释(三)》第11条所规定的,股权出资应当进行价值评估并履行有关出资转让的法定手续,可见本案文某与唐某设立的乙公司应当持有文某对其出资的甲公司的相应股权($100\% \times 40\% \times 60\% = 24\%$,即乙公司持有对甲公司24%的股权);同时文某仍持有对甲公司未出让部分的股权$[100\% \times 40\% \times (1-60\%) = 16\%]$。

选项A分析,尽管文某对甲公司的出资尚未全部缴足,但这是因为设立乙公司时,甲公司章程规定的缴足出资期日尚未届至,这是目前的认缴资本制所允许的,不能因此认为文某对于乙公司的股权出资具有瑕疵,只要文某对乙公司的股权出资经过了评估且履行了转让给乙公司的手续,股权出资就符合《公司法》第28条和《公司法司法解释(三)》第11条的要求,文某实际出资未缴纳完毕不构成《公司法司法解释(三)》第11条第1款第(2)项的权利瑕疵,故选项A的表述是错误的。

选项B分析,此项考察的是非货币出资的贬值风险如何处理。如果是因公司经营不善导致其股权价值降低,应属于市场变化因素,而不属于因评估作价等原因所产生的价值误差,故根据《公司法》第30条以及《公司法司法解释(三)》第15条,选项B是错误的。

选项C分析,依据认缴资本制的原理,2017年5月是文某缴足出资的期日,甲公司设立时文某实际出资30%,按章程规定仍应实缴剩下的70%出资的义务$[100\% \times 40\% \times (1-30\%) = 280万元]$,所以文某应当对甲公司承担继续履行其出资的责任。根据《公司法司法解释(三)》第13条的规定,甲公司有权请求文某履行出资义务,所以选项是C是正确的。

选项D分析,由于乙公司不是甲公司的直接股东,因此,至2017年5月文某不缴纳其对甲公司的剩余出资,乙公司无权要求其履行出资义务,故D选项错误。当然,可能有读者会认为,按照《公司法司法解释(三)》第 13 条的规定,如果文某到期不履行剩余的出资义务,那么,甲公司的其他股东和甲公司的债权人享有此请求权;而乙公司在 2015 年 12 月之后已经是甲公司的股东之一,也享有此请求权,这种观点有一定道理。

5. 答案:ABC。

解析:本题要求读者能够清楚地辨析冒名股东、名义股东、实际出资人的不同情形以及相关的权利义务。依据《公司法司法解释(三)》第 28 条的规定,在构成冒名股东的情形下,冒名股东本人不享有股东的权利和义务,因此无权主张利润分配,参与股东会会议决议和表决,也不承担出资不足的责任,故选项 A、B、C 均为错误,仅 D 选项的表述是正确的。

6. 答案:ABC。

解析:本题考查读者对《公司法司法解释(三)》第 14 条的理解和应用。该条的规定是"股东抽逃出资,公司或者其他股东请求其向公司返还出资本息、协助抽逃出资的其他股东、董事、高级管理人员或者实际控制人对此承担连带责任的,人民法院应予支持。公司债权人请求抽逃出资的股东在抽逃出资本息范围内对公司债务不能清偿的部分承担补充赔偿责任……"可见本题选项 A、C 正确;选项 D 中债权人的出资补足请求权需要"公司债务不能清偿"这个顺位或前提的要求,故选项 D 错误。选项 B 即马某并非《公司法司法解释(三)》第 14 条的连带责任人,但是他客观上也实施了侵害公司财产权的行为。按照我国《侵权责任法》第 8 条的规定也应当承担侵权责任。并且马某是与夏某构成共同侵权,故连带责任之表述正确,选项 B 正确。

7. 答案:AB。

解析:本题考查的是对公司增资规范的理解和运用。

《公司法》第 34 条规定:"股东按照实缴的出资比例分取红利;公司新增资本时,股东有权优先按照实缴的出资比例认缴出资。但是,全体股东约定不按照出资比例分取红利或者不按照出资比例优先认缴出资的除外。"可见,股东是否按原出资比例增资是属于股东自治的范畴。《公司法》并没有要求股东必须按出资比例增资,所以选项 A 是正确的。

依据《公司法》第 178 条的规定,有限责任公司增加注册资本时,股东认缴新增资本的出资,依照本法设立有限公司缴纳出资的规定。可见,增加注册资本适用的是公司设立时出资的规定。而依据《公司法》第 26 条第 1 款,对有限公司注册资本采认缴制,增资也不必实际缴足,故选项 B 正确。

公司资本是章程的法定记载事项。依据《公司法》第 43 条的规定,增资要由股东会代表 2/3 以上表决权的股东以决议的方式进行,应当修改章程,故选项 C 是错误的。《公司法》第 26 条规定,有限公司的注册资本是公司登记机关登记的全体股东认缴的出资额,可见增资必须办理注册资本的变更登记,《公司法》第 179 条第 2 款对此也规定了,公司增加或减少注册资本应当依法向公司登记机关办理变更登记。故选项 C 和选项 D 错误。

第三节 公司债券

一、公司债券概述

（一）公司债券的概念和特征

1. 公司债券的概念

公司债券是指公司依照法定程序发行、约定在一定期限还本付息的有价证券。公司债券是债券持有人和发行人之间以还本付息为主要内容的合同关系的凭证，是该债权债务关系证券化的表现形式。

2. 公司债券的特征

公司债券作为证券市场上一种基础性融资工具，具有一般有价证券的收益性、流通性特征，又具有自身的独特法律特征。

（1）收益性。公司债券的收益性是从债券持有人的角度来讲的，作为债券持有人的投资工具，债券能够为其带来一定的收益。债券持有人的可得收益包括两种，即固定利息收益和转让证券所得的利差收益。这两种收益也是有区别的，固定利息收益是确定的，公司必须按照债券载明的利率付息；转让所得利差收益则是不固定的，甚至可能是负值。

（2）流通性。同收益性一样，流通性是公司债券作为有价证券而固有的一般性特征，即公司债券可以在证券市场上自由转让，无须征求发行人的意见。按照债的一般理论，债权转移须向债务人告知才对债务人生效，而为了减少交易成本，公司债券的转移则无须向债务人通知。当然不同的债券转让方式上还有区别，记名债券的转让需要以背书或者其他法定的方式，而无记名债券转让的方式为直接交付该债券。

（3）要式性。公司债券的要式性是指公司债券必须具备法定的形式才得发行和流通。各国立法一般对其票面格式都有强制性要求，根据我国《公司法》第155条的规定，公司发行实物债券的，必须在债券上载明公司名称、债券票面金额、利率、偿还期限等事项，并由法定代表人签名，公司盖章。因公司发行债券面向的是社会公众或者局部范围内的不特定多数人，为减少交易成本和监管成本计，采要式性是立法的必然选择。

（4）期限性。公司债券记载的是一种金钱债权债务关系，债券持有人对公司的债权是有固定期限的，而不能同股权一样可永久性存续。在债券记载的期限到来之日，发行人须偿还本金，此时双方之间的权利义务关系随之消灭。债券存续期限是公司债券非常重要的记载事项，对于债券利息的计算、债券的流通性等有着很重要的影响。

（二）公司债券与公司股份的比较

发行公司债券和发行新股作为公司募集长期资金的两种主要途径，二者有一些相似之处。在市场投资融资这一层面上，从发行公司角度讲，二者都是公司融资的途径；从投资者角度讲，二者又都是证券市场上两种重要的投资品种。作为有价证券，二者具有有价证券的一般性特征。然而，在法律关系层面上，二者存在着本质性的区别，这些区别主要有以下几点：

（1）二者的法律关系性质不同。发行债券与发行新股是两种完全不同法律性质的行为，产生不同的法律关系。发行债券产生的是债权债务关系，所募集的资金是一种负债，是有期限的临时性财产。而发行新股产生的是股权关系，所募集的资金计入公司的资本金，是公司永久性财产。

（2）投资主体的法律地位以及享有的权利不同。公司债券是公司发给投资者的债权凭证，投资者是作为公司的债权人而存在的，享有的权利不外乎一般债权人所享有的权利范围，即要求公司支付利息并在债券到期日归还本金。而股票则是公司发给投资者投资的股权凭证，投资者是作为公司的股东身份而存在，投资者享有的是股权，包括公司的管理事务参与权以及其他财产性权利。

（3）风险收益程度不同。公司债券的利息率是固定的，记载于债券之上，与公司的经营业绩无关，无论公司盈利还是亏损，公司必须按照载明的利息率支付利息，而且在利益分配顺序上先于股东股息收益。当公司解散或者破产清算时，公司债券持有人也是先于股东分得公司财产，因此可以说公司债券的风险较小。相比而言，投资股票的风险则大一些，而且股息多少与公司经营业绩密切相关，可能高于也可能低于公司债券收益。因此可以说债券的风险低、收益低；股票的风险高、收益高。

（4）出资形式以及发行条件不同。公司债券体现的是以还本付息为主要内容的债权债务关系，投资者只能以金钱为对价来购买公司债券。而对于股票的投资者来说，获得股票的对价可以有多种选择，可以是货币出资，也可以是实物、知识产权、土地使用权等可以用货币估价并可以依法转让的非货币财产作价出资。

另外，我国《证券法》第 13 条、第 16 条分别规定了公司发行股票和公司债券不同的条件，两者在发行条件上也有较大差异。

（三）公司债券的种类

根据《公司法》和《证券法》的相关规定以及我国债券发行交易实践中的具体做法，我们可以在学理上将公司债券作出不同的分类，以助于我们加深对于公司债券的理解。

1. 记名公司债券与无记名公司债券

依公司债券上是否记载持券人的姓名或名称为标准，可把公司债券分为记名公司债券和无记名公司债券。

凡公司债券上记载债券持有人姓名或名称的为记名公司债券；反之，则是无记名公司债券。

区分记名债券与无记名债券的法律意义在于确定两者所适用的不同转让规则。记名公司债券以背书方式或者法律、行政法规规定的其他方式转让；转让后由公司将受让人的姓名或者名称及住所记载于公司债券存根簿，只有债券上载明的合法持券人才可向公司主张债权，其他任何人均无权主张。而无记名债券的转让在债券持有人将该债券交付给受让人后即发生转让的效力，任何合法的债券持有人均得向公司主张债权。

2. 担保公司债券与无担保公司债券

依公司债券有无担保为标准,可把公司债券分为担保公司债券和无担保公司债券。

(1) 担保公司债券是指以特定财产作抵押或者是附有第三人的保证而发行的公司债券。根据担保的方式不同,担保公司债券又可细分为抵押公司债券和保证公司债券。其中,以特定财产作抵押而发行的公司债券称为抵押公司债券。充当抵押品的特定财产,既可以是不动产,也可以是动产。而由第三人作为还本付息保证人而发行的公司债券称为保证债券。

(2) 无担保公司债券是指既无提供任何特定财产作抵押,也无第三人作为保证人,仅以公司的信用为基础所发行的公司债券,因此也称为信用公司债券。实践中,大多数公司债券被要求提供某种形式的担保,只有少数经营良好、信誉卓著的大公司可以发行无担保公司债券。

区分担保公司债券和无担保公司债券的法律意义在于:担保公司债券到期不能还本付息时,若是抵押公司债券,债券持有人可以通过行使抵押权来实现自己的债权;若是保证公司债券,债券持有人可以请求债券保证人履行保证义务,要求保证人还本付息。而无担保公司债券在发行公司到期不能还本付息时,债券持有人只得以普通债权人的身份提出偿债请求。因此,对投资者来讲,担保公司债券比无担保公司债券的风险小。

3. 可转换公司债券和非转换公司债券

依公司债券能否转换为公司股票为标准,可将公司债券分为可转换公司债券与非转换公司债券。

可转换公司债券是指公司债券的持有人有权在约定条件下将其持有的公司债券转换为发行公司股票的公司债券。反之,未约定债券持有人可以将债券转换为该公司股票的公司债券则为非转换公司债券。

区分可转换公司债券与非转换公司债券的法律意义主要在于:两种公司债券的持券人享有的权利不同,可转换公司债券的债权人享有一种选择权,即是否将其所持债券转换为股票的选择权,在转换前,持券人是债权人身份,只得请求利息收益;转换后,持券人是股东身份,可以分享因公司业绩增长带来的收益。而非转换公司债券的债权人则只享有到期请求还本付息的权利。

除上述几种分类外,根据债券利率是否固定,可分为固定利率公司债券与浮动利率公司债券;根据持券人是否有权参与公司利润的分配,可分为普通公司债券与参加公司债券;根据发行人是否可以提前赎回公司债券,可分为可提前赎回公司债券和不可提前赎回公司债券等。我国现行《公司法》规定了记名公司债券与无记名公司债券以及可转换公司债券与非转换公司债这两种分类。

二、公司债券的发行

公司债券的发行,是指公司为了筹集资金而依据法定条件和程序向投资者销售公司债券的行为。公司债券的发行,是公司主动负债的直接融资行为,其所面向的是证券市场内广泛的公众投资者,涉及公司以及社会公众投资者的双重利益。债券发行公司的资信状况、发行过程中的一系列行为都关乎投资者(债权人)的切身利益,同时,也影响证券交易市场的安全和秩序,因此,公司债券的发行必然要受到《公司法》《证券法》的双重规制和保障。

(一)发行主体

公司债券的发行,是公司的主动负债,公司必须按照约定的时间和利率支付利息,并到期向投资者偿还本金。因此,公司的资信和资格条件对债权人和证券市场交易安全都有重要影响,各国对债券发行的主体都有一定限制。

一般情况下,股份有限公司可以发行公司债券,这是由股份有限公司的优势地位决定的。股份有限公司资本雄厚,资金来源广泛,组织机构健全,信息公开和社会监督完善,能够有效地保证公司支付利息并偿还本金,保护债权人利益。同时,公司发行股票也积累了一定证券市场的相关经验。而对于有限责任公司等其他类型的公司,各国或地区的法律规定各有不同。

我国 1993 年《公司法》第 159 条规定:"股份有限公司、国有独资公司和两个以上的国有企业或者其他两个以上的国有投资主体投资设立的有限责任公司,为筹集生产经营资金,可以依照本法发行公司债券。"而我国 2005 年《公司法》删除了这一条文,这也就意味着,2005年《公司法》颁布之后,发行债券的公司主体已经不受旧《公司法》的限制,法不禁止即自由,只要是依法设立的有限责任公司以及股份有限公司都享有依法发行债券的主体资格。

(二)发行条件

1. 积极条件

公司债券的发行,是面对社会公众的融资手段,为防止一些不具备偿债能力的公司滥用发行权损害公众投资者的利益,发行公司债券必须符合法律规定的各项条件。我国《公司法》第 153 条第 2 款规定:"公司发行公司债券应当符合《中华人民共和国证券法》规定的发行条件。"根据我国《证券法》的相关规定,公开发行公司债券应当具备以下条件。

(1)资本条件。债券是公司的负债,为保证债权人能够到期获取利息收回本金,发行公司必须具备相应的偿债能力,净资产额能够准确反映公司的经营规模,是判断公司偿债能力的一个基本依据。我国《证券法》首先对发行债券的公司的净资产最低限额作出明确要求,发行公司债券的股份有限公司的净资产不得低于人民币 3000 万元,有限责任公司的净资产不得低于人民币 6000 万元。

(2)利润条件。公司必须按照约定如期向债券持有人支付利息,因此,公司必须有充足的利润作为支付的保障。我国《证券法》要求发行债券的公司"最近 3 年平均可分配利润足以支付公司债券 1 年的利息"。公司可分配利润,是指公司依法纳税、弥补亏损、提取公积金之后,可用于分配给股东的利润。这样的规定在一定程度上能够较好地衡量公司的经营状况,一方面极大地降低了投资公司债券的风险,保障了债权人的利益;另一方面保障了公司以债券形式融资的权利。

(3)累计债券余额。发行公司债券能够为公司提供直接资金支持,但是如果盲目发行,公司的过度负债会减弱其偿债能力,最终可能使公司资不抵债,给债权人造成极大的风险。

为防止这种情况的出现,我国规定本次发行后累计公司债券余额不超过最近一期末净资产额的40%;金融类公司的累计公司债券余额按金融企业的有关规定计算。累计债券余额是公司申请发行债券时,已经发行但尚未偿还的债券总额与此次拟发行债券额之和。将"累计债券余额"控制在净资产的40%以下,就可以把公司以债券形式负债的数额控制在一个合理的范围内,确保其充足的偿债能力,从而控制风险。

(4) 债券利率。债券的利率不得超过国务院限定的利率水平。对公司债券利率进行限制,也是国家对社会经济进行宏观调控的体现。由于公司债券的利息是在税前支付的,如果债券利率过高,则必然导致国家税收收入的减少,同时,过高的公司债券利率也可能抬高国家整个金融市场的利率,从而降低国家对金融市场的调控力。

(5) 资金投向。所筹资金的投向,是指发行公司债券后所筹集资金的用途。公司发行债券所筹资金的投向必须符合国家产业政策,必须用于核准的用途,不得用于弥补亏损和非生产性支出。这实质上反映了国家对社会经济活动的宏观调控,通过立法的形式实现国家对社会闲散资金的合理引导,以最大限度地发挥资金应有的效用。因此,发行公司债券的目的和所筹集资金的用途必须在发行时予以明确。

(6) 公司经营和内控制度。发行公司自身在日常生产经营活动中,其经营行为必须符合法律、行政法规和公司章程的规定,符合国家产业政策。由于债券发行的风险性和利益关系的辐射性,要求公司必须具备健全的内部控制制度,内部控制制度必须完整、合理、有效,不存在重大缺陷。

(7) 国务院规定的其他条件。我国《证券法》在规定发行公司债券的一般条件的同时,又通过这种"兜底条款"为政府结合新情况及时颁布一些新规定,进一步管理和规范公司债留有法律余地。

此外,上市公司发行可转换为公司股票的公司债券,除应当符合上述规定的条件外,还应当符合关于公开发行股票的条件,并报国务院证券监督管理机构核准。

2. 消极条件

发行公司债券不仅应当具备相应的积极要件,还应当符合法律规定的相关限制和禁止条件。

(1) 发行公司债的禁止条件。公司存在下列情形之一的,不得发行公司债券:① 最近36个月内公司财务会计文件存在虚假记载,或公司存在其他重大违法行为。因为公司存在此种严重失信行为,会导致经营风险,影响资信能力,给投资者带来潜在损害。② 本次发行申请文件存在虚假记载、误导性陈述或者重大遗漏。这是违反信息公开原则的违法行为,会损害社会公众的知情权和相关利益。③ 对已发行的公司债券或者其他债务有违约或者迟延支付本息的事实,仍处于继续状态。这主要有两种情况,一是公司经营出现问题,资金紧张,确实无力偿还到期债务;二是公司恶意拖欠债务违背诚信原则。无论是哪种情况,都说明公司现有的资信状况不能承担公司债务,没有资格发行债券,否则就必然危及公司债权人利益。④ 严重损害投资者合法权益和社会公共利益的其他情形。

(2) 再次发行公司债券的禁止条件。公司有下列情形之一的,不得再次公开发行公司债券:① 前一次公开发行的公司债券尚未募足。如果公司前次发行的债券尚未募足,说明公司在债券募集方式及过程、投资者吸引力等方面存在问题,因此,必须限制其在这种状况下继续发行债券,以免损害债权人利益。② 对已公开发行的公司债券或者其他债务有违约或者延迟支付本息的事实,仍处于继续状态。③ 违反法律规定、改变公开发行公司债券所募资金的用途。这种严重的失信行为违反政府宏观调控政策,可能损害国家的整体经济秩序,带来不应有的风险。

(三) 公司债券的发行程序

按照我国《公司法》《证券法》及相关规范性文件的规定,符合条件的公司公开发行公司债券时,一般应遵循下列程序:

1. 决议

申请发行公司债券,应当由公司董事会制订方案,由股东会或股东大会对下列事项做出决议:① 发行债券的数量;② 向公司股东配售的安排;③ 债券期限;④ 募集资金的用途;⑤ 决议的有效期;⑥ 对董事会的授权事项;⑦ 其他需要明确的事项。有限责任公司股东会和股份有限公司的股东大会审议公司债券发行的决议,必须经代表 1/2 以上表决权的股东通过。另外,国有独资公司发行公司债券,由国有资产监督管理机构决定。发行公司债券募集的资金,必须符合股东会或股东大会核准的用途,且符合国家产业政策。

2. 申请

公开发行公司债券,必须符合法律、行政法规规定的条件,应当由保荐人保荐,并依法向中国证券会申报。未经依法核准,任何单位和个人不得公开发行公司债券。保荐应当按照中国证监会的有关规定编制和报送募集说明书和发行申请文件。公司全体董事、监事、高级管理人员应当在债券募集说明书上签字,保证不存在虚假记载、误导性陈述或者重大遗漏,并声明承担个别或连带的法律责任。保荐人应当对债券募集说明书的内容进行尽职调查,并由相关责任人签字,确认不存在虚假记载、误导性陈述或者重大遗漏,并声明承担相应的法律责任。

债券募集说明书所引用的审计报告、资产评估报告、资信评级报告,应当由有资格的证券服务机构出具,并由至少 2 名有从业资格的人员签署。债券募集说明书所引用的法律意见书,应当由律师事务所出具,并由至少 2 名经办律师签署。债券募集说明书自最后签署之日起 6 个月内有效。债券募集说明书不得使用超过有效期的资产评估报告或者资信评级报告。

同时应当报送的文件还包括:① 公司营业执照;② 公司章程;③ 公司债券募集办法;④ 资产评估报告和验资报告;⑤ 国务院授权的部门或者国务院证券监督管理机构规定的其他文件;⑥ 保荐人出具的发行保荐书。

为债券发行出具专项文件的注册会计师、资产评估人员、资信评级人员、律师及其所在机构,应当按照依法制定的业务规则、行业公认的业务标准和道德规范出具文件,并声明对所出具文件的真实性、准确性和完整性承担责任。

3. 核准

中国证监会依照下列程序审核发行公司债券的申请：① 收到申请文件后，5个工作日内决定是否受理；② 中国证监会受理后，对申请文件进行初审；③ 发行审核委员会按照《中国证券监督管理委员会发行审核委员会办法》规定的特别程序审核申请文件；④ 中国证监会作出核准或者不予核准的决定。

发行公司债券，可以申请一次核准，分期发行。自中国证监会核准发行之日起，公司应在6个月内首期发行，剩余数量应当在24个月内发行完毕。超过核准文件限定的时效未发行的，须重新经中国证监会核准后方可发行。

首期发行数量应当不少于总发行数量的50％，剩余各期发行的数量由公司自行确定，每期发行完毕后5个工作日内报中国证监会备案。

4. 公告

为便于社会公众了解和掌握发行公司的有关财务信息及所发行的债券的基本情况，同时方便政府有关部门对整个发行过程进行监督，债券发行申请经核准，发行人应当依照法律、行政法规的规定，公告公开发行募集文件，并将该文件置备于指定场所供公众查阅。发行证券的信息依法公开前，任何知情人不得公开或者泄露该信息。

公司应当在发行公司债券前的2～5个工作日内，将经中国证监会核准的债券募集说明书摘要刊登在至少一种中国证监会指定的报刊，同时将其全文刊登在中国证监会指定的互联网网站。

根据《公司法》第154条第2款的规定，公司债券募集办法中应当载明下列主要事项：(1) 公司名称；(2) 债券募集资金的用途；(3) 债券总额和债券的票面金额；(4) 债券利率的确定方式；(5) 还本付息的期限和方式；(6) 债券担保情况；(7) 债券的发行价格、发行的起止日期；(8) 公司净资产额；(9) 已发行的尚未到期的公司债券总额；(10) 公司债券的承销机构。

在公告上述法定文件后，公司即可以向社会公开发行债券，募集资金。

5. 募集

公司发行债券，应当由证券经营机构承销。发行债券的公司委托证券承销商进行募集的方式包括代销和包销两种。公司可以发行记名债券和无记名债券，以实物券方式发行公司债券的，必须在债券上载明公司名称、债券票面金额、利率、偿还期限等事项，并由法定代表人签名，公司盖章。

6. 置备公司债券存根簿

公司债券存根簿，是记载债券持有人及债券有关事项的公司法定账簿。依《公司法》第157条的规定，公司发行公司债券应当置备公司债券存根簿，记载法定事项。这是公司管理的需要，这样可为债权人、管理部门提供查询，为记名债券转让或用于担保或产生争议时提供凭证。

置备公司债券存根簿，应区分记名公司债券和无记名公司债券，记载不同的法定事项。发行记名公司债券的，应当在公司债券存根簿上载明下列事项：(1) 债券持有人的姓名或者名称及住所;(2)债券持有人取得债券的日期及债券的编号;(3)债券总额、债券的票面金额、利率、还本付息的期限和方式;(4)债券的发行日期。发行无记名公司债券的,应当在公司债券存根簿上载明债券总额、利率、偿还期限和方式、发行日期及债券的编号。

(四)公司债券的转让与上市

公司债券作为有价证券,具有流动性和自由转让性。债券转让是指通过法定手续,使公司债券由持有人一方转让给受让一方的法律行为。通过转让行为,实现了公司债权债务的转让,丰富了证券市场的交易品种,也给潜在投资者提供了投资机会。

1. 公司债券的转让场所和方式

根据我国《证券法》第39条的规定,依法公开发行的公司债券,应当在依法设立的证券交易所上市交易或者在国务院批准的其他证券交易场所转让。

公司债券的转让方式依其种类是记名债券还是无记名债券而有所不同。依《公司法》第160条的规定,记名公司债券,由债券持有人以背书方式或者法律、行政法规规定的其他方式转让;转让后由公司将受让人的姓名或者名称及住所记载于公司债券存根簿。而无记名公司债券的转让,由债券持有人将该债券交付给受让人后即发生转让的效力。

2. 公司债券的转让价格

公司债券的转让,应当遵循公平、自愿、等价、有偿的原则,由转受让双方自行协商确定其价格。我国《证券法》规定转让债券须在依法设立的证券交易场所进行,所以双方约定转让价格的具体方式大多采用集合竞价的方式。

公司债券的转让价格主要受发行者的经营状况、盈利水平、投资回报率、市场供求关系的影响。国内外证券市场行情的变化及重大政治、经济事件等因素也会影响其交易价格,所以债券的转让价格与债券面值(或发行价格)经常不一致。

3. 公司债券的上市交易

公司债券的上市,是指已经公开发行的公司债券根据《公司法》和《证券法》的有关规定在证券交易场所挂牌交易。目前,我国公司债券上市交易的主要场所是证券交易所。公司债券在交易所的交易应当采用公开的集中竞价方式,遵循价格优先、时间优先的原则。

(1)公司债券上市交易的条件。公司债券是公众投资工具,具有一定的风险性,因此,依据我国法律规定,其申请上市的公司债券需要满足一定的条件。按照《证券法》第57条的规定,申请上市的公司债券必须符合下列条件:① 公司债券的期限为1年以上;② 公司债券实际发行额不少于人民币5000万元;③ 公司申请债券上市时仍符合法定的公司债券发行条件,如股份有限公司净资产不低于3000万元,债券余额不超过净资产的40%等。

(2)上市程序。根据《证券法》第48条、第58条的规定,申请证券上市交易,应当向证券交易所提出申请,由证券交易所依法审核同意。公司申请债券上市交易时,应当向证券交易所报送下列文件:① 上市报告书;② 申请公司债券上市的董事会决议;③ 公司章程;④ 公司营业执照;⑤ 公司债券募集办法;⑥ 公司债券的实际发行数额;⑦ 证券交易所上市规则规定的其他文件。此外,申请可转换为股票的公司债券上市交易,还应当报送保荐人出具的上市保荐书。

公司债券上市交易申请经证券交易所审核同意后,公司与交易所签订上市协议,并在规定的期限内公告公司债券上市文件及有关文件,置备于指定场所供公众查阅。

(3) 暂停上市和终止上市。公司债券上市交易后,出现下列情形之一的,由证券交易所决定暂停其公司债券上市交易:① 公司有重大违法行为;② 公司情况发生重大变化不符合公司债券上市条件;③ 发行公司债券所募集的资金不按照核准的用途使用;④ 未按照公司债券募集办法履行义务;⑤ 公司最近2年连续亏损。

公司有上述第①、④项所列情形之一经查实后果严重的,或者有第②、③、⑤项所列情形之一,在限期内未能消除的,由证券交易所决定终止其公司债券上市交易。公司解散或者被宣告破产的,由证券交易所终止其公司债券上市交易。

对证券交易所作出的不予上市、暂停上市、终止上市决定不服的,可以向证券交易所设立的复核机构申请复核。

(4) 上市和交易过程中的持续信息公开。公开原则是证券法的核心原则,为了保护投资者利益和市场交易秩序,公司债券的上市和交易都应当严格遵守公开原则。公开原则的基本要求即体现为公司的信息披露,严格完善的信息披露制度能够有效监督公司行为,保护投资公众的知情权。

第一,披露的内容。经国务院证券监督管理机构核准依法公开发行公司债券,应当公告公司债券募集办法,同时还应当公告财务会计报告。

公司债券上市交易的公司,应当在每一会计年度的上半年结束之日起2个月内,向国务院证券监督管理机构和证券交易所报送记载以下内容的中期报告,并予公告:① 公司财务会计报告和经营情况;② 涉及公司的重大诉讼事项;③ 已发行的公司债券变动情况;④ 提交股东大会审议的重要事项;⑤ 国务院证券监督管理机构规定的其他事项。

公司债券上市交易的公司,应当在每一会计年度结束之日起4个月内,向国务院证券监督管理机构和证券交易所报送记载以下内容的年度报告,并予公告:① 公司概况;② 公司财务会计报告和经营情况;③ 董事、监事、高级管理人员简介及其持股情况;④ 已发行的公司债券情况,包括持有公司股份最多的前十名股东的名单和持股数额;⑤ 公司的实际控制人;⑥ 国务院证券监督管理机构规定的其他事项。

第二,信息披露方式。依法必须披露的信息,应当在国务院证券监督管理机构指定的媒体发布,同时将其置备于公司住所、证券交易所,供社会公众查阅。

第三,信息披露的责任。上市公司董事、监事、高级管理人员应当保证上市公司所披露的信息真实、准确、完整。发行人、上市公司公告的公司债券募集办法、财务会计报告、上市报告文件、年度报告、中期报告、临时报告以及其他信息披露资料,有虚假记载、误导性陈述或者重大遗漏,致使投资者在证券交易中遭受损失的,发行人、上市公司应当承担赔偿责任;发行人、上市公司的董事、监事、高级管理人员和其他直接责任人员以及保荐人、承销的证券公司,应当与发行人、上市公司承担连带赔偿责任,但是能够证明自己没有过错的除外;发行人、上市公司的控股股东、实际控制人有过错的,应当与发行人、上市公司承担连带赔偿责任。

（五）公司债券的偿还

1. 公司债券偿还的含义

公司债券的偿还，是指债券发行公司按照事先约定的期限和利率，向债券持有人履行还本付息义务的行为。公司债券的到期偿还，是消灭公司债券的基本形式，在内容上包括还本和付息两个部分。对于投资者而言，公司债券的偿还是投资者实现投资收益的形式，具有经济上的意义。对于发行公司而言，债券的偿还也导致了投资者与发行公司之间的债权债务法律关系的消灭，具有法律上的意义。

2. 公司债券偿还的期限

由于公司债券一般都是到期偿还，所以，公司债券的偿还期限与公司债券的期限有关。一般情况下，公司债券的期限在发行时即已经确定，公司债券应到期偿还，公司不得违反债券持有人的意思随时偿还，公司债券持有人也不得要求公司随时偿还。我国《公司法》等相关法律、法规并没有对公司债券的偿还期限作出明确规定，但是《上市公司证券发行管理办法》第14条规定，可转换公司债券的期限最短为1年，最长为6年。

3. 公司债券偿还的方式

根据偿还的时间和次数的不同，公司债的偿还方式有到期一次性全部偿还与分批分期偿还之分。

（1）到期一次性全部偿还。到期一次性全部偿还，是指公司在公司债券期限届满时，按照约定的利息率，一次性偿还该次所发行公司债券的全部资金和相应的利息。实践中多采用这种偿还方式。

（2）分批分期偿还。分批分期偿还，是指公司按照事先约定的日期和利息率，分次分批逐步向债券持有人偿还本金和利息的方式，这种方式一般都需要在债券发行时预先约定。具体包括两种情形：① 发行公司先按照规定的偿还日期和利息率向公司债券持有人支付利息，然后在规定的偿还本金期限内，通过抽签方式，每年向公司债券持有人偿还部分本金，直到全部归还。② 发行公司先按照规定的日期和利息率向债券持有人支付利息，到规定的偿还本金期限届满时，再向债券持有人归还全部本金。

另外，如果在债券发行时有事先约定，公司也可以提前偿还债券，但是这种方式有时对投资者不利，因此，一般情况下不允许提前偿还。提前清偿方式主要有以下几类：

① 提前从证券市场买回债券。公开上市的债券，公司可以依据债券市场价格和利率的变动，通过提前在债券市场买回债券来合理地调度资金，获取利益。当债券的市价下跌到一定程度，公司可根据自身财务状况，从公开的证券市场上提前购回发行在外的债券予以注销，以减轻负债。

② 向债券持有人赎回债券。如果发行的是可赎回债券，发行人有权在特定的时间按照某个价格强制从债券持有人手中将其赎回。在市场利率跌至比可赎回债券的票面利率低得多的时候，债务人如果认为将债券赎回并且按照较低的利率重新发行债券，比按现有的债券票面利率继续支付利息要合算，就会将其赎回。

③ 举借新债偿还旧债。如果通过发行债券对公司经营和发展有利，其有长期利用外借

资金补充公司发展资金的需求和打算,公司可以发行新债券,偿还旧债券。举借新债还旧债可以通过直接交换、直接用新债券换回旧债券、或用现金偿还的具体方式。

三、可转换公司债券

(一)可转换公司债券的概念和特征

1. 可转换公司债券的概念

可转换公司债券,是指发行人依照法定程序发行、在一定期间内依据约定的条件可以转换成股份的公司债券。它是我国公司债券的法定种类之一。

债券持有人可以根据自身的投资需求和公司的发展状况,自主决定是否行使债券的转换权,这也是一种投资决策,而其一旦行使转换权,就会产生一系列的后果。即投资者持有的债券转换为公司股份,而债券持有人的债权人身份也就转换为股东,双方之间的法律关系也由债权债务关系转换为股权关系,公司的负债由此减少,而公司的资本相应增加。

根据《公司法》的规定,上市公司经股东大会决议可以发行可转换公司债券,并应当在公司债券募集办法中规定具体的转换办法,报经国务院证券监督管理机构核准。

2. 可转换公司债券的特征

可转换公司债券,是一种信用级别较低的、兼有债务性和股权性的中长期混合型融资和投资工具。主要有以下特征:

(1)兼具债权性和股权性。可转换公司债券是一种附认股权的债券,在转换成股份以前,公司与特定人或不特定人之间成立的是一种金钱债权债务关系,具有债权性。转换后,双方则转变为股权关系,债券持有人随即变为公司股东,享有股东的权利和义务,因此又具有股权性。

(2)具有公司债券与买入期权的双重属性。可转换公司债券蕴涵着期权属性,即债券持有人能够在约定的期限内,依据本身的意志,有权利自由选择是否以约定的条件将其持有的债券转换为发行公司的股票。因此,投资人可以选择持有债券至债券到期,要求公司还本付息;也可选择在约定时间内换股,享受股利分配或资本增值。

(二)可转换公司债券的基本要素

可转换公司债券除具有公司债券的要素外,还具有自己特殊要素,具体包括基准股票、票面利率、转股价格、转股溢价比率、赎回、回售等内容。

(1)基准股票。基准股票又称正股,是指债券持有人行使转换权,将债券转换成的发行公司的某类股票。我国公司在境内发行的可转换公司债券,其基准股票通常选择A股,在境外发行的可转换公司债券的基准股票通常选择H股。

(2)票面利率。可转换公司债券的票面利率是指债券所确定的利息率,其受市场利率、公司资信及债券要素的综合影响。可转换公司债券附有买入期权,债券持有人可获利益不限于利息收益,因此,可转换公司债券的利率通常比普通债券的利率低,有时甚至还低于同期银行存款利率。

(3)转换价格。转换价格是指可转换债券转换为每股股份所支付的价格。例如,一张面值100元的可转换公司债券上标明的转换价格为"10元/股"。这样,每张可转换公司债券就可以转换为10股基准股票。转换价格是可转换公司债券的重要条款,通常随着公司股票拆细和股份的变动情况而相应作出调整。它对投资者的收益、公司未来股权结构变动和效益增长、股票价格变动等因素有着重要的影响。

(4) 转股溢价比率。为了保护公司原有股东的利益以及公司的股权结构稳定,可转换公司债券的转股价格一般要高于可转换公司债券发行时股票的二级市场价格。一般以发行前一段时间的股票收盘价的均价上浮一定幅度作为转股价格,通常在5%～20%幅度内。而转股溢价比率就是表示转股价格与债券发行时的股价差异程度的指标,计算公式为:

$$转股溢价比率=(转股价格-股票时价)/股票时价$$

(5) 赎回。赎回是指公司股票价格在一段时期内连续高于转股价格达到某一幅度时,公司按事先约定的价格买回未转股的可转换公司债券。

赎回权实质上是一种买入期权,发行公司可以根据市场的变化而自主选择是否行使此种权利。通过债券赎回,发行公司避免了市场利率下调而造成的利率损失,同时还把这种风险转移给了投资者,在某种程度上保护了发行公司和原有股东的权益。赎回条款一般包括以下几个要素:

① 不赎回期,是指可转换公司债券从发行日至第一次赎回日的期间,在此期间内公司不得行使赎回权。不赎回期越长,股票增值的空间和可能性就越大,投资者在这段时间内有更多的机会和时间依据市场情况和自身投资需求决定是否转股,选择最有利于自己的方式,这对于投资者利益的保护是比较有利的。

② 赎回时间,是指债券发行时确定的满足债券赎回条件,发行公司可以行使赎回权的时间。按照赎回时间的不同,赎回方式可以分为定时赎回和不定时赎回。定时赎回是指债券发行时即已经约定了确定的债券赎回时间,到期公司可以依相应的价格和条件赎回发行在外的未转股的可转换公司债券。不定时赎回是指双方没有事先约定赎回时间,公司可根据基准股票价格的走势,以一定的价格行使赎回权。

③ 赎回价格,是事先约定的赎回可转换公司债券应当支付的价格,它一般为可转换公司债券面值的103%～106%。

④ 赎回条件,是指在何种情况下,发行公司可以行使赎回权利,这是赎回条款中最为重要的因素。按照赎回条件的不同,赎回可以分为无条件赎回(硬赎回)和有条件赎回(软赎回)。

(6) 回售,是指公司股票价格在一段时期内连续低于转股价格达到某一幅度时,可转换公司债券持有人有权按事先约定的价格将所持债券卖给发行人。

债券回售是投资者向发行公司转移风险的一种方式,在一定程度上保护了投资者的利益,因此也更加吸引投资者。回售权实际是一种卖出期权,它赋予投资者可以根据市场的变化而选择是否行使回售权的权利。回售条款一般包括以下两个要素:

① 回售时间,是事先约定的,投资者可以把所持有的债券回售给发行公司的时间。回售期限一般为可转换公司债券偿还期的1/3,10年以上的可转换公司债券,回售时间大约为

5年以上。

② 回售价格,是投资者按照事先约定的发行公司买回债券的价格,一般比市场价格略低,但高于可转换公司债券的票面价格,这保证了投资者在证券市场波动的情况下,也能获得稳定的收益。因此附有回售条款的可转换公司债券更受投资者的欢迎。

(三)可转换公司债券的发行

1. 可转换公司债券的发行主体条件

我国《公司法》《证券法》以及《上市公司证券发行管理办法》等法律、法规对公司发行可转换公司债券的条件作出了明确规定。我国目前只有上市公司以及重点国有企业有资格发行可转换公司债券。

由于可转换公司债券具有股票与债券的双重属性,因此发行可转换公司债券既需要满足公开发行股票的条件,又需要满足公开发行债券的条件。我国《公司法》和《证券法》对股票和债券的公开发行都规定了相应的条件。

此外,《上市公司证券发行管理办法》第14条第1款规定,公开发行可转换公司债券的公司,除应当符合本章第一节规定外,还应当符合下列规定:(1)最近3个会计年度加权平均净资产收益率平均不低于6%;(2)本次发行后累计公司债券余额不超过最近一期末净资产额的40%;(3)最近3个会计年度实现的年均可分配利润不少于公司债券1年的利息。《上市公司证券发行管理办法》第20条规定,公开发行可转换公司债券,除最近一期末经审计的净资产不低于人民币15亿元的公司以外,都应当提供担保,并应做全额担保。担保范围包括债券的本金及利息、违约金、损害赔偿金和实现债权的费用。以保证方式提供担保的,应当为连带责任担保,且保证人最近一期经审计的净资产额应不低于其累计对外担保的金额。证券公司或者上市商业银行以外的上市公司不得作为发行可转换公司债券的担保人。以抵押或质押方式提供担保的,抵押或质押财产应经有资格的资产评估机构评估,且估值应不低于担保金额。

2. 可转换公司债券的发行程序

可转换公司债券的发行程序与公司债券发行程序基本相同,也需要经过股东大会决议、委托证券公司提出发行申请并保荐、中国证监会核准、公开发行等环节。

(1)决议或同意。上市公司发行可转换公司债券应经股东大会作出决议,重点国有企业发行可转换公司债券应经主管部门同意。股东大会作出的发行可转换公司债券的决议或者国有企业主管部门同意发行可转换公司债券的文件,应当至少包括以下内容:① 可转换公司债券的发行总额;② 票面金额;③ 可转换公司债券利率;④ 转股价格的确定和修正;⑤ 转股期;⑥ 募集资金用途;⑦ 可转换公司债券还本付息的期限和方式;⑧ 赎回条款及回售条款;⑨ 股东大会决定的或者国有企业主管部门同意的其他事项。股东大会决议还应当包括股东购买可转换公司债券的优先权的内容。可转换公司债券的期限为1~6年。

(2)申请和批准。上市公司股东大会作出发行可转换公司债券决议后,应向国务院证券监督管理部门申请核准。上市公司公开发行可转换公司债券应当由保荐人保荐,并向中国证监会申报。

保荐人应当按照中国证监会的有关规定编制和报送发行申请文件。中国证监会依照下列程序审核发行证券的申请：① 收到申请文件后，5个工作日内决定是否受理；② 中国证监会受理后，对申请文件进行初审；③ 发行审核委员会审核申请文件；④ 中国证监会作出核准或者不予核准的决定。自中国证监会核准发行之日起，上市公司应在6个月内发行证券；超过6个月未发行的，核准文件失效，须重新经中国证监会核准后方可发行。

(3) 公布可转换公司债券募集说明书。发行可转换公司债券，发行人必须公布可转换公司债券募集说明书。募集说明书应当包括下列内容：① 发行人的名称；② 批准发行可转换公司债券的文件及其文号；③ 发行人的基本情况介绍；④ 最近3年的财务状况；⑤ 发行的起止日期；⑥ 可转换公司债券票面金额及发行总额；⑦ 可转换公司债券利率和付息日期；⑧ 募集资金的用途；⑨ 可转换公司债券的承销及担保事项；⑩ 可转换公司债券偿还方法；申请转股的程序；转股价格的确定和调整方法；转换期；转换年度有关利息、股利的归属；赎回条款及回售条款；转股时不足一股金额的处理；中国证监会规定的其他事项。

公开募集债券说明书自最后签署之日起6个月内有效。公开募集债券说明书不得使用超过有效期的资产评估报告或者资信评级报告。上市公司在公开发行债券前的2～5个工作日内，应当将经中国证监会核准的可转换公司债券募集说明书摘要或者募集意向书摘要刊登在至少一种中国证监会指定的报刊，同时将其全文刊登在中国证监会指定的互联网网站，置备于中国证监会指定的场所，供公众查阅。

(4) 发行。可转换公司债券采取记名式无纸化发行方式，由证券承销机构承销，同时应当聘请具有保荐资格的机构担任保荐人，证券承销机构应当具有股票承销资格。承销方式由发行人与证券承销机构在承销协议中约定。发行人和证券经营机构应当在可转换公司债券承销期满后的15个工作日内，向中国证监会提交承销情况的书面报告。

(四) 可转换公司债券的上市交易

可转换公司债券可以在证券交易所公开上市交易，由于可转换公司债券到期可转换为公司股票，因而一般情况下，可转换公司债券的上市是在本公司股票上市的证券交易所内进行。根据我国上海证券交易所的交易规则，可转换公司债券的上市程序、交易规则、发行人的持续信息披露义务等与公司债券大同小异。此处仅介绍可转换公司债券交易的特殊之处。

根据转股权是否可以独立存在和转让，我国证券市场的可转换公司债券交易存在两种方式：(1) 转股权利附属于可转换公司债券的统一转让；(2) 转股权可以与债券分离的单独转让。

(1) 统一转让。一般情况下，公司发行的可转换公司债券，转股权利是附属于债券本身的有机组成部分，不能与债券分离交易。债券持有人转让债券时，转股权必然随债券一并转让。转股权的行使以债券的存在为依据，受让人取得了可转换公司债券所有权，也就相应地取得了蕴涵其中的转股权，受让人既可以以债权人的身份获得利息收入及偿还的本金，还可以依据股票市场价格变动及自身投资需求决定是否到期行使转股权，成为公司股东。

(2) 分离交易。分离交易的可转换公司债券，转股权与债券本身是独立的，二者可以分离交易和转换。转股权的权利形式从债券中抽离出来,以"认股权证"的独立形式存在,这种认股权证可以在证券市场中单独交易转让,而不依附于债券的占有和转让,在此种交易模式下,债券与认股权证可以分属于不同的持有者。

分离交易的可转换公司债券通常规定每100元面值的债券附送多少面值的认股权证,债券持有人在行权时即依此约定来转换股票。持有附认股权证的可转换公司债券的投资者,同时拥有债券及认股权证的所有权,其可以以债权人身份获得利息,到期获取本金,也可以到期选择行使认股权,转换为一定数额的公司股票。另外,投资者还可以在证券市场上公开转让可转换公司债券,其可以把债券与认股权证同时一并转让,也可以单独转让认股权证,自身仍然持有债券,仅仅作为公司的债权人获取利息和本金。而认股权证的受让人则仅仅拥有认股权证标明的权利,如果股票市价高于认股价,其可以依约定到期按照认股权证上标明的认股价从发行人处购买股票,如果股票价格低于认股价,受让人可以放弃行权。

由于可转换公司债券包括了债券与认股权证两种证券品种,投资者可以获得多种投资机会和投资组合,也可以创造更多的盈利机会,因此,分离交易的可转换公司债券比较受投资者欢迎。这样一种创新性的复杂投资品种对于发行公司和证券市场的风险控制和监管提出了更高的要求,我国法律也对分离交易的可转换公司债券规定了更严格的交易条件和规程。

分离交易的可转换公司债券应当申请在上市公司股票上市的证券交易所上市交易。分离交易的可转换公司债券中的公司债券和认股权分别符合证券交易所上市条件的,应当分别上市交易。

分离交易的可转换公司债券的期限最短为1年。债券的面值、利率、信用评级、偿还本息、债权保护适用可转换公司债券的一般规定。认股权证上市交易的,认股权证约定的要素应当包括行权价格、存续期间、行权期间或行权日、行权比例。认股权证的行权价格应不低于公告募集说明书日前20个交易日公司股票均价和前一个交易日的均价。认股权证的存续期间不超过公司债券的期限,自发行结束之日起不少于6个月。募集说明书公告的权证存续期限不得调整。认股权证自发行结束至少已满6个月起方可行权,行权期间为存续期限届满前的一段期间,或者是存续期限内的特定交易日。分离交易的可转换公司债券募集说明书应当约定,上市公司改变公告的募集资金用途的,赋予债券持有人一次回售的权利。

(五)可转换公司债券的转换

可转换公司债券期限届满后会出现两种结果:(1)债券持有人行使转股权,将持有的债券转换为股票;(2)发行人对未转股的债券进行偿付。公司债券的转换是其区别于普通债券的显著标志。我国法律规定公司发行可转换公司债券的募集说明书中必须对股份转换以及债券偿还事项作出明确的规定,以公平保护债券持有人的利益。

1. 转换权

转换权,即债券持有人享有的将其所持有的债券转换为发行公司股份的权利。债券持有人行使转换权的法律行为,是单务法律行为,一旦行使就会对双方之间的权利义务产生根本的影响。虽然转换权的性质在学界还存在争议,但是综合来看,转换权比较符合形成权的特性,这样解读也有利于债券持有人保护。

债券持有人的转换权以及权利行使的期限、条件都在债券发行时予以约定,债券持有人在期限内可以自由决定是否行使转换权,同时有权按照预先的约定和条件直接请求发行公司予以转换成股票,而发行公司则负有将可转换公司债券换发为发行公司新股的义务,转换的请求在送达发行公司的交付场所即发生法律效力,发行公司必须及时为债权人换发新股。如果发行公司不按照约定应债券持有人的转股请求换发新股,那么发行公司则构成违约,债券持有人可以追究发行公司的违约责任。我国《公司法》第162条规定:"发行可转换为股票的公司债券的,公司应当按照其转换办法向债券持有人换发股票,但债券持有人对转换股票或者不转换股票有选择权。"

2. 转换期

转换期是指可转换公司债券可以转换为股票的期限。转换期并不一定与可转换公司债券的存续期限相同。根据不同的情况,转换期通常有以下四种:(1)发行后某日至到期日前;(2)发行后某日至到期日;(3)发行后至到期日前;(4)发行后至到期日。

在前两种情况下,发行公司锁定了一个特定的期限,在该期限内不受理转股事宜,目的是不希望过早地将负债变为资本金,从而稀释原有的股东权益。后两种情况下,虽然转换期与可转换公司债券的存续期间相同,但由于转股价格通常要高于当时基准股票的市场价格,因此投资者一般也不会立即行使转股权。

根据我国《上市公司证券发行管理办法》,可转换公司债券自发行结束之日起6个月后方可转换为公司股票,转股期限由公司根据可转换公司债券的存续期限及公司财务状况确定。债券持有人对转换股票或者不转换股票有选择权,并于转股的次日成为发行公司的股东。

3. 转换价格

转股价格,是指募集说明书事先约定的可转换公司债券转换为每股股份所支付的价格。为了平衡公司老股东与潜在新股东之间的利益平衡,我国规定转股价格应不低于募集说明书公告日前20个交易日该公司股票交易均价和前一交易日的均价。

可转换公司债券发行后,发行人可能根据实际情况对可转换公司债券的转换价格进行调整,如果公司的重大资本或资产调整可能引起股票价格下跌,那么就需要调整转股价格,否则原定的转股价格就有可能远远高于当前的股价,使得转股不能进行。因此,在一定条件下,必须对转股价格进行调整,发行可转换公司债券后,因配股、增发、送股、派息、分立及其他原因引起上市公司股份变动的,应当同时调整转股价格。而发行公司的募集说明书应当约定转股价格调整的原则及方式。募集说明书约定转股价格向下修正条款的,应当同时约定:(1)转股价格修正方案须提交公司股东大会表决,且须经出席会议的股东所持表决权的2/3以上同意。股东大会进行表决时,持有可转换公司债券的股东应当回避。(2)修正后的转股价格不低于前项规定的股东大会召开日前20个交易日该公司股票交易均价和前一交易日的均价。

4. 转换权的行使

转换权的行使也必须符合一定的条件和程序,才能发生股票转换的效力。

(1) 向发行人提出转换请求书。这应当是债券持有人发出,并且应当以书面形式,在规定的期限内以约定的方式向发行公司发出转股请求。投资者根据持有的可转换公司债券的面值,按照转换价格,通过开户的证券营业部申报转换成公司股票的股份数量。

(2) 向发行公司提交债券。债券持有人应当向公司提交所持有的债券以换发股份。

(3) 转股登记。证券登记结算公司根据有效申报,对投资者账户的股票和可转换公司债券的持有数量做相应的变更登记。债券持有人于转股的次日成为发行公司的股东。

5. 转换效力

转换效力包括以下四个方面:

(1) 债券持有人由债权人转变为公司股东。债券持有人在持有债券阶段是公司的债权人,有权要求公司到期还本付息,一旦行使转换权,其所持有的债券就转换为公司的股份,可转换公司债券的持有人身份即由债权人转变为发行公司的股东。其享有的不再是债权,而是股东权。

(2) 双方法律关系的变更。可转换公司债券标志的是发行公司与投资者的债权债务关系,发行公司负有到期偿付本息的义务。一旦可转换公司债券转换为股份,双方之间的债权债务法律关系即消灭,转变为公司与股东的权利义务关系。

(3) 原债券丧失效力。可转换公司债券转换为股份以后,债券本身即已经失去了代表双方债权关系凭证的地位和效力,双方的权利义务关系以股票为标志。对于所持债券面额不足一股股份的部分,发行公司应当以现金偿还。

(4) 发行公司资本增加,债务减少。公司债券转换为公司股份,直接导致公司增发新股,从而增加了公司的资本总额。同时,可转换公司债券转换为股份以后,债券效力灭失,以此所代表的债务也相应消灭,公司的负债即相应减少。

四、公司债券持有人的权益保护

(一) 公司债券持有人权益保护的必要性

公司债券是通过整体、批量的发行方式形成的集团债务。与普通债务不同,公司债券的债权人众多且分散,而普通债权债务的内容单一,债权人、债务人相对性强。以发行有价证券的方式,向社会不特定的多数人主动负债,债券发行数额较大,期限长且具有可流通性,使得公司债券持有人具有人数多、分散性和不确定性的特点,双方的利益链条又延伸到了证券市场,因此公司债券持有人与公司的普通债权人的地位和风险承担情况有所不同,债券持有人作为债权人在与发行公司博弈的过程中,容易处于劣势,其权利和利益容易被发行公司所侵害。如果公司债券持有人的合法权益得不到合理保护,不仅会损害社会广大投资者的利益,还会打击潜在投资者的信心,影响证券市场的合理秩序。

因此,从法律层面和现实制度上保护债券持有人的各项权益是实践中亟待解决的问题。我国不仅在一般债权保护制度中对公司债券持有人提供了保护依据,而且《公司法》和《公司债券发行与交易管理办法》对债券持有人还规定了债券持有人会议和债券受托管理人等特殊的保护制度。

（二）债券持有人的一般保护制度

公司债券表彰债券发行公司与债券持有人之间的债权债务法律关系。发行公司负有到期向投资者支付利息及偿还本金的义务，投资者也有权行使债权人的权利，要求发行公司履行义务。如果发行公司不按照约定支付利息，以及到期不偿还本金，就属于违约行为，应当按照有关法律的规定和发行合同的约定承担违约责任。由于债券本身就是债务凭证，因此，可以按照债权保护的一般方式来保护债权人的利益。

公司在发行债券的同时，为了保证债券的偿付以及吸引投资者，可以提供担保，具体形式包括保证、质押、抵押等，这使得债券持有人的利益有了更加有力的保障。当发行公司违约时，投资者可以通过行使担保权来保护自己的权益，我国法律规定为公司债券提供担保的，应当符合下列规定：(1) 担保范围包括债券的本金及利息、违约金、损害赔偿金和实现债权的费用；(2) 以保证方式提供担保的，应当为连带责任保证，且保证人资产质量良好；(3) 设定担保的，担保财产权属应当清晰，尚未被设定担保或者采取保全措施，且担保财产的价值经有资格的资产评估机构评估不低于担保金额；(4) 符合《物权法》《担保法》和其他有关法律、法规的规定。公开发行可转换公司债券，应当提供担保，但最近一期未经审计的净资产不低于人民币15亿元的公司除外。

提供担保的，应当为全额担保，担保范围包括债券的本金及利息、违约金、损害赔偿金和实现债权的费用。以保证方式提供担保的，应当为连带责任担保，且保证人最近一期经审计的净资产额应不低于其累计对外担保的金额。证券公司或上市公司不得作为发行可转换公司债券的担保人，但上市商业银行除外。设定抵押或质押的，抵押或质押财产的估值应不低于担保金额。估值应经有资格的资产评估机构评估。

（三）债券持有人的特殊保护制度

1. 债券持有人会议

(1) 债券持有人会议制度概述。债券持有人会议，又被称为公司债券债权人会议，是指由同一次公司债券持有人组成的，对有关公司债券持有人共同利益的事项作出决议，所作决议对同一次公司债券持有人全体发生效力的临时性合议组织。

债券发行人往往是资本市场上具有较高知名度的大型公司，具有较强的实力和较高的专业水平。而债券持有人的专业水平参差不齐，分布比较分散，持有期长短不一，投资目的与偏好也不尽相同，容易出现分歧和内耗。基于债券投资者的弱势地位，债券市场较为发达的国家，特别是大陆法系国家，均采用债券持有人会议制度，将债券持有人会议作为债券投资者的意思表示机构和利益代表，为债券持有人提供整体的保护。债券持有人会议可以有效地提供给债权人以诉求表达机制，保护债权人利益。同时，多数决机制有利于协调债券投资者的立场，形成利益共同体，也使得债券发行人与债券投资者进行实质性的协商和对话成为可能。

债券持有人会议与股东大会都是公司的非常设机构，但是股东大会是公司组织机构，而债券持有人大会则是公司临时性的决议机构,不属于公司的组织机构,二者的法律地位、职能、议事规则都不一样。在公司破产程序中存在债权人会议制度,其是为了在破产过程中便于债权人集中表达意愿,保护债权人利益,在这一点上债券持有人会议与其有异曲同工之妙,但是,债券持有人会议则是公司债的债权人,他们不同于公司一般债权人,二者在适用情形、组成及权限方面均有差异。

(2) 债券持有人会议的组成。我国现行法律、法规没有对债券持有人会议的组成人员作出明确规定。实践中,公司债券持有人会议必须由同一次发行的公司债券持有人组成。不同次的公司债券的持有者很难有共同利益,甚至可能存在利益冲突,因此将会议成员限于同一次发行的公司债券持有人是合理的。

(3) 债券持有人会议的召集。根据各国的通常惯例,公司债券持有人会议的召集人即可以是发行公司,也可以是持有公司债券一定比例的投资者,也可以是公司债的管理人。

(4) 债券持有人会议规则。公司应当与债券受托管理人制定债券持有人会议规则,约定债券持有人通过债券持有人会议行使权利的范围、程序和其他重要事项。公司应当在债券募集说明书中约定,投资者认购本期债券视作同意债券持有人会议规则。

发行债券的公司存在下列情况,可能影响债券持有人利益时,债券受托管理人应当召开债券持有人会议:① 拟变更债券募集说明书的约定;② 拟修改债券持有人会议规则;③ 拟变更债券受托管理人或受托管理协议的主要内容;④ 发行人不能按期支付本息;⑤ 发行人减资、合并、分立、解散或者申请破产;⑥ 保证人、担保物或者其他偿债保障措施发生重大变化;⑦ 发行人、单独或合计持有本期债券总额 10% 以上的债券持有人书面提议召开;⑧ 发行人管理层不能正常履行职责,导致发行人债务清偿能力面临严重不确定性,需要依法采取行动的;⑨ 发行人提出债务重组方案的;⑩ 发生其他对债券持有人权益有重大影响的事项。在债券受托管理人应当召集而未召集债券持有人会议时,单独或合计持有本期债券总额 10% 以上的债券持有人有权自行召集债券持有人会议。

公司债券持有人会议是一个会议机构,在对相关事项作出决议时应当贯彻债券多数决的表决原则。公司债券持有人以其持有的债券为单位,享有表决权,一般事项只需过半数通过则可。

2. 债券受托管理人制度

(1) 债券受托管理人制度概述。公司债券受托管理人制度,是基于公司债券的长期性、集体性,依据信托的原理,选定一个受托人,将公司债券持有人对公司债券的监督管理事项信托给受托人,由受托人以自己的名义,为公司债券持有人利益,监督管理公司债券事务的一项信托制度。该制度利用信托原理间接确认了债券持有人的团体性,兼具财产信托与事务信托的法律性质。债券受托管理人就是在发行公司债券的过程中,受让债券有关的财产权利并允诺代债券持有人进行管理、处分的人。

公司债券受托管理制度是受托人制度在现代金融领域的新发展,是为了更好地保护债券持有人的利益。成员广泛、组织松散的债券持有人通过信托制度,由独立的专业组织和机构来代表其处理相关事务,保护债券持有人的整体利益。债券受托人制度与债券持有人会议制度相互补充,相辅相成,共同提高持有人权利行使的时效和功用。

我国《公司债券发行与交易管理办法》第48条第1款规定:"发行公司债券的,发行人应当为债券持有人聘请债券受托管理人,并订立债券受托管理协议;在债券存续期限内,由债券受托管理人按照规定或协议的约定维护债券持有人的利益。"发行债券的公司应当在债券募集说明书中约定,投资者认购本期债券视作同意债券受托管理协议。可见,债券受托管理人是一项强制要求设立的制度。

(2) 债券受托管理人的选任。债券受托管理人与债券持有人是委托代理的关系,因此应当为债券持有人的最大利益行事,不得与债券持有人存在利益冲突。根据《公司债券发行与交易管理办法》,债券受托管理人由本次发行的保荐人或者经中国证监会认可的其他机构担任。但是证监会不得指定为本次发行提供担保的机构担任本次债券发行的受托管理人。

(3) 债券受托管理人的职责。根据《公司债券发行与交易管理办法》,债券受托管理人应当履行下列职责:① 持续关注发行人和保证人的资信状况、担保物状况、增信措施及偿债保障措施的实施情况,出现可能影响债券持有人重大权益的事项时,召集债券持有人会议;② 在债券存续期内监督发行人募集资金的使用情况;③ 对发行人的偿债能力和增信措施的有效性进行全面调查和持续关注,并至少每年向市场公告一次受托管理事务报告;④ 在债券存续期内持续督导发行人履行信息披露义务;⑤ 预计发行人不能偿还债务时,要求发行人追加担保,并可以依法申请法定机关采取财产保全措施;⑥ 在债券存续期内勤勉处理债券持有人与发行人之间的谈判或者诉讼事务;⑦ 发行人为债券设定担保的,债券受托管理协议可以约定担保财产为信托财产,债券受托管理人应在债券发行前或债券募集说明书约定的时间内取得担保的权利证明或其他有关文件,并在担保期间妥善保管;⑧ 发行人不能偿还债务时,可以接受全部或部分债券持有人的委托,以自己名义代表债券持有人提起民事诉讼、参与重组或者破产的法律程序。

【测试题】

1. 股票和债券是我国《证券法》规定的主要证券类型。关于股票与债券的比较,下列哪一表述是正确的?(　　)(2011年国家司法考试,卷三第33题)

A. 有限责任公司和股份有限公司都可以成为股票和债券的发行主体
B. 股票和债券具有相同的风险性
C. 债券的流通性强于股票的流通性
D. 股票代表股权,债券代表债权

2. 张某年老多病,其好友李某对其饮食起居悉心照顾多年。张某为报答李某,多次表示将其持有的某股份有限公司的记名公司债券赠与李某。2010年8月,张某因病去世。李某便一直持有该公司债券。2013年2月,该债券到期,李某持有该债券请求公司还本付息,遭公司拒绝。李某遂将此事诉诸法院。

问:该公司债券是否归李某所有?公司应否向李某还本付息?

3. 依据我国《证券法》的相关规定,关于证券发行的表述,下列哪一选项是正确的?

( )（2013年国家司法考试，卷三第32题）

A. 所有证券必须公开发行，而不得采用非公开发行的方式

B. 发行人可通过证券承销方式发行，也可由发行人直接向投资者发行

C. 只有依法正式成立的股份公司才可发行股票

D. 国有独资公司均可申请发行公司债券

4. 某上市公司为募集生产资金，决定发行债券。经批准，该公司于2003年5月发行了公司债券5000万元（债券总额），还本付息的期限是3年，此次发行的全部为可转换为股票的公司债券。公司债券发行完毕，所筹资金全部到位后，公司担心因债券到期还本付息而影响资金周转，因此决定将该公司此次发行的所有债券转换为公司的股票，让其与公司共担风险。债券持有人反对公司这种做法，遂将其诉诸法院。

问：享有该可转换公司债券转换权的主体是谁？该公司自主决定将其发行的债券转换成股票的做法是否合法？

【答案与解析】

答案：1. D。

解析：选项A错误。作为筹资手段，无论是国家、地方、公共团体还是企业，都可以发行债券，而股票则只有股份制企业才可以发行。

选项B错误。股票的风险性大于债券的风险性。债券交易转让的周转率比股票低，由于股票交易转让的周转率高，市场价格变动幅度大，可能暴涨暴跌，安全性低，风险大，但往往能够获得很高的预期收入。

选项C错误。股票的流通性大于债券的流通性。

选项D正确。债券和股票实质上是两种性质不同的有价证券，二者反映着不同的经济利益关系。债券所代表的是对公司的一种债权，而股票所代表的是股东的财产权。权属关系不同，决定了债券的持有者无权参与公司的经营管理，而股票的持有者，则有权直接或间接地参与公司的经营管理。

2. 解答：公司债券的转让，是指通过法定手续，使公司债券由持有人一方转让给受让方的法律行为。公司债券的转让方式依其种类是记名债券还是无记名债券而有所不同。依《公司法》第160条的规定，记名公司债券，由债券持有人以背书方式或者法律、行政法规规定的其他方式转让；转让后，由公司将受让人的姓名或者名称及住所记载于公司债券存根簿。无记名公司债券的转让，由债券持有人将该债券交付给受让人后即发生转让的效力。本案中，尽管张某曾多次表示将其记名公司债券赠与李某，但并未通过背书方式或者法律、行政法规规定的其他方式转让给李某，且也未由公司将受让人的姓名或者名称及住所记载于公司债券存根簿，因此，该记名债券并不因李某的口头表示发生转让的法律效力。李某并不能取得该债券的所有权，公司无须向其还本付息。

3. D。《证券法》第10条规定，证券发行有公开发行和非公开发行两种方式，故A选项错误。

根据《证券法》第 28 条的规定,发行人向不特定对象公开发行证券,法律、行政法规规定应当由证券公司承销的,发行人必须采取承销方式。其他向特定对象公开发行证券以及不公开发行证券的,《证券法》并不要求必须采取承销方式,而是可以直接发行,但是 B 选项笼统地说"也可由发行人直接向投资者发行"则有误。

股份公司发行股票包括设立公司时的募集股份和公司设立后的发行新股。募集股份发生在公司成立前,由发起人进行募集,此时公司未成立,因此当然不能说只有依法正式成立的股份公司才可以发行股票,故 C 选项错误。

《证券法》第 16 条规定了发行公司债券的条件,只要符合法定条件,不论是股份公司、有限责任公司还是国有独资公司均可发行公司债券,故 D 选项正确。

4. 解答:可转换公司债券,是指发行人依照法定程序发行、在一定期间内依据约定的条件可以转换成股份的公司债券。根据《公司法》的规定,上市公司经股东大会决议可以发行可转换公司债券,并应当在公司债券募集办法中规定具体的转换办法,报经国务院证券监督管理机构核准。从其本质而言,可转换公司债券具有公司债券与买入期权的双重属性,是一种混合性的金融品种。其期权属性赋予投资人在一定期限内,依据本身的自由意志,选择是否以约定的条件将持有的债券转换为发行公司的股票的权利。因此,投资人可以选择持有债券至债券到期,要求公司还本付息;也可选择在约定时间内换股,享受股利分配或资本增值。可见,对可转换公司债券享有转换权的主体是债券持有人,而不是发行债券的公司。

可转换公司债券一般比普通债券的价格高,而且利息较低。债权人以此高代价获得的转换权不能被公司随意剥夺。因此,案中该公司自主将其已经发行的可转换公司债券转换成股票,违反了证券市场最基本的公平原则,也违反了《公司法》的规定。

第四节 公司的财务会计制度

一、公司财务会计制度概述

(一)公司财务会计制度的概念和特征

公司财务会计制度是指由法律、法规和公司章程所确立的公司财务、会计的处理规则,包括公司财务制度和会计制度。公司财务制度是指有关公司的资金筹集、使用和分配的规则。公司会计制度是对公司经营业务和相关活动进行会计核算,实行会计监督的规则。我国《公司法》第八章以专章的形式对公司财务会计制度进行了规范。

公司财务会计制度为公司的内部管理制度,但与公司的一般规章制度相比,具有如下特征:

(1)公司财务会计制度具有强制性。公司虽为私法上的商主体,公司自治是其活力的保证,但公司运营中必须建立符合国家法律规定的财务会计制度。根据《公司法》第 163 条的规定,公司应当依照法律、行政法规和国务院财政部门的规定建立本公司的财务、会计制度。

(2) 公司财务会计制度具有规范性。公司的财务会计制度必须遵循法律、法规的基本规定,必须奉行通用的商业语言和商业规则。这是因为,公司财务会计制度虽属于公司的内部事务,但由于公司的活动涉及股东、债权人和社会公共利益,要让投资人、债权人及相关主管机关能够对公司的经营情况、财务情况有比较清晰的了解,财务会计记载必须具有规范性。

(3) 公司财务会计制度具有统一性。根据《会计法》第8条第1款的规定,国家实行统一的会计制度。国家统一的会计制度由国务院财政部门根据《会计法》制定并公布。

(二) 公司财务会计制度的功能

我国《公司法》对公司财务会计制度作出了基本规定,财务会计制度方面的一些具体内容则由《会计法》《企业会计准则》《企业财务通则》等专门法律、法规规定。各类公司都必须建立健全其公司内部各项财务会计制度,这是公司财务会计制度的自身功能决定的。其主要功能体现在:

(1) 有利于保护投资者和债权人的利益。投资者除参加决定公司一些重大事项外,一般不参与日常的生产经营活动,投资者往往是通过了解公司的生产经营状况和公司的财务状况,来维护自身利益。公司的资产作为其对债权人的担保,资产状况如何,资产的经营状况如何,直接涉及债权人的债权能否得到清偿。财务会计工作的规范化,可以保证公司正确核算经营成果,合理分配利润,可以保证公司资产的完整,使债权人的利益得到保护。

(2) 有利于保护社会公共利益和职工集体利益。公司,尤其是股份有限公司,比起一般企业的社会经济影响大得多,为维护其稳定、健康地发展,进而维护社会秩序,因此,有必要对公司的公积金提存等作出统一的规定。同时,为防止公司片面追求利润最大化而忽视职工经济利益,对公积金制度作出规定也是十分重要的。

(3) 有利于吸收社会投资。公司财务会计制度的规范化和公开化,可使社会各方面都能方便地了解到公司的经营状况和盈利能力。对经营状况比较好的公司,可以起到吸收社会投资的作用。

(4) 有利于政府的宏观管理。公司在统一的财务会计制度规定下筹集分配资金,记录、反映经济业务,这有利于政府掌握情况,制定政策,实施管理。

(三) 公司财务会计制度的基本要求

根据《公司法》及相关法律、法规,公司财务会计制度主要有如下基本要求:

(1) 公司应当依照法律、行政法规和国务院财政部门的规定建立本公司的财务、会计制度。

(2) 公司应当在每一会计年度终了时编制财务会计报告,并依法经会计师事务所审计。财务会计报告应当依照法律、行政法规和国务院财政部门的规定制作。

(3) 公司聘用、解聘承办公司审计业务的会计师事务所,依照公司章程的规定,由股东会、股东大会或者董事会决定。公司股东会、股东大会或者董事会就解聘会计师事务所进行表决时,应当允许会计师事务所陈述意见。

(4) 公司应当向聘用的会计师事务所提供真实、完整的会计凭证、会计账簿、财务会计报告及其他会计资料,不得拒绝、隐匿、谎报。

(5) 公司除法定的会计账簿外,不得另立会计账簿。对公司资产,不得以任何个人名义开立账户存储。

二、公司的财务会计报告制度

(一) 公司财务会计报告的概念和构成

公司的财务会计报告,是指公司业务执行机构在每一会计年度终了时制作的反映公司财务会计状况和经营效果的书面文件。公司应当在每一会计年度终了时编制财务会计报告,并依法经会计师事务所审计。公司财务会计报告一般包括如下内容:

(1) 资产负债表。资产负债表是反映公司在某一特定日期财务状况的报表。它是根据"资产=负债+所有者权益"这一会计公式,按资产、负债和所有者权益分项列示并编制而成的。资产负债表为人们提供公司一定时期的静态的财务状况,可以使人们了解公司在某一特定时点上的资本构成、公司的负债以及投资者拥有的权益。由此可以评价公司的变现能力和偿债能力,考核公司资本的保值增值情况,预测公司未来的财务状况变动趋势。

(2) 利润表。利润表又称损益表,是反映公司一定期间的经营成果及其分配情况的报表。损益表向人们提供一定期间内动态的公司营业盈亏的实际情况,人们可以利用该表分析公司利润增减变化的原因,评价公司的经营成果和投资的价值,判断公司的盈利能力和未来一定时期内的盈利趋势。

(3) 财务状况变动表。财务状况变动表是综合反映公司一定会计期间内营运资金来源、运用及其增减变动情况的报表。财务状况变动表向人们提供公司在一定会计期间内财务状况变动的全貌,说明资金变化的原因。人们通过分析财务状况变动表,了解公司流动资金流转情况,判断公司经营管理水平的高低。

(4) 财务情况说明书。财务情况说明书是对财务会计报表所反映的公司财务状况作进一步说明和补充的文书。它主要说明公司的营业情况、利润实现和分配情况、资金增减和周转情况、税金缴纳情况、各项财产物资变动情况、对本期或者下期财务状况发生重大影响的事项以及需要说明的其他事项。

(5) 利润分配表。利润分配表是反映公司利润分配和年末未分配利润情况的报表,它是损益表的附属明细表。利润分配表通常按税后利润、可供分配利润、未分配利润分项列示。

(二) 公司财务会计报告的编制

(1) 公司财务会计报告的制作。公司应当在每一会计年度终了时编制财务会计报告,并依法经会计师事务所审计。财务会计报告应当根据经过审核的会计账簿记录和有关资料编制,并符合《公司法》《会计法》和国家统一的会计制度关于会计报告的编制要求。公司应当按照国家统一的会计制度规定的会计报表格式和内容,根据登记完整、核对无误的会计账簿记录和其他有关资料编制会计报表,做到内容完整、数字真实、计算准确,不得有虚假记载、误导性陈述或者重大遗漏。

(2) 公司财务会计报告的审核。公司财务会计报告应当由公司的董事长和主管会计工作的负责人、会计机构负责人签名并盖章。根据《会计法》第4条、第50条的规定，公司的法定代表人应为公司财务会计报告的责任人，对公司财务会计报告的真实性、完整性负责。

公司编制的财务会计报告，应依法经会计师事务所审计。会计师、会计师事务所审计财务会计报告，应当依照有关法律、行政法规以及注册会计师执业规则的规定进行，并对所出具的审计报告负责。

（三）公司财务会计报告的公示

实行公司财务会计报告的公示是公司财务会计制度的内在要求。公示财务会计报告对于保护股东、债权人、交易关系人的利益，对于维护交易安全和社会公共利益都具有重要作用。根据《公司法》及相关法律、法规规定，公司主要通过以下四种方式公示其财务会计报告：

（1）将报告送交各股东。有限责任公司应当依照公司章程规定的期限将财务会计报告送交各股东。

（2）将报告置备于公司供股东查阅。股份有限公司的财务会计报告应当在召开股东大会年会的20日前置备于本公司，供股东查阅。

（3）公告公司的财务会计报告。根据《公司法》和《证券法》相关规定，公开发行股票的股份有限公司应当公告其财务会计报告。

（4）向各有关部门或单位报送财务会计报告。公司财务会计报告应按期报送相关主管机关、财税部门及开户银行等。

三、公司的利润分配制度

（一）公司利润分配方案的制订与批准

公司利润主要由营业利润、投资收益和营业外收支净额构成。获取利润是公司作为营利性社团法人的本质要求，也是股东投资公司的主要目的。公司当年税后利润的分配，关系到公司今后的经营和发展，同时也关系到股东能否得到股息。因此，《公司法》对公司利润分配方案的制订与批准作出了明确的立法规定。

公司当年税后利润分配方案，不论是有限责任公司，还是股份有限公司，均应由董事会负责制订。董事会依据《公司法》有关公司利润分配的相关规定，结合本公司当年盈利情况及上年度有无亏损情况，制订出当年公司税后利润分配方案，提交股东（大）会审议。

股东（大）会对董事会提交的当年税后利润分配方案进行审议，具体规则因公司种类不同而存在些许差异。在有限责任公司中，股东会对当年税后利润分配方案进行审议，其议事方式、表决程序等，在不违反《公司法》规定的前提下，可由公司章程作出自治性的规定。在股份有限公司中，股东大会对当年税后利润分配方案进行审议，须经出席会议的股东所持表决权的半数以上通过。

（二）公司利润分配的原则与顺序

1. 公司利润分配的原则

公司利润分配的原则如下：

（1）无盈利不得分配原则。无盈利不得分配原则是公司分配利润的重要原则和前提之一。公司当年无盈利,原则上不得分配股利。即使公司当年有盈利,若有亏损还须先行弥补亏损,不得将亏损递延;弥补亏损后还须先行提取法定公积金,才能就剩余利润向股东分配股利。这一原则的目的在于贯彻资本充实原则,维护公司财产基础及信用能力以保护公司和债权人的利益。

(2)同股同权、同股同利原则。同股同权、同股同利是公司发行股份时应遵循的原则之一,也是公司向股东分配股利时应遵循的原则之一。依此原则,公司原则上应给予所有持有相同性质股权的股东以同一顺序的分配机会,并对所有股东按其出资或持股比例决定其可分得股利的具体数额。值得说明的是,此原则存在例外情况。依《公司法》第34条、第166条的规定,在有限责任公司中,经全体股东约定不按出资比例分取红利的,公司可以不按股东实缴出资比例分红;在股份有限公司中,公司章程规定不按持股比例分配红利的,公司可以不按股东持有股份比例分红。

2. 公司利润分配的顺序

依照我国《公司法》的相关规定,公司当年税后利润分配规定的法定顺序是:

(1)弥补亏损,即在公司已有的法定公积金不足以弥补上一年度公司亏损时,先用当年利润弥补亏损。

(2)提取法定公积金,即应当提取税后利润的10%列入公司法定公积金;公司法定公积金累计额为公司注册资本的50%以上的,可以不再提取。

(3)提取任意公积金,即经股东会或股东大会决议,提取任意公积金,任意公积金的提取比例由股东会或者股东大会决定。任意公积金不是法定必须提取的,是否提取以及提取比例由股东会或股东大会决议。

(4)支付股利,即在公司弥补亏损和提取公积金后,所余利润应分配给股东,即向股东支付股息。

(三)公积金制度

1. 公积金的种类

公积金是指公司为增强自身财产能力,扩大生产经营和预防意外亏损,依照法律或自行决定而设置的资金。

以是否依照法律规定强制提取为标准,可把公积金分为法定公积金和任意公积金。(1)法定公积金是指依照法律规定而强制提取的公积金。根据我国《公司法》的规定,公司在年终结算时,对当年的税后利润在分配前,应当提取不少于10%的部分作公积金,作为弥补经营亏损和发展的准备金。当公司法定公积金累计额达到公司注册资本的50%时,可以不再提取。(2)任意公积金是指公司于法定公积金之外,根据公司章程或股东会决议而作为特别储备的公积金。公司的当年税后利润在扣除不少于10%利润额的法定公积金后,或者法定公积金已达公司注册资本的50%时,公司的权力机构股东会(股东大会)可以决定再从利润中提取若干份额作为任意公积金。

以公积金的来源为标准,可把公积金分为盈余公积金和资本公积金。盈余公积金是指公司从其税后的营业利润中提取的公积金。资本公积金是指从公司非营业活动所产生的收益中提取的公积金。资本公积金的主要来源有:(1)超过票面金额发行股票所得的溢价收入;(2)公司资产评估后的增值额;(3)处分公司资产所得的溢价收入;(4)因公司合并而接受被吸收公司的财产减去公司因合并而增加的债务和对被吸收公司股东的给付后的余额;(5)公司接受赠与的财产。

2. 公积金的用途

根据《公司法》第168条的规定,公积金的用途包括如下几个方面:

(1)弥补公司的亏损。弥补亏损是公积金主要的用途,以确保公司能在其存续过程中保持与其资本额相当的资产,确保公司本身经营活动的正常开展和公司信用基础,保护债权人和社会公共利益。需要特别说明的是,资本公积金不得用于弥补公司的亏损。

(2)扩大公司生产经营。公司要提高自身的竞争力,需要不断扩大生产经营规模。扩大公司生产经营是公积金的用途之一。在不增加资本的情况下,用历年所提取的公积金来增加投资、扩大公司生产经营,是壮大公司规模的有效途径。

(3)转为增加公司资本。将公积金转为增加公司资本,其方案应由董事会制订,并提交股东(大)会进行决议。其中有限责任公司须经代表2/3以上表决权的股东通过,股份有限公司须经出席会议的股东所持表决权的2/3以上通过。法定公积金转为资本时,所留存的该项公积金不得少于转增前公司注册资本的25%。

【测试题】

紫霞股份有限公司是一家从事游戏开发的非上市公司,注册资本5000万元,已发行股份总额为1000万股。公司成立后经营状况一直不佳,至2015年年底公司账面亏损3000万元。2016年年初,公司开发出一款游戏,备受玩家追捧,市场异常火爆,年底即扭亏为盈,税后利润达7000万元。

请回答第1—3题。

1.2016年年底,为回馈股东多年的付出,紫霞公司决定分配利润。此时公司的法定公积金余额仅为5万元。就此次利润分配行为,下列选项正确的是( )。(2017年国家司法考试,卷三第92题)

A. 公司应提取的法定公积金数额为400万元

B. 公司可提取法定公积金的上限为税后利润的一半,即3500万元

C. 经股东会决议,公司可提取任意公积金1000万元

D. 公司向股东可分配利润的上限为3605万元

2. 如紫霞公司在2016年年底的分配利润中,最后所提取的各项公积金数额总计为2800万元,关于该公积金的用途,下列选项正确的是( )。(2017年国家司法考试,卷三第93题)

A. 可用于弥补公司2016年度的实际亏损

B. 可将其中的1500万元用于新款游戏软件的研发

C. 可将其中1000万元的任意公积金全部用于公司资本的增加

D. 可将其中1000万元的法定公积金用于公司资本的增加

3. 进入2017年,紫霞公司保持良好的发展势头。为进一步激励员工,公司于8月决定收购本公司的部分股份,用于职工奖励。关于此问题,下列选项正确的是(　　)。(2017年国家司法考试,卷三第94题)

A. 公司此次可收购的本公司股份的上限为100万股

B. 公司可动用任意公积金作为此次股份收购的资金

C. 收购本公司股份后,公司可在两年内完成实施对职工的股份奖励

D. 如在2017年底公司仍持有所收购的股份,则在利润分配时不得对该股份进行利润分配

4. 关于公司的财务行为,下列哪些选项是正确的?(　　)(2014年国家司法考试,卷三第71题)

A. 在会计年度终了时,公司须编制财务会计报告,并自行审计

B. 公司的法定公积金不足以弥补以前年度亏损时,则在提取本年度法定公积金之前,应先用当年利润弥补亏损

C. 公司可用其资本公积金来弥补公司的亏损

D. 公司可将法定公积金转为公司资本,但所留存的该项公积金不得少于转增前公司注册资本的25%

【答案与解析】

1. 答案:ACD。

解析:根据《公司法》第166条的规定,公司当年税后利润分配的法定顺序是:(1)弥补亏损;(2)提取法定公积金;(3)提取任意公积金;(4)支付股利。再根据该条第1款的规定,应当提取的公司法定公积金比例,为税后利润的10%;同时按该条的第2款,在提取法定公积金之前,应先弥补亏损,从而计提法定公积金的基数应为7000-3000=4000万元,故本案中公司应提取的法定公积金数额应为4000万元的10%,即400万元,故选项A正确。

《公司法》第166条第1款规定:"……公司法定公积金累计额为公司注册资本的50%以上的,可以不再提取。"选项B不符合该规定,故错误。

对任意公积金的提取,《公司法》第166条第3款均未有数额或比例限制,且1000万元在可供提取的税后利润(3605万元)范围内,故选项C正确。

在本案中,以税后利润来弥补以前年度亏损并提取法定公积金之后,其利润余额为7000-(3000-5)-400=3605万元,同时任意公积金提取并非强制性义务,从而这就是可分配给股东利润的上限,故选项D正确。

2. 答案:BC。

解析:《公司法》第168条第1款规定:"公司的公积金用于弥补公司的亏损、扩大公司生产经营或者转为增加公司资本……"依据《公司法》第166条第2款的规定"公司的法定公积

金不足以弥补以前年度亏损的",可见公积金只能用来弥补以前的年度亏损,如果有"当年的亏损",应当用当年的利润而非当年的法定公积金来弥补。选项 A 所表述的"可用于弥补公司 2016 年度的实际亏损"不符合《公司法》第 166 条第 2 款的规定,故错误。

选项 B、C 均符合《公司法》的第 168 条第 1 款的规定,均为正确选项。

紫霞公司最终所提取的法定公积金为 700 万元,与 D 选项中的 1000 万元的数额不符,同时按照《公司法》第 168 条第 2 款"法定公积金转为资本时,所留存的该项公积金不得少于转增前公司注册资本的 25%"的规定,该公司的行为也是不合法的,故 D 选项错误。

3. 答案:D。

解析:《公司法》第 142 条第 1 款第(3)项规定,股份公司将股份奖励给本公司职工,可以收购本公司的股份。同时,该条的第 3 款规定公司在此种情况下所收购的本公司股份,不得超过本公司已发行股份总额的 5%;用于收购的资金应当从公司的税后利润中支出;所收购的股份应当在一年内转让给职工。对照该规定,则选项 A 错误,因为该公司股份 5% 的上限应为 50 万股;选项 B 错误,因为用于收购的资金应当从公司的税后利润中支出,而不是从任意公积金中支出;选项 C 错误,因为按照 2018 年《公司法》修改前第 142 条的规定,期间应为 1 年(修正后改为 3 年),而非两年。此外《公司法》第 166 条第 6 款规定,公司持有的本公司股份不得分配利润,故选项 D 正确。

4. 答案:BD。

解析:A 选项错误为"自行审计财务会计报告"。见《公司法》第 164 条:"公司应当在每一会计年度终了时编制财务会计报告,并依法经会计师事务所审计。财务会计报告应当依照法律、行政法规和国务院财政部门的规定制作。"

B 选项正确。见《公司法》第 166 条第 2 款:"公司的法定公积金不足以弥补以前年度亏损的,在依照前款规定提取法定公积金之前,应当先用当年利润弥补亏损。"

C、D 选项见《公司法》第 168 条:"公司的公积金用于弥补公司的亏损、扩大公司生产经营或者转为增加公司资本。但是,资本公积金不得用于弥补公司的亏损。法定公积金转为资本时,所留存的该项公积金不得少于转增前公司注册资本的 25%。"故 C 选项"资本公积金来弥补公司的亏损"错误。D 选项表述正确。

第五节 公司的合并、分立与组织变更

一、公司合并

(一) 公司合并的概念、特点及其作用

公司合并是指两个或两个以上的公司基于合并协议,按照公司法的规定,不经过清算程序而直接合并为一个公司的法律行为。

公司合并有以下四个特点:(1) 合并的主体是两个或两个以上的公司,即公司合并的当

事人是具有独立法人资格的公司,而非公司的股东、董事或经理;(2) 公司合并的基础是合并协议,即合并是一种合意行为;(3) 公司合并无须经过清算程序,但必须按照公司法的规定进行,履行相关的法定程序;(4) 公司合并的结果是参与合并的一方或多方公司主体资格的消灭。

公司合并的作用在于:(1) 微观上可以扩大公司的生产经营规模,实现生产要素的合理流动和优化组合,在竞争中求得新的生存和发展空间;(2) 由于公司合并无须经过清算程序,因而也就无须终止公司的一切法律关系,这对公司的经营发展及公司股东、债权人、职工的利益保护都较为有利;(3) 公司合并在宏观上能够实现国民经济的部门结构、产业结构的调整和社会资源的合理配置,有利于社会经济的稳定发展。

(二) 公司合并的形式

根据《公司法》第172条的规定,公司合并有两种形式:新设合并和吸收合并。

(1) 新设合并。新设合并又称为解散合并,是指两个或两个以上的公司合并设立一个新的公司,参与合并的原各公司均归于消灭的情形。在新设合并中,新设立的公司具有新的公司名称,新设立的公司概括承受消灭各方的全部资产和负债,参与合并的各公司的股份转化成新公司的股份。新设合并如下图所示:

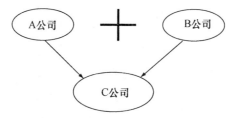

(2) 吸收合并。吸收合并又称为存续合并,是指两个或两个以上的公司合并后,其中一个公司吸收其他参与合并的公司而继续存在的情形。在吸收合并中,存续的公司仍然保留原来的名称,其他被吸收的公司主体资格消灭,存续的公司对被吸收公司的全部资产和负债概括承受。吸收合并可用下图表示:

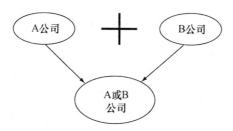

(三) 公司合并的程序

根据我国《公司法》的有关规定,公司合并的基本程序如下:

(1) 合并各方订立合并协议。公司合并的基础是合并协议,因此,实施合并前,参与合并的各方要订立合并协议。合并各方的执行机构在平等协商的基础上,就合并的相关事项达成合并协议。

通常情况下,公司合并协议应包括下列主要内容:① 合并协议各方的名称、住所、法定代表人;②合并的形式;③合并后存续公司或新设公司的名称、住所、法定代表人;④合并后存续公司或新设公司的投资总额和注册资本;⑤合并协议各方债权、债务的处理办法;⑥职工安置办法;⑦违约责任;⑧解决争议的方式;⑨签约日期、地点;⑩协议各方认为需要规定的其他事项。

(2) 股东会(股东大会)通过合并协议。公司合并是公司资产重新配置的重大法律行为,关系到股东、债权人和公司的利益,属于公司的重大事项,所以公司合并的决定权不在董事会,而必须由公司的股东会(股东大会)作出决议。根据《公司法》第37条、第43条、第46条、第66条、第103条的规定,公司董事会(或执行董事)制订的公司合并方案,需通过股东会(股东大会)特别决议通过。

有限责任公司股东会对公司合并作出决议,必须经代表2/3以上表决权的股东通过。股东会决议可以是召开股东会的形式作出,也可以是不召开股东会的形式直接作出,以直接形式作出的,须股东书面方式一致表示同意。

国有独资公司的合并必须由国有资产监督管理机构决定;其中,重要的国有独资公司合并应当由国有资产监督管理机构审核后,报本级人民政府批准。

股份有限公司股东大会对公司合并作出的决议,必须经出席会议的股东所持表决权的2/3以上通过。

(3) 编制资产负债表及财产清单。资产负债表及财产清单是公司的重要财务文件,编制资产负债表及财产清单的目的就在于明确参与合并的各公司的资产状况,以此作为合并各方处理相关债权债务、提出合并条件的重要依据,同时也是保护债权人合法权益的需要。

(4) 通知债权人和公告。我国《公司法》第173条明确规定:"公司合并,应当由合并各方签订合并协议,并编制资产负债表及财产清单。公司应当自作出合并决议之日起10日内通知债权人,并于30日内在报纸上公告。债权人自接到通知书之日起30日内,未接到通知书的自公告之日起45日内,可以要求公司清偿债务或者提供相应的担保。"公司合并使公司的资产重新配置,其效果直接关系到公司债权人利益的实现。因此,《公司法》第174条规定:"公司合并时,合并各方的债权、债务,应由合并后存续的公司或者新设的公司承继。"

通知债权人和公告是公司合并的必经程序,如有违反,应承担相应的法律责任。根据《公司法》第204条第1款的规定,如果公司合并不依法通知债权人或者公告的,由公司登记机关责令改正,同时对公司处以1万元以上10万元以下的罚款。

(5) 办理公司变更或者设立登记。在完成上述步骤后,根据《公司法》第179条的规定,公司发生合并时,登记事项如果发生变更的,应向公司登记机关办理变更登记。属于新设合并的,合并各方都应被注销,由新设的公司办理设立登记;属于吸收合并的,应当办理有关资产、股东、管理者等相关的变更登记,被吸收的公司应被注销。

(四) 公司合并的法律效果

(1) 公司的注销、设立和变更。在公司新设合并中,参加合并的各方公司法人资格均归于消灭,无须经过清算即可进行注销登记,新设立的公司应重新制定公司章程、召集创立大会,办理相应的设立登记,从而确立新的公司法人资格;在公司吸收合并中,被吸收的公司法人资格归于消灭,也无须经过清算即可进行注销登记,存续的公司因股东、公司股本、公司章程都发生了变化,故应进行相应的变更登记。

(2) 公司权利义务的概括承受。无论是新设合并还是吸收合并,参与合并各方公司原有的权利义务均概括地转移给合并后新设或存续的公司,由后者全部概括地承受。《公司法》第174条规定:"公司合并时,合并各方的债权、债务,应当由合并后存续的公司或者新设的公司承继。"这种承继为当然承受,不附加任何条件,同时这种承继也是概括承受,包括动产、不动产、债权、债务等全部移转于合并后的公司,这是对债权人合法权益的重要保障。

(3) 公司股东资格的当然承继。参与合并的各公司股东以其持有的股份或出资,按合并合同的规定,换取合并后新设或存续公司的股份或出资,从而成为合并后公司的股东。不同意合并的股东,有权请求公司按合并时的公平价格收买其持有的股份,同时放弃合并后新设或存续公司的股东资格。所以公司股东在公司合并时,其股东资格原则上并不会因此而消失,多数情况下只是发生股权变动。

二、公司分立

(一) 公司分立的概念、特点及其作用

公司分立是指一个公司依照法律规定和合同约定,不经过清算程序,分立为两个或两个以上公司的法律行为。

公司分立有如下四个特点:(1) 公司分立是一个公司分成两个或两个以上具有独立法人资格公司的行为;(2) 公司分立是公司的自主行为,由公司自行决定,无须征得第三方同意;(3) 由于公司分立将导致公司资产和所有者权益的减少,并导致公司人格的变化,因此,公司分立虽然不经过清算程序,但必须依法定程序进行;(4) 公司分立应当就公司财产作相应分割,由分立各方充分协商,根据签订的分立协议对原公司的权利义务进行承担。

公司分立的作用在于:可以调整公司的生产经营方向和地区布局,便于加强专业化分工和管理,有利于调整公司的组织结构和产品结构,能动地适应市场发展的需要。

(二) 公司分立的形式

公司分立主要有两种形式:新设分立和派生分立。

(1) 新设分立。新设分立又称解散分立,是指一个公司分解为两个或两个以上的公司,原公司解散的分立方式。在新设分立的情况下,原公司需要办理注销登记,新设公司需办理设立登记。新设分立如下图所示:

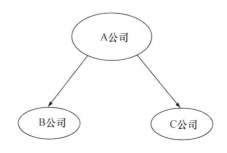

（2）派生分立。派生分立又称存续分立,是指一个公司分解为两个或两个以上的公司,原公司继续存在并另外设立一个或一个以上新公司的行为。在派生分立的情况下,原公司虽然继续存在,但却减少了注册资本,需办理变更登记,派生出的新公司则应办理设立登记。派生分立可用下图表示:

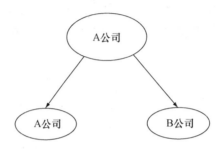

(三) 公司分立的程序

公司分立的程序与公司合并大致相同,主要有以下几个步骤:

(1) 拟订分立方案。公司分立,应当由公司的执行机构就公司分立的有关事项拟订分立方案。根据《公司法》第46条、第108条的规定,公司分立方案的制订是公司董事会的职权之一。通常情况下,公司分立方案主要包括下列内容:① 拟分立各方的名称、住所、法定代表人;② 分立的形式;③ 分立后存续公司或新设公司的名称、住所、法定代表人;④ 分立后存续公司或新设公司的投资总额和注册资本;⑤ 分立协议各方对拟分立公司债权、债务的处理办法;⑥ 职工安置办法;⑦ 违约责任;⑧ 解决争议的方式;⑨ 签约日期、地点;⑩ 拟分立协议各方认为需要规定的其他事项。

(2) 股东会(股东大会)通过分立方案。公司分立关系到公司股东、债权人的切身利益,属于公司的重大事项,所以公司分立必须由公司的股东会(股东大会)作出决议,且需经股东会(股东大会)特别决议通过。其中,有限责任公司股东会对公司分立作出决议,必须经代表2/3以上表决权的股东通过;股东会可以是召开股东会的形式作出,也可以是不召开股东会的形式直接作出,以直接形式作出的,须股东书面方式一致表示同意。国有独资公司的分立必须由国有资产监督管理机构决定;其中,重要的国有独资公司分立应当由国有资产监督管理机构审核后,报本级人民政府批准。股份有限公司股东大会对公司分立作出的决议,必须经出席会议的股东所持表决权的2/3以上通过。

(3) 编制资产负债表及财产清单。根据我国《公司法》第175条第2款的规定,公司分立,应当编制资产负债表及财产清单。公司分立之前,编制资产负债表和财产清单,其目的就在于厘清分立前公司的资产、负债、收益等情况,防止因公司分立后无法查清原公司的账目,对分立工作的开展提供信息保障,同时也有利于公司债权人对公司分立前的资产状况进行了解,保护债权人的知情权。

(4) 通知债权人和公告。我国《公司法》第175条明确规定,公司分立,其财产作相应的分割,公司应当自作出分立决议之日起10日内通知债权人,并于30日内在报纸上公告。

通知债权人和公告是公司分立的必经程序,如有违反,应承担相应的法律责任。根据

《公司法》第204条第1款的规定,如果公司分立不依法通知债权人或者公告的,由公司登记机关责令改正,同时对公司处以1万元以上10万元以下的罚款。债权人原则上也应当在法定期限内提出公司清偿债务或者提供相应的担保的要求。

(5)办理公司变更或者设立登记。在完成上述步骤后,根据《公司法》第179条的规定,公司发生分立,属于新设分立情况的,原公司应办理注销登记,新设立的公司办理设立登记手续;属于派生分立的,原公司要办理变更登记,派生成立的新公司则要办理设立登记手续。

(四)公司分立的法律效果

(1)公司的注销、设立和变更。在公司新设分立中,原公司解散,其法人资格归于消灭,无须经过清算即可进行注销登记,同时产生两个或两个以上的新公司,新设立的公司应重新制定公司章程、召集创立大会,办理相应的设立登记手续;在公司派生分立中,原公司的相关登记事项发生变化,也无须经过清算即可进行变更登记,并产生新的公司人格——分立出来的公司,新公司需经过设立登记方能成立。

(2)公司权利义务的概括承受。公司按照法定的条件和程序分立,在新设分立中,原公司将被注销,因此其权利义务一并转移给分立后新设立的公司;在派生分立中,分立后存续的公司与新设立的公司对原公司的债务承担连带责任。但是,公司在分立前与债权人就债务清偿达成的书面协议另有约定的除外。《公司法》第176条规定:"公司分立前的债务由分立后的公司承担连带责任。但是,公司在分立前与债权人就债务清偿达成的书面协议另有约定的除外。"换言之,公司分立后的债务承担的法定方式是由分立后的公司承担连带责任,但此连带责任可由公司在分立前与债权人通过协议的方式排除。此规定体现了公司分立对债权人利益更为切实有效的法律保护。

(3)公司股东资格的当然承继。公司依法分立后,拟分立公司的股东,可按照分立协议的有关规定,转化成为分立后新设公司或者存续公司的股东;不同意公司分立的股东,有权请求公司按分立时的公平价格收买其持有的股份,从而放弃分立后新设或存续公司的股东资格。所以公司股东在公司分立时,其股东资格原则上并不会因此而消失,多数情况下只是发生股权变动。

三、公司组织变更

(一)公司组织变更的概念、特点及其作用

公司组织变更是指在不中断公司法人资格的情况下,公司通过改变其组织形式而转变成为另一种类型的公司的法律行为。

公司组织变更有以下三个特点:(1)公司组织变更必须严格按照公司法有关公司设立的条件和程序进行;(2)公司组织变更并不中断公司的法人资格,只是公司由一种组织形式转变成另一种组织形式;(3)公司组织变更实质上包括原公司的解散、新公司的成立和营业转让等环节,但事实上公司组织变更时公司业务活动照常进行,无须中断,因而没有解散登记和设立登记,只需要进行变更登记。

公司组织变更的作用在于:公司在生产经营过程中,通过变更组织形式,避免了中断公司业务活动而使公司和股东利益受损,并且能够适应社会经济的不断发展,适时调整经营策略,获得更好的经济效益。

(二) 公司组织变更的法定形式

我国《公司法》只规定了有限责任公司和股份有限公司两种公司类型,因此,在我国,根据《公司法》第9条的规定,公司组织变更有两种形式:一种是有限责任公司变更为股份有限公司,相对而言,这种变更形式更为常见;另一种是股份有限公司变更为有限责任公司。

(三) 公司组织变更的法定条件

根据我国《公司法》第9条的规定,公司进行组织变更,必须符合法定条件。

1. 有限责任公司变更为股份有限公司的法定条件

(1) 发起人条件。应当有2人以上200人以下为发起人,其中须有半数以上的发起人在中国境内有住所。

(2) 资本及其他相关条件。具体包括:① 公司资本达到法定最低资本限额,即达到人民币500万元,法律、行政法规对股份有限公司最低资本限额另有规定的,从其规定;② 公司发起人的出资方式必须符合《公司法》第27条、第82条的规定;③ 公司注册资本的缴纳须符合《公司法》第80条、第83条第1款、第84条的规定;④ 根据《公司法》第95条的规定,有限责任公司变更为股份有限公司,应当将有限责任公司的资产折合为股份有限公司的股份。此处折合的股份总额不得高于变更前公司的净资产额,即公司的资产总额减去负债总额的余额。此外,有限责任公司变更为股份有限公司时,由于其涉及公司股份发行、募集事项、公司章程、公司名称、公司组织机构、住所、生产经营场所和必要条件等,所以都必须符合《公司法》的相关规定。

2. 股份有限公司变更为有限责任公司的法定条件

股份有限公司变更为有限责任公司应当符合以下条件:(1) 股东应当在50人以下;(2) 原股东制定公司章程;(3) 公司名称、组织机构符合《公司法》的规定;(4) 有公司住所,具备生产经营必要的条件;(5) 法律、行政法规以及国务院决定对有限责任公司注册资本实缴、注册资本最低限额另有规定的,从其规定。

(四) 公司组织变更的程序

根据《公司法》的规定,公司组织形式的变更,应遵循下列法定程序:

(1) 董事会拟订公司组织变更的方案。根据《公司法》第46条、第108条的规定,在有限责任公司和股份有限公司中,拟订公司组织变更的方案是董事会的职权之一。

(2) 股东会、股东大会决议。公司组织变更将直接影响公司股东的权益和责任,属于公司重大事项的范畴,应当依法经过公司股东会或者股东大会的决议程序。根据《公司法》第37条、第43条、第99条、第103条的规定,公司组织变更需经公司股东会或者股东大会特别决议通过。其中,有限责任公司股东会对公司组织变更作出决议,必须经代表2/3以上表决权的股东通过。国有独资公司的组织变更须由国有资产监督管理机构决定,其中重要的国有独资公司组织变更应当由国有资产监督管理机构审核后,报本级人民政府批准。股份有限公司股东大会对公司组织变更作出的决议,必须经出席会议的股东所持表决权的2/3以上通过。

（3）主管部门批准。我国《公司法》第6条2款规定："法律、行政法规规定设立公司必须报经批准的，应当在公司登记前依法办理批准手续。"可见，当公司组织变更涉及报批事项的，应办理相关的批准手续；对不需要报批的，可以直接申请变更。

（4）依法办理登记手续。公司组织的变更，涉及公司诸多事项的变更，如公司名称、资本和章程等，因此，公司组织变更的，应当依法向原登记机关办理变更登记。

（五）公司组织变更的法律效力

公司组织变更只是公司类型的改变，其公司人格继续存在。因此，公司组织变更前公司的权利义务当然由变更后的公司继续享有和承担。我国《公司法》第9条2款规定："有限责任公司变更为股份有限公司的，或者股份有限公司变更为有限责任公司的，公司变更前的债权、债务由变更后的公司承继。"

【测试题】

1. 甲公司欠乙公司货款100万元、丙公司货款50万元。2009年9月，甲公司与丁公司达成意向，拟由丁公司兼并甲公司。乙公司原欠丁公司租金80万元。下列哪些表述是正确的？（　　）(2009年国家司法考试，卷三第72题)

A. 甲公司与丁公司合并后，两个公司的法人主体资格同时归于消灭

B. 甲公司与丁公司合并后，丁公司可以向乙公司主张债务抵销

C. 甲公司与丁公司合并时，丙公司可以要求甲公司或丁公司提供履行债务的担保

D. 甲公司与丁公司合并时，应当分别由甲公司和丁公司的董事会作出合并决议

2. 白阳有限公司分立为阳春有限公司与白雪有限公司时，在对原债权人甲的关系上，下列哪一说法是错误的？（　　）(2011年国家司法考试，卷三第25题)

A. 白阳公司应在作出分立决议之日起10日内通知甲

B. 甲在接到分立通知书后30日内，可要求白阳公司清偿债务或提供相应的担保

C. 甲可向分立后的阳春公司与白雪公司主张连带清偿责任

D. 白阳公司在分立前可与甲就债务偿还问题签订书面协议

3. 华昌有限公司有8个股东，麻某为董事长。2013年5月，公司经股东会决议，决定变更为股份公司，由公司全体股东作为发起人，发起设立华昌股份公司。下列哪些选项是正确的？（　　）(2013年国家司法考试，卷三第69题)

A. 该股东会决议应由全体股东一致同意

B. 发起人所认购的股份，应在股份公司成立后两年内缴足

C. 变更后股份公司的董事长，当然由麻某担任

D. 变更后的股份公司在其企业名称中，可继续使用"华昌"字号

4. 张某、李某为甲公司的股东，分别持股65%与35%，张某为公司董事长。为谋求更大的市场空间，张某提出吸收合并乙公司的发展战略。关于甲公司的合并行为，下列哪些表述是正确的？（　　）(2015年国家司法考试，卷三第69题)

A. 只有取得李某的同意，甲公司内部的合并决议才能有效

B. 在合并决议作出之日起 15 日内，甲公司须通知其债权人

C. 债权人自接到通知之日起 30 日内，有权对甲公司的合并行为提出异议

D. 合并乙公司后，甲公司须对原乙公司的债权人负责

【答案与解析】

1. 答案：BC。

解析：《公司法》第 172 条规定，公司合并可以采取吸收合并或者新设合并。一个公司吸收其他公司为吸收合并，被吸收的公司解散。两个以上公司合并设立一个新的公司为新设合并，合并各方解散。本题中"丁公司兼并甲公司"采用的是吸收合并的方式，被吸收的甲公司解散，而吸收者即丁公司依然存在。故 A 项错误。

《公司法》第 174 条规定，公司合并时，合并各方的债权、债务，应当由合并后存续的公司或者新设的公司承继。本题中，原来甲公司的债务由丁公司继承，乙公司可以向丁公司主张原来对甲公司的债权 100 万，因乙公司欠丁公司租金 80 万，丁公司可以向乙公司主张债务抵销。故 B 项正确。

《公司法》第 173 条规定，公司合并，应当由合并各方签订合并协议，并编制资产负债表及财产清单。公司应当自作出合并决议之日起 10 日内通知债权人，并于 30 日内在报纸上公告。债权人自接到通知书之日起 30 日内，未接到通知书的自公告之日起 45 日内，可以要求公司清偿债务或者提供相应的担保。本案中，丙公司是甲公司的债权人，甲丁公司合并时，丙公司有权要求甲公司或丁公司提供履行债务的担保。故 C 项正确。

根据《公司法》的规定，公司的合并、分立决议是股东会的职权，董事会无权作出。故 D 项错误。

2. 答案：B。

解析：《公司法》第 175 条第 2 款规定，公司分立，应当编制资产负债表及财产清单。公司应当自作出分立决议之日起 10 日内通知债权人，并于 30 日内在报纸上公告。故选项 A 正确。

《公司法》规定，公司在合并、减资的情况下，应当自作出合并、减资决议之日起 10 日内通知债权人，并于 30 日内在报纸上公告。债权人自接到通知书之日起 30 日内，未接到通知书的自公告之日起 45 日内，可以要求公司清偿债务或者提供相应的担保。需要注意的是，这里说的是公司"合并、减资"的情况，对公司分立没有规定"债权人自接到通知书之日起 30 日内，未接到通知书的自公告之日起 45 日内，可以要求公司清偿债务或者提供相应的担保"。故选项 B 错误。

《公司法》第 176 条规定，公司分立前的债务由分立后的公司承担连带责任。但是，公司在分立前与债权人就债务清偿达成的书面协议另有约定的除外。故选项 C、D 说法正确。

3. 答案：D。

解析：《公司法》第 43 条第 2 款规定：股东会会议作出变更公司形式的决议，必须经代表

2/3以上表决权的股东通过,而非一致同意,故选项A错误。

2013年《公司法》修改,删除了"两年内缴足"的规定,故选项B错误。

《公司法》第109条第1款规定:股份有限公司董事会设董事长一人,由董事会以全体董事的过半数选举产生,不当然由麻某担任,故选项C错误。

公司形式变更后,必须在公司名称中标明股份有限公司或者股份公司字样,但可以继续使用其之前的字号,故选项D正确。

4. 答案:AD。

解析:《公司法》第43条第2款的规定,就公司合并事项的决议,须经代表2/3以上表决权的股东通过。本案中李某持有35%的股权,恰好制约张某所须达到的2/3多数,从而在结果上也就必须经过李某的同意,故选A。

《公司法》第173条规定,公司作出合并决议后,应当在10日内通知公司债权人。B不符合该法定期限的规定,故错误。同时,该条进一步规定,债权人自接到通知书之日起30日内,未接到通知书的自公告之日起45日内,可以要求公司清偿债务或者提供相应的担保。即债权人对公司的合并行为并不享有异议权,故选项C的说法错误。

《公司法》第174条规定,公司合并时,合并各方的债权、债务,应当由合并后存续的公司或者新设的公司承继。故选项D正确。

第六节 公司的解散和清算

一、公司的解散

(一)公司解散的概念及其特征

公司解散,是指已依法成立的公司因法律或公司章程规定的事由出现,停止其生产经营活动,并经过清算程序,最终消灭其法律主体资格的状态和过程。

公司解散有如下法律特征:

(1)公司解散的主体是依法成立的公司。公司尚未成立就不存在解散;公司属于非法成立的,则发生公司成立无效的法律后果,应当予以撤销而不是解散;未设立公司而以公司名义开展经营活动的,属于非法行为,应当依法予以取缔,而不是解散。

(2)公司解散必须有解散事由。公司解散事由通常是源于法律、法规的规定,或者是公司章程的规定,如公司经营期限届满、股东决议解散、公司合并分立、被吊销营业执照、被责令关闭或依法撤销等。因此,没有解散事由,公司不得解散。

(3)公司解散是一个时间过程。当公司出现解散事由时,其法人资格仍然存在,只有等到公司清算完毕并注销后,解散公司的主体资格才消灭。

(4)公司解散必须经过清算程序。公司解散涉及公司股东、债权人、职工等利益相关主体的利益,因此公司解散须经清算组织进行清算,以公平地清偿债务和分配公司财产。

（二）公司解散的类型及其原因

按照《公司法》的有关规定，公司解散包括自愿解散和强制解散两类。

1. 自愿解散

自愿解散又被称为任意解散，是公司根据公司股东章程或股东决议而发生的解散。在自愿解散中，公司解散与否取决于公司股东的意志，与外在意志无关，公司股东可以选择解散或者不解散。但是，自愿解散不等于随意解散，在自愿解散的情况下，解散的原因和程序仍然必须符合法律的有关规定。根据《公司法》第180条的规定，公司自愿解散的原因有：

（1）公司章程规定的营业期限届满或者其他解散事由出现。《公司法》规定，公司可以在公司章程中规定公司的营业期限或者规定公司的解散事由，以作为公司存续的时间界限。当公司章程规定的营业期限届满或者公司章程规定的其他解散事由出现时，公司应当停止经营活动，进入到清算程序。

根据《公司法》第180条、第181条的规定，公司章程规定的经营期限届满或者公司章程规定的解散事由出现，有限责任公司经过持有2/3以上表决权的股东通过，股份有限公司经过出席股东大会的股东所持表决权的2/3以上通过，可以修改公司章程以延长公司的经营期限。一旦公司未通过修改公司章程以延长公司经营期限的，公司应当解散。

（2）公司股东会或者股东大会决议解散。根据《公司法》第37条、第43条、第66条、第103条的规定，股东会和股东大会是有限责任公司和股份有限公司的权力机构，有权作出公司解散的决议，但必须通过股东（大）会的特别表决程序。其中，有限责任公司股东会对公司解散作出决议，必须经代表2/3以上表决权的股东通过。股东会决议可以是召开股东会的形式作出，也可以是不召开股东会的形式直接作出，以直接形式作出的，股东须以书面方式一致表示同意。国有独资公司的解散应由国有资产监督管理机构决定，其中重要的国有独资公司的合并、分立、解散应当由国有资产监督管理机构审核后，报本级人民政府批准。股份有限公司股东大会对公司解散作出的决议，必须经出席会议的股东所持表决权的2/3以上通过。

（3）因公司合并或者分立需要解散。公司的合并或者分立是公司在生产经营过程中常发生的现象，同时也会伴随着公司解散的现象发生。公司实行吸收合并时，被吸收的公司因合并而解散；公司实行新设合并时，合并各方均解散。但是，公司因合并而解散的，无须进行清算，其权利义务由存续公司或者新设公司概括承受，解散的公司依法终止法人资格。当公司发生新设分立时，原公司解散，其债务原则上由新设分立的公司承担连带责任，不必进行清算；当公司发生派生分立时，便不存在解散的问题。由此可见，公司因合并或者分立而导致公司解散与其他导致公司解散的原因相比，有着明显的不同。

2. 强制解散

强制解散是指公司非因自己的意志，而是基于法律规定、政府有关部门的决定或者是因人民法院的裁判而发生的公司解散。在强制解散的情况下，公司股东无选择权。根据《公司法》第180条的规定，公司被强制解散的原因有：

（1）公司被依法吊销营业执照、责令关闭或者被撤销。根据相关的法律、法规，公司被吊销营业执照的情形主要有：① 虚报注册资本的；② 用虚假证明或其他欺骗手段取得公司法人资格的；③ 变更、注销后，一定期限内不公告或公告内容与核准内容不实的；④ 不按规定年检的；⑤ 伪造、涂改、出租、出借、转让营业执照的；⑥ 公司成立后无正当理由超过6个月未开业的，或者开业后自行停业连续6个月以上的等。吊销营业执照，是剥夺被处罚公司已取得的营业执照，使其丧失继续从事生产经营资格的一种行政处罚措施。

责令关闭也是公司解散的原因之一。责令关闭是公司严重违反工商管理、市场经营、税收、劳动、环境保护等法律、法规的规定，有关行政机关为维护社会秩序，作出决定以终止该公司的主体资格使其不能进入市场进行经营的一种行政处罚。

被行政机关依法撤销，是指公司在设立登记上存在瑕疵而由有关行政主管机关予以撤销的行为。例如，虚报注册资本，提供虚假证明文件或者采取其他欺骗手段而取得公司登记；情节严重的，公司登记机关可以作出撤销登记的决定。

（2）公司破产。公司破产解散是指公司因不能清偿到期债务，被依法宣告破产而导致的公司解散。《公司法》第190条及有关法律、行政法规规定：公司因不能清偿到期债务，依公司或公司债权人的申请，法院依法宣告公司破产的，公司自法院作出破产宣告之日起即告解散。破产是债务人不能清偿到期债务，为保护多数人的利益，使之能得到公平结果而设置的一种诉讼程序。破产是公司被强制解散的原因之一。

（3）司法判决。根据《公司法》第182条的规定，当公司经营管理发生严重困难，继续存续会使股东利益受到重大损失，通过其他途径不能解决的，持有公司全部股东表决权10%以上的股东，可以请求人民法院强制解散公司。据此，法院判决公司解散的原因是因为公司经营管理陷入僵局，出现了股东无力解决的事由。例如，公司经营管理活动遇到严重困难，股东之间、高管之间或股东与高管之间出现严重分歧等情况，而在这种状况下，通过公司内部的机制已无法解决，但公司的继续存续将使股东及公司的合法利益遭受重大损失，则持有一定比例出资额或股份的股东有权请求人民法院通过诉讼程序来判决公司解散。

综上所述，公司解散的原因与类型可用下图表示：

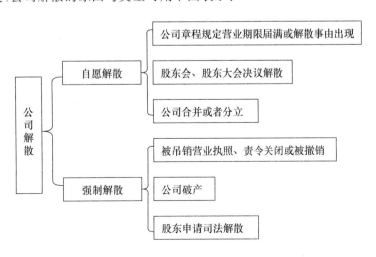

(三) 公司解散登记

公司解散登记是指公司解散时,除了因破产和合并而解散外,应在法定期限内向公司所在地登记机关办理解散登记,经核准登记后,登记机关把公司解散的信息进行公告的程序。公司解散登记的目的主要是公示公司解散的信息,这样做一方面能使登记机关及时了解企业变化,便于监督管理,促使公司及时依法清算;另一方面能使与公司有关的利害关系人,尤其是债权人知悉公司解散的事实,免受不可预见的损害,从而保护各相关利益主体的利益,维护社会交易安全。

公司解散是公司终止其营业及法律主体资格的起点,只有进行了清算,清理财产、偿还债务,分割剩余财产之后,才能达到终止营业和法律主体资格、退出市场的目的,根据我国《公司法》第188条的规定,公司清算结束后,清算组应当制作清算报告,报股东会、股东大会或者人民法院确认,并报送公司登记机关,申请注销公司登记,公告公司终止。因此,公司解散本身并没有消灭公司的法人资格,而是启动了公司清算程序,公司的法律主体资格在清算终结之前,仍然是持续存在的,在此期间,《公司法》仍然对其适用。所以,公司解散所导致的直接法律效果就是公司清算,只有公司清算完毕,由注销登记机关办理注销登记后,公司人格才消灭。

二、公司的清算

(一) 公司清算的概念、作用和法律效果

公司清算是指公司解散后,依照法定程序对公司的财产和债权债务关系进行清理、处分和分配,从而消灭公司法人资格的法律行为。公司除了因为合并或者分立而导致的解散可以不清算外,其他类型的公司解散均须经过清算程序。

公司清算是对即将消灭法人资格的公司的现有财产进行处分,从而保护公司相关利害关系人利益的一种程序。因此,公司清算的法律功能主要表现为公平清偿公司债务、分配公司财产从而起到维护社会经济秩序的目的。

公司解散后法人资格并未消灭,而是在清算范围内继续存在,清算涉及股东、债权人、职工、国家等各方利益主体,为保护各利益相关主体的权益,通过法定程序分配公司财产、了结各项事务,终结各种法律关系,从而消灭公司法人资格。

(二) 公司清算的种类

根据不同的划分标准,公司清算在法律上可以分为以下几类:

1. 任意清算和法定清算

任意清算是指在公司自愿解散的情况下,依照公司章程的规定或者全体股东的意见而进行的清算。任意清算体现了当事人意思自治的原则,处分财产的顺序、方式等均由股东一致同意确定,法律不加以干预。一般只适用于无限公司、两合公司这类结构简单且股东对公司债务承担无限责任的公司。

法定清算是指公司按照法律规定的程序和方法进行的清算。一般适用于有限责任公司和股份有限公司,由于我国《公司法》只规定了这两种公司形式,所以《公司法》所讲的清算仅

指法定清算。

2. 普通清算和特别清算

普通清算是指公司在解散后，依法自行成立清算组按照法定程序进行的清算。在普通清算中，公司一般应自作出解散决议之日起的法定期限内，由章程规定的清算人员或者公司权力机构从执行机构中选出的清算人员，按照法律规定的程序进行清算。《公司法》第183条的前半款规定："公司因本法第180条第(1)项、第(2)项、第(4)项、第(5)项规定而解散的，应当在解散事由出现之日起15日内成立清算组，开始清算。有限责任公司的清算组由股东组成，股份有限公司的清算组由董事或者股东大会确定的人员组成。……"其中，《公司法》第180条第(1)项、第(2)项、第(4)项、第(5)项的规定分别是：公司因公司章程规定的营业期限届满或者公司章程规定的其他解散事由出现而解散；公司因股东会或者股东大会决议而解散；公司因依法被吊销营业执照、责令关闭或者被撤销而解散；公司因出现公司僵局而由相应股东请求人民法院依法判决而予以解散。

特别清算是指公司在普通清算过程中，出现了显著的障碍而无法继续进行普通清算程序时，由政府有关部门或者人民法院介入而进行的清算。《公司法》第183条的后半款规定："……逾期不成立清算组进行清算的，债权人可以申请人民法院指定有关人员组成清算组进行清算。人民法院应当受理该申请，并及时组织清算组进行清算。"在特别清算中所指的障碍一般包括法律障碍和事实障碍。(1)法律障碍是指由于法律行为而使普通清算难以继续进行的状况，如公司的财产已被查封、强制执行、部分财产已脱离公司占有致使公司无法对其处分等；(2)事实障碍是指普通清算事实上难以继续进行的状况，如公司的财产已经减少灭失而使公司无法对其财产进行处分等。

3. 正常清算和破产清算

正常清算也被称为非破产清算或者公司解散清算，是指按照《公司法》规定的解散程序而进行的清算，旨在表明公司的财产足以支付公司债务情况下的清算。

破产清算是指公司因不能清偿到期债务被人民法院宣告破产后，由法院组织清算组按照破产清算程序，对公司财产进行清理、估价、处理、分配，并最终消灭公司法人资格的清算。但是，正常清算在特定条件下可以转化为破产清算。《公司法》第187条规定："清算组在清理公司财产、编制资产负债表和财产清单后，发现公司财产不足清偿债务的，应当依法向人民法院申请宣告破产。公司经人民法院裁定宣告破产后，清算组应当将清算事务移交给人民法院。"

上述各种清算中，由于破产清算专门由《破产法》调整，因此《公司法》规定的清算为普通清算和特别清算。

(三) 清算组

1. 清算组的概念及其法律地位

公司进行清算，都要成立清算组织。清算组是公司清算组织的简称，是指在公司解散清算过程中，具体从事公司财产及债权债务清理事务的法定组织。在公司清算过程中，公司的法律主体资格并没有消失，但是公司的权利能力又受到限制，因此，需要有专门的机构负责公司的清算活动,这个专门机构就是清算组。国外公司法又称"清算人"或"财产管理人及保管人"。

公司清算组在公司清算范围和期间内,相当于公司原有的执行机构,是公司法律主体资格的代表机构,接管公司董事会的全部权力,对外代表清算中的公司为意思表示,对内执行各项清算义务,它在公司清算过程中实施的各种行为都可被视为是公司的行为。

2. 清算组的成立与组成

《公司法》第183条规定:"公司因本法第180条第(1)项、第(2)项、第(4)项、第(5)项规定而解散的,应当在解散事由出现之日起15日内成立清算组,开始清算。有限责任公司的清算组由股东组成,股份有限公司的清算组由董事或者股东大会确定的人员组成。逾期不成立清算组进行清算的,债权人可以申请人民法院指定有关人员组成清算组进行清算。人民法院应当受理该申请,并及时组织清算组进行清算。"因此,《公司法》所确定的清算组产生方式有三种:(1)有限责任公司在解散事由出现之日起15日内由股东组成;(2)股份有限公司在解散事由出现之日起15日内由董事会或股东大会确定清算组;(3)公司逾期不成立清算组时,由人民法院根据债权人申请,指定公司股东、董事、监事等人或其代表组成清算组,也可以选派其他有关人员(如依法设立的律师事务所、会计师事务所、破产清算事务所等社会中介机构中具备相关专业知识并取得职业资格的人员)作为清算组成员。

3. 清算组的职权

清算组的职权是指公司清算组及其组成人员,在公司清算过程中所拥有的权力和职责。清算组的清算工作不同于一般的公司经营,因为是特殊状况下的公司,为保证公司清算工作的顺利进行,依法维护公司、股东及债权人的合法权益,《公司法》第184条对清算组的职权作了如下规定:

(1)清理公司财产,分别编制资产负债表和财产清单。公司清算组织一经成立,就应该立即接管公司及其财产,并进行全面的清理核查,在查实公司全部资产及负债的基础上编制资产负债表及财产清单。

(2)通知、公告债权人。清算工作涉及多方利益,尤其是债权人的利益,因此,为保护好债权人的合法权益,清算组在接管公司财产后,应尽快通知、公告债权人,并进行债权登记,为下一步工作的顺利开展奠定基础。

(3)处理与清算有关的公司未了结的业务。清算组在清算工作中,应遵守法律、法规的规定,按照有利于保护公司合法权益的原则,有权决定公司未了结业务的进行与否,以尽快结束公司业务,减少股东损失。这里的未了结业务主要是指公司解散前已经订立的、清算时尚在履行中的相关合同或事项。

(4)清缴所欠税款以及清算过程中产生的税款。清算组应当对公司的纳税事宜进行清查,对公司解散后所欠国家税款,应当依法缴纳。

(5)清理债权、债务。这项职权包括两个方面,即收取债权和清偿债务。这项职权是清算组的主要工作内容之一,收取债权可以增加公司的清算财产,便于处理公司的对外债务;清偿债务是保护债权人合法权益,实现清算价值的有效途径。

(6) 处理公司清偿债务后的剩余财产。清算组清理公司财产,在支付清算费用、职工工资、社会保险费用和法定补偿金、缴纳所欠税款,清偿公司债务后,所剩余的财产属于公司股东权益,有限责任公司应按出资比例,股份有限公司按持股份额分配给各股东。

(7) 代表公司参与民事诉讼活动。公司清算组在清算过程中,就涉及公司民事权利义务的争议向人民法院起诉或应诉,依法代表公司参加民事诉讼活动。清算组在其职权范围内代表公司参与民事诉讼受法律保护。

4. 清算组的义务

清算组一经成立,即承担与其职权相关的义务。根据《公司法》第185～189条的规定,清算组及其成员的义务是:

(1) 清算组应当自成立之日起10日内通知债权人,并于60日内在报纸上公告。债权人自接到通知书之日起30日内,未接到通知的自公告之日起45日内,向清算组申报其债权。债权人申报债权,应当说明债权的有关事项,并提供证明材料。清算组应当对债权进行登记。在申报期间,清算组不得对债权人进行清偿。

(2) 清算组在清理公司财产、编制资产负债表和财产清单后,应当制订清算方案,并报股东会、股东大会或者人民法院确认。公司财产在分别支付清算费用、职工工资、社会保险费用和法定补偿金、缴纳所欠税款、清偿公司债务后的剩余财产,有限责任公司按照股东的出资比例分配,股份有限公司按照股东持股份额分配。清算期间,公司存续,但不得开展与清算无关的经营活动。公司财产在未依照前述要求进行清偿以前,不得分配给股东。

(3) 清算组在清理公司财产、编制资产负债表和财产清单后,发现公司财产不足清偿债务的,应当依法向人民法院申请宣告破产。公司经人民法院裁定宣告破产后,清算组应当将清算事务移交给人民法院。

(4) 公司清算结束后,清算组应当制作清算报告,报股东会、股东大会或者人民法院确认,并报送公司登记机关,申请注销公司登记,公告公司终止。

(5) 清算组成员应当忠于职守,依法履行清算义务。清算组成员不得利用职权收受贿赂或者其他非法收入,不得侵占公司财产;清算组成员因故意或者重大过失给公司或者债权人造成损失的,应当承担赔偿责任。

(四) 公司清算的程序

所谓公司清算的程序,是指在公司解散清算过程中,按照有关法律、法规的规定应当经过的具体步骤。根据《公司法》及有关法律、法规的规定,公司清算的程序主要包括以下几个步骤:

(1) 组成清算组。公司应当在解散事由出现一定的期间内,依法成立清算组,只有清算组正式成立以后,公司才进入实质性清算阶段。按照《公司法》的规定,公司在除合并、分立以外的自愿解散中,应自解散决定作出后15日内成立清算组,有限责任公司的清算组由股东组成,股份有限公司的清算组由董事或者股东大会确定的人员组成。逾期不成立清算组进行清算的,债权人可以申请人民法院指定有关人员组成清算组进行清算。

(2) 通知、公告债权人并进行债权登记。公司清算组成立后应当立即在法定期限内直接通知已知的债权人,并同时以公告的方式通知未知的债权人,以便债权人在法定期限内向清算组申报债权。债权人依法申报债权的,清算组应进行登记,以作为财产分配的依据。《公司法》第185条第1款、第2款对此作了具体的规定:清算组应当自成立之日起10日内通知债权人,并于60日内在报纸上公告。债权人应当自接到通知书之日起30日内,未接到通知书的自公告之日起45日内,向清算组申报其债权。债权人申报债权,应当说明债权的有关事项,并提供证明材料。清算组应当对债权进行登记。

(3) 清理公司财产,编制资产负债表和财产清单。公司清算组成立之后,要全面清理公司的全部财产,不仅包括固定资产,还包括流动资产;不仅包括有形资产,还包括知识产权等无形资产;不仅包括债权,还包括债务。在清理财产后,清算组需要编制资产负债表和财产清单,为之后清算工作的开展奠定基础。

(4) 特定情况下,向人民法院申请宣告破产。公司清算组在进行清算时,如遇到法律规定的特殊情况,可以向人民法院申请宣告破产,从而由正常清算转向破产清算。按照《公司法》的有关规定,因公司解散而进行的清算,清算组在清理公司财产、编制资产负债表和财产清单后,发现公司财产不足以清偿债务的,应当立即向人民法院申请破产宣告。公司经人民法院裁定宣告破产后,清算组应当将清算事务移交给人民法院。转向破产清算的,按照《民事诉讼法》和《破产法》等规定的程序进行。

(5) 制订清算方案,并报相关部门、组织确认。公司清算组在清理公司财产、编制资产负债表和财产清单后,应当提出合理的财产估价方案,计算出公司可分配财产的数额,提出分配方案,以供股东、债权人以及有关机关的审查和质疑。清算方案应当充分酝酿、全面考虑,应尽可能地征求和听取公司股东、债权人、职工等相关利益主体的意见和建议,并报公司股东会、股东大会或者人民法院确认。

(6) 收取债权、清偿债务、分配剩余财产。公司的清算方案经股东会、股东大会或人民法院确认后,公司清算组即可根据《公司法》第186条及有关法律、法规的规定,按照清算方案收取债权、清偿债务和分配剩余财产。公司财产分配的法定顺序依次为:① 支付清算费用;② 支付职工工资;③ 支付社会保险费用和法定补偿金;④ 缴纳所欠税款;⑤ 清偿公司债务;⑥ 按照出资人的出资比例或股东的持股比例分配剩余财产。

(7) 制作清算文件,进行公司注销登记。公司清算结束后,清算组应当制作清算报告和清算期间的财务收支报表、会计账簿等清算文件。清算文件材料是整个清算工作的书面总结,是清算程序的书面证明,清算文件应报公司股东会、股东大会或者人民法院确认,并报送公司登记机关,申请公司注销登记。至此,公司清算工作全面结束,公司清算实现了它的最终法律效力——公司人格消灭。

(五) 公司清算的法律责任

《公司法》第189条、第204~206条规定了公司及清算组在违反《公司法》的有关规定后应承担的法律责任。

(1) 清算组成员谋取非法收入、侵占公司财产的法律责任。公司清算组成员应当忠于职守,依法履行清算义务,不得利用职权收受贿赂或者其他非法收入,不得侵占公司财产;清

第四章　两类公司通用的法律制度

算组成员因故意或者重大过失给公司或者债权人造成损失的,应承担赔偿责任;公司清算组成员利用职权徇私舞弊、谋求非法收入或者侵占公司财产的,由公司登记机关责令退还公司财产,没收违法所得,并可处以违法所得1倍以上5倍以下的罚款。

（2）未按照《公司法》的规定通知和公告债权人的法律责任。《公司法》第204条第1款规定,公司清算组进行清算时,不依照本法规定通知或者公告债权人的,由公司登记机关责令改正,对公司处以1万元以上10万元以下的罚款。

（3）清算期间违法处置财产的法律责任。公司清算组在清算过程中隐匿财产、对资产负债表或者财产清单作虚假记载、在未清偿前分配公司财产的,由公司登记机关责令改正,对公司处以隐匿财产或者未清偿债务前分配公司财产金额5%以上10%以下的罚款;对直接负责的主管人员和其他责任人员处以1万元以上10万元以下的罚款。

（4）公司在清算期间开展与清算无关的经营活动的法律责任。根据《公司法》第186条第3款的规定,清算期间,公司存续,法人资格仍然存在,但公司能力受到限制,公司不得经营与清算无关的经营活动。《公司法》第205条则规定,公司在清算期间开展与清算无关的经营活动的,由公司登记机关予以警告,没收违法所得。

（5）不按规定报送清算材料的法律责任。公司清算组不按照《公司法》的规定向公司登记机关报送清算报告,或者报送清算报告隐瞒重要事实或者有重大遗漏的,由公司登记机关责令改正。

【测试题】

1. 甲为某有限公司股东,持有该公司15%的表决权股。甲与公司的另外两个股东长期意见不合,已两年未开成公司股东会,公司经营管理出现困难,甲与其他股东多次协商未果。在此情况下,甲可以采取下列哪些措施解决问题?（　　）(2009年国家司法考试,卷三第73题)

　　A. 请求法院解散公司

　　B. 请求公司以合理的价格收购其股权

　　C. 将股权转让给另外两个股东退出公司

　　D. 经另外两个股东同意撤回出资以退出公司

2. 2009年,甲、乙、丙、丁共同设立A有限责任公司。丙以下列哪一理由提起解散公司的诉讼法院应予受理?（　　）(2011年国家司法考试,卷三第27题)

　　A. 以公司董事长甲严重侵害其股东知情权,其无法与甲合作为由

　　B. 以公司管理层严重侵害其利润分配请求权,其股东利益受重大损失为由

　　C. 以公司被吊销企业法人营业执照而未进行清算为由

　　D. 以公司经营管理发生严重困难,继续存续会使股东利益受到重大损失为由

3. 某经营高档餐饮的有限责任公司,成立于2004年。最近四年来,因受市场影响,公司业绩逐年下滑,各董事间又长期不和,公司经营管理几近瘫痪。股东张某提起解散公司诉讼。对此,下列哪一表述是正确的?（　　）(2014年国家司法考试,卷三第28题)

A. 可同时提起清算公司的诉讼

B. 可向法院申请财产保全

C. 可将其他股东列为共同被告

D. 如法院就解散公司诉讼作出判决,仅对公司具有法律拘束力

4. 甲公司严重资不抵债,因不能清偿到期债务向法院申请破产。下列哪一财产属于债务人财产?( )(2009年国家司法考试,卷三第29题)

A. 甲公司购买的一批在途货物,但尚未支付货款

B. 甲公司从乙公司租用的一台设备

C. 属于甲公司但已抵押给银行的一处厂房

D. 甲公司根据代管协议合法占有的委托人丙公司的两处房产

5. 李桃是某股份公司发起人之一,持有14%的股份。在公司成立后的两年多时间里,各董事之间矛盾不断,不仅使公司原定上市计划难以实现,更导致公司经营管理出现严重困难。关于李桃可采取的法律措施,下列哪一说法是正确的?( )(2015年国家司法考试,卷三第27题)

A. 可起诉各董事履行对公司的忠实义务和勤勉义务

B. 可同时提起解散公司的诉讼和对公司进行清算的诉讼

C. 在提起解散公司诉讼时,可直接要求法院采取财产保全措施

D. 在提起解散公司诉讼时,应以公司为被告

6. 2012年5月,东湖有限公司股东申请法院对公司进行司法清算,法院为其指定相关人员组成清算组。关于该清算组成员,下列哪一选项是错误的?( )(2012年国家司法考试,卷三第28题)

A. 公司债权人唐某

B. 公司董事长程某

C. 公司财务总监钱某

D. 公司聘请的某律师事务所

7. 因公司章程所规定的营业期限届满,蒙玛有限公司进入清算程序。关于该公司的清算,下列哪些选项是错误的?( )(2014年国家司法考试,卷三第70题)

A. 在公司逾期不成立清算组时,公司股东可直接申请法院指定组成清算组

B. 公司在清算期间,由清算组代表公司参加诉讼

C. 债权人未在规定期限内申报债权的,则不得补充申报

D. 法院组织清算的,清算方案报法院备案后,清算组即可执行。

【答案与解析】

1. 答案:AC。

解析:《公司法》第182条规定,公司经营管理发生严重困难,继续存续会使股东利益受到重大损失,通过其他途径不能解决的,持有公司全部股东表决权10%以上的股东,可以请

第四章 两类公司通用的法律制度

求人民法院解散公司。本题中,公司经营管理出现了困难,且股东之间无法达成一致意见来解决,这样继续下去会给股东的利益造成重大损失。另外,股东甲已经持有公司15%的表决权,超过了法定的10%的标准,可以请求法院解散公司。因此,选项A正确。

《公司法》第74条第1款规定:"有下列情形之一的,对股东会该项决议投反对票的股东可以请求公司按照合理的价格收购其股权:(1)公司连续5年不向股东分配利润,而公司该5年连续盈利,并且符合本法规定的分配利润条件的;(2)公司合并、分立、转让主要财产的;(3)公司章程规定的营业期限届满或者章程规定的其他解散事由出现,股东会会议通过决议修改章程使公司存续的。"该条规定了公司收购股东股权的法定情形,本题中给出的情况不满足法定的可以请求公司以合理的价格收购其股权的条件。因此,选项B错误。

《公司法》第71条第1款规定,有限责任公司的股东之间可以相互转让其全部或者部分股权。本题中甲当然有权将股权转让给另外两个股东,退出公司。因此,选项C正确。

《公司法》第35条规定,公司成立后,股东不得抽逃出资。公司成立后,除公司解散外,股东不得以任何方式将出资撤回,否则构成抽逃出资行为。因此,选项D错误。

2. 答案:D。

解析:《公司法》第182条规定:"公司经营管理发生严重困难,继续存续会使股东利益受到重大损失,通过其他途径不能解决的,持有公司全部股东表决权10%以上的股东,可以请求人民法院解散公司。"《公司法司法解释(二)》第1条第2款规定:"股东以知情权、利润分配请求权等权益受到损害,或者公司亏损、财产不足以偿还全部债务,以及公司被吊销企业法人营业执照未进行清算等为由,提起解散公司诉讼的,人民法院不予受理。"由以上规定可知,选项A、B、C错误,只有选项D正确。

3. 答案:B。

解析:《公司法司法解释(二)》第2条规定:"股东提起解散公司诉讼,同时又申请人民法院对公司进行清算的,人民法院对其提出的清算申请不予受理。人民法院可以告知原告,在人民法院判决解散公司后,依据公司法第182条和本规定第7条的规定,自行组织清算或者另行申请人民法院对公司进行清算。"股东提起解散公司诉讼的,不能同时申请对公司进行清算。选项A错误。

《公司法司法解释(二)》第3条规定:"股东提起解散公司诉讼时,向人民法院申请财产保全或者证据保全的,在股东提供担保且不影响公司正常经营的情形下,人民法院可予以保全。"故选项B正确。

《公司法司法解释(二)》第4条第1款、第2款规定:"股东提起解散公司诉讼应当以公司为被告。原告以其他股东为被告一并提起诉讼的,人民法院应当告知原告将其他股东变更为第三人;原告坚持不予变更的,人民法院应当驳回原告对其他股东的起诉。"股东提起解散公司之诉的,公司作为被告,其他股东只能是诉讼第三人,不能作为共同被告,故选项C错误。

《公司法司法解释(二)》第6条第1款规定:"人民法院关于解散公司诉讼作出的判决,对公司全体股东具有法律约束力。"法院关于解散公司诉讼作出的判决,不仅对公司有法律约束力,对全体股东均有法律约束力,故选项D错误。

4. 答案:C。

解析:《企业破产法》第30条规定,破产申请受理时属于债务人的全部财产,以及破产申请受理后至破产程序终结前债务人取得的财产,为债务人财产。因此破产申请受理时,不论属于债务人的财产上是否有担保物权,都属于债务人财产,故选项C正确。

5. 答案:D。

解析:根据我国《公司法》第147条、第148条对公司高管人员勤勉义务和忠实义务的规定,只有在高管人员恶意违反勤勉义务和忠实义务时,股东才得对其提起诉讼。而本题中,尽管公司董事间相互冲突,但并未有证据表明董事违反了《公司法》上规定的义务。更为关键的是,公司高管人员所负的忠实义务和勤勉义务,不具有可诉性,也就是不可起诉高管来"履行"这两项义务。故选项A错误。

本题中,公司的董事在两年多的时间里长期冲突,导致公司经营管理困难及上市难以实现,符合《公司法司法解释(二)》第1条第1款规定的股东提起司法解散诉讼的情形。又根据《公司法司法解释》第2条的规定,股东在提起解散诉讼的同时又提出清算公司申请的,人民法院对清算公司的申请不予受理,故选项B错误。

《公司法司法解释(二)》第3条规定,股东在解散公司诉讼中要求人民法院采取保全措施的,应当提供担保,并且该措施应当以不会影响公司的正常经营为前提,故选项C的"直接要求法院采取保全措施"的说法错误。

只有选项D的表述符合《公司法司法解释(二)》第4条第1款的规定,故应选D。

6. 答案:A。

解析:《公司法司法解释(二)》第8条规定:"人民法院受理公司清算案件,应当及时指定有关人员组成清算组。清算组成员可以从下列人员或者机构中产生:(1)公司股东、董事、监事、高级管理人员;(2)依法设立的律师事务所、会计师事务所、破产清算事务所等社会中介机构;(3)依法设立的律师事务所、会计师事务所、破产清算事务所等社会中介机构中具备相关专业知识并取得执业资格的人员。"可见,公司债权人不能够作为清算组成员,故选项A错误,其余选项都正确。

7. 答案:ABCD。

解析:《公司法》规定公司解散应当进行清算,《公司法司法解释(二)》对公司的清算作了补充规定。

《公司法司法解释(二)》第7条规定:"公司应当依照《公司法》第183条的规定,在解散事由出现之日起15日内成立清算组,开始自行清算。有下列情形之一,债权人申请人民法院指定清算组进行清算的,人民法院应予受理:(1)公司解散逾期不成立清算组进行清算的;(2)虽然成立清算组但故意拖延清算的;(3)违法清算可能严重损害债权人或者股东利益的。具有本条第2款所列情形,而债权人未提起清算申请,公司股东申请人民法院指定清算组对公司进行清算的,人民法院应予受理。"由此可知,在公司逾期不成立清算组时,应由债权人申请人民法院指定清算组进行清算,公司股东不可以直接申请法院指定组成清算组。

《公司法司法解释(二)》第 10 条规定:"公司依法清算结束并办理注销登记前,有关公司的民事诉讼,应当以公司的名义进行。公司成立清算组的,由清算组负责人代表公司参加诉讼;尚未成立清算组的,由原法定代表人代表公司参加诉讼。"公司在清算期间,由清算组负责人代表公司参加诉讼,而非由清算组代表公司参加诉讼。

《公司法司法解释(二)》第 13 条第 1 款规定:"债权人在规定的期限内未申报债权,在公司清算程序终结前补充申报的,清算组应予登记。"债权人未在规定期限内申报债权的,只要在公司清算程序终结前补充申报的,清算组应予登记。

《公司法司法解释(二)》第 15 条第 1 款规定:"公司自行清算的,清算方案应当报股东会或者股东大会决议确认;人民法院组织清算的,清算方案应当报人民法院确认。未经确认的清算方案,清算组不得执行。"法院组织清算的,清算方案应当报法院确认,而非备案。

故选项 A、B、C、D 均为错误。

第五章

外国公司分支机构

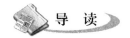

本书的体例是按照我国《公司法》规定的有限责任公司和股份有限公司两类法定的公司形式来安排章节,外国公司分支机构无法纳入这两类公司里面去,因此,单列一章以符合本书的逻辑安排。外国公司在我国设立分支机构是其进入我国进行营业活动的重要形式。我国《公司法》第十一章以专章形式对外国公司的分支机构进行了规范。本章在对外国公司分支机构作一般介绍的基础上,结合《公司法》及相关法律法规的有关规定,对外国公司分支机构的法律地位、权利和义务以及分支机构的设立、撤销、清算程序等进行了论述。

第一节 外国公司分支机构概述

一、外国公司的概念

根据我国《公司法》第191条的规定,外国公司是指依照外国法律在中国境外设立的公司。对此,有两点需要强调:(1)外国公司须依外国法律设立。外国公司是按照所属国法律规定的条件和程序设立的公司,同时其"公司"性质的认定也以该所属国法律为依据,即只要它被所属国法律视为公司,不论它采用何种公司形式,我国均承认它为外国公司。(2)外国公司须在中国境外设立,即公司的设立、登记行为发生于中国境外。至于投资者的国籍以及公司机构设于何国,则在所不问。例如,外商在中国投资设立中外合资经营企业、中外合作经营企业和外商独资企业,这三类企业虽然都有外国资本的参与,但均不具有外国国籍,它们是依我国法律在我国境内设立的公司,因而是具有我国国籍的本国企业。

二、外国公司分支机构的概念和特征

(一)外国公司分支机构的概念

外国公司分支机构是外国公司为进入东道国从事业务活动而在东道国设立的分支机构。在我国,外国公司分支机构是指外国公司依照我国《公司法》的规定,经我国政府批准,在我国境内设立的从事营利活动的非法人经济组织。外国公司分支机构不具有中国法人资格,其在本质上相当于该外国公司在中国设立的分公司。外国公司进入我国营业,一般可以采取在我国设立分支机构、独资子公司、中外合资经营或中外合作经营等形式,其中,外国公司在我国设立分支机构是其进入我国进行营业活动的重要形式。

(二)外国公司分支机构的特征

外国公司分支机构具有如下特征:

(1) 以外国公司的存在为前提。外国公司分支机构是隶属于外国公司的组成部分,不能独立于外国公司而存在,它必须由外国公司予以设立,并作为该公司的一部分从事业务活动。因此,外国公司分支机构是以外国公司法人的存在为前提的。即外国公司在中国境内成立分支机构之前,必须先在其所属国依法取得公司法人人格。未取得公司法人人格者,不能在中国境内以公司名义设立外国公司分支机构。

(2) 须依我国法律在我国境内设立。外国公司分支机构的设立,是依照我国法律对外国公司的权利义务主体资格及其在中国境内开展营业活动的资格予以确认的结果。外国公司在我国设立分支机构,须依我国法律相关规定进行,须经我国主管部门批准,并到我国市场监督管理机关依法办理登记手续,领取营业执照。外国公司在中国境内设立分支机构,必须在中国境内指定负责该分支机构的代表人或者代理人,并向该分支机构拨付与其所从事的经营活动相适应的资金。外国公司的分支机构应当在其名称中标明该外国公司的国籍及责任形式,并在本机构中置备该外国公司章程。外国公司分支机构的设立,是依照我国法律对外国公司的权利义务主体资格及其在中国境内开展营业活动的资格予以确认的结果。

(3) 须在我国境内从事以营利为目的的营业活动。外国公司在他国可能设立多种常驻工作机构,其中只有经依法登记从事生产经营活动的分支机构才可能是公司法意义上的外国公司分支机构。如果外国公司设立的分支机构无意在我国开展经营活动,其所从事的只是非营利性活动,则该分支机构则不属于《公司法》所规范的外国公司分支机构。

三、外国公司分支机构的法律地位

依据我国《公司法》第195条的规定,外国公司在中国境内设立的分支机构不具有中国法人资格,其开展经营活动所产生的民事责任由其所属的外国公司承担。具体而言:

(一)不具有中国法人资格

外国公司分支机构是其所属外国公司的组成部分,不是独立机构,它与外国公司在我国境内设立的子公司不同。外国公司依据我国法律在我国境内设立的子公司根据《公司法》的规定具有中国法人资格。外国公司分支机构仅在其所属外国公司的授权内以外国公司名义开展经营活动。分支机构一般不具有董事会、股东会等独立完整的管理机构,而由外国公司指定的代表人或者代理人负责。

(二)不能独立承担民事责任

由于外国公司的分支机构不具有中国法人资格,它在中国境内从事经营活动是以外国公司的名义进行的,由此产生的权利和义务均归属于设立该分支机构的外国公司,其民事责任也应当由其所属外国公司来承担。实践中外国公司分支机构在中国境内从事经营活动产生债务时,一般首先由分支机构来进行清偿,当分支机构不能清偿时,再由所属外国公司来进行清偿。所属外国公司也可以直接清偿。

(三) 具有民事诉讼当事人资格

在民事诉讼中,外国公司分支机构可以享有诉讼当事人资格。《民事诉讼法》第48条第1款规定:"公民、法人和其他组织可以作为民事诉讼的当事人。"依据《最高人民法院关于适用〈中华人民共和国民事诉讼法〉的解释》第52条第(5)项的规定,《民事诉讼法》第48条规定的其他组织是指合法成立、有一定的组织机构和财产,但又不具备法人资格的组织,包括依法设立并领取营业执照的法人的分支机构。因此,在民事诉讼中,外国公司分支机构可以享有诉讼当事人资格。

(四) 受我国法律管辖和保护

外国公司分支机构并不因其外国国籍和非独立地位而不受中国有关法律的管辖和保护。依我国《公司法》规定设立的外国公司分支机构,其在中国境内从事业务活动,必须遵守中国的法律,不得损害中国的社会公共利益,其合法权益受中国法律保护。

四、外国公司分支机构的设立

(一) 外国公司分支机构设立的概念和条件

外国公司分支机构的设立,是指外国公司依照东道国法律规定的条件和程序在东道国境内设立分支机构从而取得在东道国境内从事经营活动资格的法律行为。

各国法律一般都对外国公司在本国境内设立分支机构的条件和程序作出了相应规定。在我国,根据《公司法》第193条、第194条等相关规定,外国公司在中国设立分支机构,必须符合以下基本条件:

(1) 外国公司必须在中国境内指定负责该分支机构的代表人或代理人。这里的代表人是指分支机构的代表人,属于外国公司及其分支机构的内部人员,而代理人则是指受外国公司的委托,以该公司名义活动的人。由于外国公司分支机构的所属公司在中国境外,难以由该外国公司对分支机构营业进行即时地跟踪控制,需要在中国指定代表人或者代理人进行具体的活动。因此,《公司法》规定必须在中国境内设置负责该分支机构的代表人或代理人,代表该外国公司组织生产经营活动,签订合同,行使权利,履行义务,承担责任,参加民事诉讼活动等。

(2) 外国公司必须向分支机构拨付与其所从事的经营活动相适应的资金。法律之所以作出如此规定,一方面是为了保证该外国公司分支机构的经营活动得以正常进行,维护正常的经营秩序;另一方面是为了使外国公司分支机构有能力承担相应的民事责任,防止外国公司在我国境内无本经营或从事诈骗活动,保护其相关债权人和社会公共利益。值得注意的是,上述"相适应的资金"并非该外国公司分支机构承担民事责任的限度。当外国公司分支机构需要依法承担民事责任时,不以该外国公司分支机构的经营资金数额及该外国公司分支机构所支配的财产为限,而应由设立该分支机构的外国公司全部承担。

（二）外国公司分支机构设立的程序

设立外国公司分支机构应当按照我国《公司法》规定的程序进行。根据我国《公司法》第192条的规定，外国公司在中国境内设立分支机构，必须向中国主管机关提出申请，并提交其公司章程、所属国的公司登记证书等有关文件，经批准后，向公司登记机关依法办理登记，领取营业执照。具体而言，外国公司在我国设立分支机构的程序可以概括为以下几个步骤：

（1）申请人提出设立申请。根据我国《公司法》的规定，在我国境内设立外国公司分支机构，应当向主管机关提出申请。申请人应是外国公司。外国公司在我国设立分支机构的主管机关一般为国务院商务部及其授权机构，涉及特定经营行业的则需经特定行业主管机关批准，如银行业需经中国银监会批准。

外国公司向中国主管机关提出设立分支机构申请，应当提交其公司章程、所属国的公司登记证书等有关文件。具体包括：① 设立外国公司分支机构的申请书；② 申请公司的公司章程；③ 申请公司所属国的公司登记证书；④ 同申请公司有业务往来的金融机构出具的资信证明；⑤ 申请公司董事及公司其他负责人的姓名、国籍、住所；⑥ 申请公司申请设立分支机构前3年的财务会计报告；⑦ 申请公司股东会或董事会关于在中国设立分支机构的决议；⑧ 申请公司承担税务、债务的责任保证书；⑨ 申请公司在中国境内指定负责该分支机构的代表人或代理人的姓名、国籍以及授权委托书；⑩ 所设分支机构的经营计划书等。

（2）经过中国主管机关审批。依照我国《公司登记管理条例》的相关规定，我国公司的分支机构即分公司的登记，原则上采取准则主义，公司在作出设立分公司的决定后，即可向公司登记机关申请登记；但对于法律、行政法规规定须报经有关部门审批的，则采取许可主义。对于外国公司分支机构的设立，我国《公司法》规定一律实行许可主义，即外国公司设立分支机构，必须经由我国有关主管部门审核批准。

我国《公司法》第192条第2款规定："外国公司分支机构的审批办法由国务院另行规定。"《公司法》授权国务院另行规定外国公司分支机构的审批办法，主要有以下考虑：① 有关主管机关对外国公司分支机构市场准入的审批权限需由国务院在具体审批办法中加以确定；② 考虑到某些行业或地区不宜设立外国公司的分支机构，这些具体限制规定也需要由国务院根据我国的实际情况进行规定，并且根据情况变化进行适时的调整。

（3）经公司登记机关依法办理登记，领取营业执照。外国公司在中国境内设立分支机构的申请获得中国主管机关批准之后，申请人凭批准文件，并提交公司登记所需的有关文件，向公司登记机关办理登记手续，领取营业执照。在实践中，外国公司在我国设立分支机构，一般要由国家市场监督管理总局进行登记，经国家市场监督管理总局委托，省、自治区、直辖市的市场监督管理局对本辖区内的外国公司分支机构的设立进行登记。未经登记，不得在中国境内从事生产经营活动。

外国公司分支机构申请进行设立登记时应提交下列文件：① 申请在中国设立分支机构的外国公司法定代表人签署的登记申请书；② 提出该申请的外国公司章程及所属国已为登记的证明书；③ 我国有关主管机关批准该外国公司在中国设立分支机构的批准文件；④ 外国公司分支机构的营业场地使用证书；⑤ 其他有关文件。

外国公司分支机构的登记事项，通常应包括：① 外国公司分支机构的名称；② 外国公司分支机构所属公司的国籍；③ 外国公司分支机构的住所或营业场所所在地；④ 外国公司分支机构用于经营活动的资金额；⑤ 外国公司分支机构的负责人；⑥ 外国公司分支机构的业务范围、经营期限等。

经审查符合法律、法规规定条件的，公司登记机关给予注册登记，发给营业执照。外国公司分支机构自公司登记机关核准登记并颁发营业执照之日起，即为成立之日，可以开始从事业务活动。外国公司应依法自开业之日起一定期限内向税务机关办理税务登记。外国公司分支机构要求变更名称、经营范围、代表人、经营期限、注册地址的，应当向原审批机关提出申请，获得批准后，向登记机关办理变更登记手续。

【测试题】

1. A公司是一家注册设立于B国的外国公司。2015年A公司在中国设立分支机构，从事生产经营活动。2017年A公司分支机构因为原材料价格上涨等原因造成大量亏损。国内公司C公司作为其长期供货方，得知该情形后向其提出清偿近两年对该公司所欠货款的请求，计240万美元。A公司分支机构表示无力还款。C公司遂向法院提起诉讼。A公司分支机构表示，其已经资不抵债，要求适用相关条款，申请破产。问：法院应该如何作出判决？

2. 下列公司中性质上属于外国公司的有：(　　)。

    A. 依照外国法律在中国境外设立的公司

    B. 中外合资经营企业

    C. 中外合作经营企业

    D. 外商独资企业

3. 关于外国公司分支机构的设立程序，下列说法中正确的有：(　　)。

    A. 在我国境内设立外国公司分支机构，应当向主管机关提出申请

    B. 对于外国公司分支机构的设立，我国实行准则主义

    C. 对于外国公司分支机构的设立，我国实行许可主义

    D. 外国公司分支机构于公司登记机关核准登记并颁发营业执照之日成立

【答案与解析】

1. 解答：法院应当判令A公司清偿其分支机构所欠C公司款项。我国《公司法》第195条规定："外国公司在中国境内设立的分支机构不具有中国法人资格。外国公司对其分支机构在中国境内进行经营活动承担民事责任。"依此规定，外国公司分支机构作为外国公司的组成部分，在我国不具有法人资格，其不能为自己在中国境内所进行的经营活动独立承担民事责任，而要由设立该分支机构的外国公司来承担。本案中，A公司分支机构不是法人，不能独立承担责任，当其不能清偿债务时，应该根据《公司法》第195条的规定，由A公司承担清偿其欠款的责任。所以法院应当判令A公司清偿其分支机构所欠C公司款项。

2. 答案：A。

解析：我国《公司法》第191条规定：本法所称外国公司是指依照外国法律在中国境外设立的公司。可见，只有选项A正确。

3. 答案 ACD。

解析：《公司法》第192条规定："外国公司在中国境内设立分支机构，必须向中国主管机关提出申请，并提交其公司章程、所属国的公司登记证书等有关文件，经批准后，向公司登记机关依法办理登记，领取营业执照。外国公司分支机构的审批办法由国务院另行规定。"故选项A、C、D正确，选项B认为"对于外国公司分支机构的设立，我国实行准则主义"错误。

第二节　外国公司分支机构的权利和义务

外国公司分支机构作为外国公司在东道国的一个派出机构，在取得在东道国的工商登记后，既享有在东道国境内从事业务活动的权利，又要承担东道国法律规定的相应义务。许多国家和地区的公司法都对外国公司分支机构的权利义务予以专门规定。我国《公司法》第196条对外国公司的权利和义务作了概括性规定："经批准设立的外国公司分支机构，在中国境内从事业务活动，必须遵守中国的法律，不得损害中国的社会公共利益，其合法权益受中国法律保护。"

一、外国公司分支机构的权利

根据我国《公司法》的规定，外国公司分支机构的权利可以概括为以下两个方面：

(1) 在我国境内依法从事生产经营活动。外国公司分支机构取得中国市场监督管理机关颁发的营业执照后，就取得了在中国境内从事生产经营活动的资格，具有与中国公司基本相同的权利，如依法取得财产的所有权、订立合同等。同时，法律对外国公司分支机构的范围也会有所限制，主要体现在禁止或限制外国公司分支机构从事军工、航空、通讯、能源等与国计民生关系重大的特殊行业。

(2) 合法权益受中国法律保护。中国法律对中国境内的一切经济组织的合法权益都要依法保护，这也是中国在吸引外资过程中的郑重承诺。中国有关管理机关应依法履行自己的职责，切实保护外国公司分支机构的合法权益。对任何侵害其合法权益的行为，外国公司分支机构都可以取得法律上的救济。外国公司在其分支机构的合法经营活动受到不法侵害时，其享有在中国提起诉讼、寻求司法保护的权利，以维护其合法权益。

二、外国公司分支机构的义务

外国公司在中国境内设立的分支机构在依法享有权利的同时，也应承担相应的义务。除我国法律予以特别规定以外，外国公司分支机构的义务与我国同类分公司所负有的义务

基本相同。根据我国法律的规定,外国公司分支机构在我国从事业务活动应承担的主要义务可概括为以下三个方面:

(1) 遵守中国法律,不得损害中国的社会公共利益。外国公司在中国境内设立分支机构开展业务活动,本质上是外国投资者对中国的投资。依属地管辖原则,外国公司分支机构在中国境内的营业活动,应受中国法律管辖,这是我国主权原则的体现。同时,外国公司分支机构在中国境内营业,不得损害中国的社会公共利益。比如,外国公司分支机构不得在中国境内非法开展业务,不得拒绝履行其应当履行的义务,不得扰乱中国正常的经济秩序;外国公司分支机构所从事的营业项目,必须符合中国的产业政策,在国家允许的范围内进行,不得进入中国禁止外资进入的特定行业;外国公司分支机构同样也要接受工商、税务部门以及外汇、海关等部门的管理和监督。

(2) 在名称中标明所属外国公司的国籍及责任形式,并在本机构中置备所属外国公司章程。因外国公司分支机构不具备中国法人资格,其在中国境内进行经营活动产生的民事责任由外国公司承担,因此外国公司的国籍和责任形式宜明示于与其发生业务关系的相对人及社会公众。对外国公司分支机构作出这一要求,一则便于有关主管机关对其进行监督管理,二则便于相对人及社会公众了解其情况,增进交易安全。公司章程是全面指导公司经营行为和业务活动的基本规范,也是国家对外国公司在中国境内设立分支机构进行管理的重要依据。置备公司章程目的在于便利主管机关及外国公司分支机构的债权人查阅,以加强对该分支机构的管理,保护分支机构债权人的利益。

(3) 外国公司分支机构被撤销时应依法进行清算。根据《公司法》第197条的规定,外国公司撤销其在中国境内的分支机构时,必须依法清偿债务,依照《公司法》有关公司清算程序的规定进行清算。未清偿债务之前,不得将其分支机构的财产移至中国境外。

【测试题】

关于外国公司分支机构的义务,下列说法正确的有:(　　)。

A. 外国公司分支机构不得损害中国的社会公共利益

B. 外国公司分支机构应当在名称中标明所属外国公司的国籍及责任形式

C. 外国公司分支机构应当在本机构中置备所属外国公司章程

D. 外国公司撤销其在中国境内的分支机构时应当依法清偿债务

【答案与解析】

答案:ABCD。

解析:《公司法》第194条规定:"外国公司的分支机构应当在其名称中标明该外国公司的国籍及责任形式。外国公司的分支机构应当在本机构中置备该外国公司章程。"《公司法》第196条规定:"经批准设立的外国公司分支机构,在中国境内从事业务活动,必须遵守中国的法律,不得损害中国的社会公共利益,其合法权益受中国法律保护。"《公司法》第197条规定:"外国公司撤销其在中国境内的分支机构时,必须依法清偿债务,依照本法有关公司清算程序的规定进行清算。未清偿债务之前,不得将其分支机构的财产移至中国境外。"故选项A、B、C、D均正确。

第三节　外国公司分支机构的撤销与清算

一、外国公司分支机构的撤销

外国公司分支机构的撤销是指外国公司依法终结其在东道国设立的分支机构的业务活动,使已经设立的该分支机构归于消灭的法律行为。外国公司分支机构撤销的原因可以概括为两种情形:(1)由于被强制吊销营业执照而被迫撤销;(2)主动撤销。东道国政府强令外国公司分支机构撤销,一般是由于该外国公司分支机构严重违反东道国的法律。外国公司分支机构主动要求撤销一般是发生在该外国公司已经完成了在东道国从事营业活动的预定目标,需要转移营业地,或者无意继续在东道国投资经营,或者外国公司分支机构由于亏损严重而无力继续经营等情形。

我国《公司法》未明确规定外国公司分支机构的撤销原因,综合相关法律、法规的规定,一般应包括下列几种情形:

(一)外国公司自行决定撤销

外国公司出于某种原因或需要,向主管机关申请批准撤销其设立的分支机构,是外国公司分支机构撤销的一种常见情形。外国公司自行决定撤销分支机构的原因包括分支机构已完成在我国从事投资和营业的预定目标,无意在我国继续投资经营,拟将在我国的分支机构向他国转移或收回投资;分支机构发生亏损,无力继续经营;分支机构在我国遭受不可抗力,无法继续经营等。

(二)外国公司分支机构因经营期限届满而撤销

外国公司分支机构设立之时,外国公司向中国主管机关提交设立分支机构的申请文件中应包含有经营期限的记载。中国公司登记机关对外国公司分支机构进行登记时,也应对其经营期限作出明确登记。外国公司分支机构经营期限届满,外国公司应依法撤销其分支机构。当然,外国公司分支机构在经营期限届满前的合理期限内,经原审批机关批准,可申请办理延期登记。延期申请不被批准,或逾期不申请延期的,则外国公司分支机构就不能再继续营业而应依法解散。

(三)外国公司分支机构因违法经营而被撤销

外国公司分支机构从事生产经营活动严重违反东道国法律的,将被依法责令撤销。我国《公司法》第212条规定:"外国公司违反本法规定,擅自在中国境内设立分支机构的,由公司登记机关责令改正或者关闭,可以并处5万元以上20万元以下的罚款。"此外,如果外国公司分支机构违反我国市场监督管理、海关、财税、金融、外汇、环境保护等法律,情节严重的,有关主管部门也有权责令其停止,并吊销其营业执照。

（四）外国公司分支机构因无故歇业而被撤销

外国公司分支机构取得营业执照后,应当依法从事营业活动,如果其无故歇业达到一定期限,有关主管机关可强制该外国公司分支机构解散。我国有关法律规定,外国公司分支机构成立后无正当理由超过 6 个月未开业,或者开业后无正当理由连续停业 6 个月以上的,由公司登记机关依法吊销其营业执照。

（五）因外国公司的终止而被撤销

外国公司分支机构在本质上相当于该外国公司在中国设立的分公司,它的存续和运营以外国公司法人的存在为前提。当分支机构所属外国公司因宣告破产、股东会决议解散、被依法撤销等原因而终止时,该外国公司分支机构亦应撤销。

二、外国公司分支机构的清算

外国公司分支机构的清算是指外国公司分支机构被撤销后,为了终结其现存的各种法律关系,了结分支机构债务,而对分支机构所发生的债权债务进行清理处分的法律行为。外国公司分支机构的清算,依照《公司法》有关公司清算程序的规定进行,主要包括成立清算组织、通知和公告债权人、债权申报和登记、清理财产和债权债务、制订清算方案、执行清算方案、制作清算报告以及注销登记等程序。为了防止外国公司借其分支机构撤销之机,转移财产、逃避法定或约定义务,我国《公司法》第 197 条明确规定,外国公司未清偿债务前不得将其分支机构的财产移至中国境外。因此,外国公司分支机构的清算对于保障债权人及相关利害关系人的合法权益有着十分重要的意义。

外国公司分支机构的清算依《公司法》有关公司清算程序的规定执行。其清算程序主要包括如下步骤:

（一）成立清算组

在外国公司分支机构主动撤销的情形下,应当在 15 日内成立清算组;逾期不成立清算组的,债权人可以申请人民法院指定有关人员组成清算组,进行清算。如果是由于外国公司分支机构违反法律规定被依法责令关闭的,则由有关主管机关组织外国公司、有关机关及专业人员成立清算组进行清算。清算人的主要职责是清理财产、了结业务、清偿债务等。

（二）通知和公告债权人,进行债权登记

清算组应当自成立之日起 10 内通知债权人,并于 60 日内在报纸上进行公告。债权人应当自接到通知书之日起 30 日内,未接到通知书的自公告之日起 45 日内,向清算组申报其债权。债权人申报债权,应当说明债权的有关事项,并提供证明材料。清算组应当对债权进行登记。在申报债权期间,清算组不得对债权人进行清偿。

（三）制订清算方案,清理债权债务

清算组在清理外国公司分支机构财产、编制资产负债表和财产清单后,应当制订清算方案,报我国主管机关确认。外国公司分支机构在清算期间,不得基于非清算目的处分其财产。分支机构财产能够清偿债务的,分别按顺序支付清算费用、职工工资和劳动保险费用、缴纳所欠税款、清偿公司债务。在未清偿债务之前,外国公司不得将其分支机构的财产移至

中国境外。对于外国公司分支机构的所有清算未了的债务,由其所属的外国公司予以清偿。

（四）结束清算,办理分支机构注销登记

清算结束后,清算人应当制作清算报告,报有关主管机关确认,并报送原公司登记机关,在法定期限内申请注销登记,由登记机关发布公告、缴纳营业执照。至此,外国公司分支机构完全终止。

【测试题】

关于外国公司分支机构清算的程序,下列说法正确的有:(　　)。

A. 外国公司分支机构撤销后应当依法成立清算组进行清算
B. 清算组应当自成立之日起10内通知债权人,并于45日内在报纸上进行公告
C. 债权人应当自接到通知书之日起30日内向清算组申报其债权
D. 在未清偿债务之前,外国公司不得将其分支机构的财产移至中国境外

【答案与解析】

答案:ACD。

解析:《公司法》第185条规定:"清算组应当自成立之日起10日内通知债权人,并于60日内在报纸上公告。债权人应当自接到通知书之日起30日内,未接到通知书的自公告之日起45日内,向清算组申报其债权。债权人申报债权,应当说明债权的有关事项,并提供证明材料。清算组应当对债权进行登记。在申报债权期间,清算组不得对债权人进行清偿。"第197条规定:"外国公司撤销其在中国境内的分支机构时,必须依法清偿债务,依照本法有关公司清算程序的规定进行清算。未清偿债务之前,不得将其分支机构的财产移至中国境外"。故选项A、C、D正确,选项B错误。

第六章

公司法律责任

法律责任制度是任何一部法律都不可缺少的重要组成部分。本章在对法律责任作一般介绍的基础上,结合《公司法》及相关法律、法规的有关规定,对公司法律责任进行简要概括和梳理。本章的重点在于了解公司法律责任的概念和特征、公司法律责任的三种形式以及公司设立、存续、清算过程中不同主体的民事、行政和刑事责任。这些责任前面的章节可能已经有所涉及,但本章是对公司法律责任的总体归纳,从而探索公司法律责任的内在机理,所以角度不同,各有自己的意义。

第一节 公司法律责任的概念和特征

一、公司法律责任的概念

法律责任是指法律主体违反法律规定和相关义务而依法应由其承担的法律后果。法律责任制度是任何一部法律不可或缺的重要组成部分,明确法律责任对保证法律关系主体权利的实现,预防违法行为的产生,减少和解决纠纷,具有十分重要的意义。

公司法律责任的概念有广义和狭义之分。广义的公司法律责任是指违反公司法律的规定而应承担的法律责任,既包括公司应承担的法律责任,也包括公司的发起人、股东、负责人、清算人员以及其他相关主体应承担的法律责任。狭义的公司法律责任则专指公司因违法行为而应承担的法律责任。本书中的公司法律责任采用广义的概念。

二、公司法律责任的特征

从我国《公司法》的具体规定来看,公司法律责任主要具有以下三个方面的特征:

(一)责任内容的法定性

我国公司立法对公司法律责任的发生、对违法者应承担法律责任的条件、种类、处罚等都作了规定,从而使对法律责任的追究具有法定性。行政执法机关、司法机关在追究违法者的法律责任时,一定要严格依据法定的条件、程序和规则进行。

(二)责任形式的综合性,并且集中规定与分散规定相结合

《公司法》规定的法律责任形式包括民事责任、行政责任、刑事责任。对此,修订后的《公司法》在法律责任制度的设定上采取了集中规定与分散规定相结合的方式,即将民事责任分散规定在公司法各章之中。《公司法》第十二章"法律责任"中主要集中规定了各种主体的行政责任,而对于民事责任在该章中仅有一条规定,即第 214 条规定:"公司违反本法规定,应当承担民事赔偿责任和缴纳罚款、罚金的,其财产不足以支付时,先承担民事赔偿责任。"关于刑事责任,该章则以总括的方式,即以其正文的最后一条"违反本法规定,构成犯罪的,依法追究刑事责任"(《公司法》第 215 条)加以规定。

(三)责任主体的多元性

公司法律责任的主体既包括公司,也包括公司的发起人、股东、负责人、清算人员以及其他相关主体。

此外,责任制裁形式的多样性,也属于公司法律责任的特征。例如在行政责任中,规定了罚款、没收违法所得、责令改正、责令停止违法行为、取消资格、吊销营业执照等形式。具体到罚款,又根据行为和情节的不同规定了 5 万元以上 50 万元以下、5 万元以上 20 万元以下、1 万元以上 10 万元以下、5%以上 15%以下、5%以上 10%以下、1 倍以上 5 倍以下等多种不同幅度。

第二节　公司法律责任的形式

公司法律责任的形式包括民事责任、行政责任和刑事责任三种形式。

一、民事责任

公司法上的民事责任是指参与公司活动的民事主体因违反公司法律相关规定而应承担的民事法律后果。我国《公司法》关于民事责任的规定分散于各个章节中,主要包括:(1)公司股东、发起人的补足出资责任、对足额出资股东的违约责任;(2)公司股东滥用股东权的损害赔偿责任、公司法人人格否认后的连带责任;(3)控股股东通过关联交易损害公司利益的赔偿责任;(4)公司发起人的设立责任;(5)公司董事的董事会决议的损害赔偿责任;(6)董事、高级管理人员违法所得的返还责任;(7)董事、监事、高级管理人员违法行为的赔偿责任;(8)清算组成员的损害赔偿责任;(9)中介机构的损害赔偿责任等。

从我国《公司法》规定的民事责任来看,具有以下几个特点:

(1)设定民事责任的规范主要分散于各章。我国《公司法》关于民事责任的规定主要散见于各章节之中,而"法律责任"专章中涉及民事责任的规定仅有一条。

(2)责任形式主要为财产责任形式。公司民事责任的形式除了财产责任形式外,基本不涉及其他诸如消除影响、恢复名誉、赔礼道歉等民事责任形式,体现了公司民事违法行为主要是侵害权利人财产权益、公司民事责任的设计主要是救济权利人财产权益的特点。

(3) 民事责任序位优先。即在一定条件下,当民事赔偿责任与行政责任、刑事责任中的有关财产责任并存时,优先承担民事赔偿责任。《公司法》第214条规定:"公司违反本法规定,应当承担民事赔偿责任和缴纳罚款、罚金的,其财产不足以支付时,先承担民事赔偿责任。"该条规定是"私权优先"原则在《公司法》中的具体体现。在此需要说明的是,民事责任序位优先仅适用于公司这一责任主体,而非公司法上的其他责任主体。

二、行政责任

公司法上的行政责任是指公司法律关系中的主体因实施违反公司法的行为所应承担的行政法律后果。我国《公司法》关于行政责任的规定主要集中在第十二章。行政责任的具体形式可分为行政处罚与行政处分。行政处罚是指国家行政机关依照行政法律、法规对违法的行为人所作出的制裁。行政处分是指国家行政机关依照相关法律、法规对其内部工作人员(如公司登记机关的工作人员)的违法行为所作出的处罚。《公司法》中关于行政责任的规定既有行政处罚又有行政处分,但以行政处罚为主。其中,行政处罚的具体方式有罚款、没收违法所得、责令停业或关闭、取消资格、责令纠正违法行为等。目前行政处分有警告、记过、记大过、降级、撤职、开除等方式。而对于行政处分的具体方式《公司法》未作出明确的规定,相关国家行政机关可在具体情况下选择适用。

从我国《公司法》规定的行政责任来看,具有以下几个特点:

(1) 行政责任具有惩罚性功能。《公司法》对一些具有社会危害性、需要国家公权力进行一定程度的干预、没有达到刑法所规定的社会危害程度的行为,予以行政处罚。

(2) 行政责任的主体和形式具有多样性。从责任主体来看,不仅参与公司的各主体有可能承担行政责任,而且与公司成立、存续、清算有关的公司登记机关及其工作人员,承担资产评估、验资或者验证的机构及其工作人员等都可能承担行政责任。从责任形式来看,包括罚款、没收违法所得、责令停业或关闭、取消资格、责令纠正违法行为等。

(3) 实施行政处罚的主体的是国家授权的行政主管机关。只有国家授权的行政主管机关才能追究当事人的行政责任,其他单位和个人都无权追究有关人员的行政责任。这也是行政法律责任区别于民事法律责任和刑事法律责任的特点之一。对于民事法律责任而言,责任的追究由相关民事主体来主导;而对于刑事法律责任而言,其追究机关则是国家的司法机关。

三、刑事责任

(一) 概述

公司法上的刑事责任是指公司及其有关人员,严重违反《公司法》及相关法律规定并符合《刑法》规定的犯罪构成要件而应承担的法律后果。在立法体例上,我国《公司法》只对涉及公司的犯罪及其刑事责任作出了概括性规定,而不规定具体的犯罪构成和具体的刑罚。1993年《公司法》关于刑事责任的规定是在"法律责任"一章中,对17个可能涉及公司犯罪的条文均在其末尾写明"构成犯罪的,依法追究刑事责任",这样显得十分繁复。2005年《公司法》修订后,将原有的17条相关条文概括为一条来表述,即现行《公司法》第215条:"违反本法规定,构成犯罪的,依法追究刑事责任。"这样总体上显得简练而清晰。结合《刑法》的相关内容,违反《公司法》的有关犯罪行为主要有:虚报注册资本罪,虚假出资或者抽逃出资罪,提供虚假财务报告罪,提供虚假证明文件罪,出具证明文件重大失实罪,妨害清算罪,公司、企业人员受贿罪,对公司、企业人员行贿罪,侵占罪,挪用资金罪等。

(二) 违反《公司法》的犯罪构成要件

(1) 犯罪的主体。《公司法》上犯罪主体包括单位及其相关人员,即单位和自然人均可能构成违反《公司法》的犯罪主体。一般而言,自然人实施犯罪而作为犯罪主体的情况比较多,但是在违反《公司法》的犯罪当中,单位作为犯罪主体的现象较其他领域要多。

(2) 犯罪的主观方面。在违反《公司法》的犯罪当中,一般为故意犯罪。

(3) 犯罪的客观方面。这主要是指受《刑法》规制的各种违反《公司法》的行为,且"情节严重""造成严重后果""数额较大、巨大或者特别巨大"。

(4) 犯罪侵害的客体。《公司法》所保护的经济利益和经济秩序是该犯罪侵害的客体。

【测试题】

1. A公司为一家有限责任公司,因违反《公司法》规定,被法院判令承担民事赔偿责任,同时被相关主管机关课以行政处罚。A公司财产不足以全部支付上述民事责任和行政责任。试问:A公司如何承担上述民事责任和行政责任?

2. 简述《公司法》上的民事责任的概念和特征。

3. 简述《公司法》上的行政责任的概念和特征。

【答案与解析】

1. 解答:依据《公司法》第214条的规定,公司违反该法规定,应当承担民事赔偿责任和缴纳罚款、罚金的,其财产不足以支付时,先承担民事赔偿责任。所以,A公司应先承担民事赔偿责任。

2. 解答:《公司法》上的民事责任是指参与公司活动的民事主体因违反《公司法》律相关规定而应承担的民事法律后果。从我国《公司法》规定的民事责任来看,具有以下几个特点:(1)设定民事责任的条文散见于各章;(2)责任形式主要为财产责任形式;(3)民事责任顺位优先。

3. 解答:《公司法》上的行政责任是指公司法律关系主的主体因实施违反公司法的行为所应承担的行政法律后果。从我国《公司法》规定的行政责任来看,具有以下几个特点:(1)行政责任具有惩罚性功能;(2)行政责任的主体和形式具有多样性;(3)实施行政处罚的主体是国家授权的行政主管机关。

第三节 公司法律责任的具体内容

公司法律责任的具体内容主要包括公司设立、公司存续和公司清算过程中的法律责任。

一、公司设立过程中的法律责任

为了成立公司,在设立过程中要完成订立出资协议、缴纳出资、制定公司章程、组建公司机构、办理公司登记等一系列行为。在这一过程中设立行为所涉及的法律责任包括:民事责任、行政责任和刑事责任。

(一)公司设立过程中相关主体的民事责任

1. 设立人(发起人)、股东的民事责任

(1)公司不能成立时设立人的民事责任。公司不能成立,是指设立人未能够完成设立行为,公司最终没有成立。公司设立失败,不存在由公司承担公司设立过程中的民事责任的问题,此时法律为保护债权人及相关利害关系人,一般要求发起人对设立行为所产生的债务、费用等承担连带责任。

我国《公司法》第94条第(1)项、第(2)项规定了股份有限公司不能成立时发起人的民事责任:① 公司不能成立时,对设立行为所产生的债务和费用负连带责任;② 公司不能成立时,对认股人已缴纳的股款,负返还股款并加算银行同期存款利息的连带责任。

有限责任公司不能成立时,对于相关法律责任的归属问题,我国《公司法》未作明确规定。事实上,有限责任公司的设立行为与股份有限公司在性质上并无大异,所实施的法律行为也基本相同,较大区别在于没有认股人问题。因此,有限责任公司不能成立时,设立人所应承担的民事责任,除了不存在发起人对认股人"返还股款并加算银行同期存款利息"的法律责任外,其余基本相同,比照适用《公司法》第94条第(1)项、第(2)项的规定。

(2)公司设立过程中设立人对公司的损害赔偿责任。设立人在公司设立过程中,应当善意地履行好作为筹办人的义务,使公司得以顺利成立。公司成立后,将依法继受设立过程中所产生的债权债务。但是,如果设立人在公司设立过程中,因为自己的过失而导致公司的利益受到损害,那么成立后的公司有权要求设立人赔偿这些损失。对此,《公司法》第94条第(3)项规定:"在公司设立过程中,由于发起人的过失致使公司利益受到损害的,应当对公司承担赔偿责任。"

(3)设立人、股东对公司的资本充实责任。公司的资本由股东的出资组成。没有股东的出资,公司就没有成立的财产基础。因此,出资义务是股东最基本、最重要的义务之一。为确保股东对公司资本的按期足额缴纳,《公司法》对有限责任公司和股份有限公司的资本充实责任均作了较为完善的规定。

关于有限责任公司的资本充实责任,根据《公司法》第28条的规定,股东应当按期足额缴纳公司章程中规定的各自所认缴的出资额。股东以货币出资的,应当将货币出资足额存入有限责任公司在银行开设的账户;以非货币财产出资的,应当依法办理其财产权的转移手续。股东不按照上述规定缴纳出资的,除应当向公司足额缴纳外,还应当对已按期足额缴纳出资的股东承担违约责任。同时,《公司法》第30条还对有限责任公司出资差额填补责任作出了规定:有限责任公司成立后,发现作为设立公司出资的非货币财产的实际价额显著低于公司章程所定价额的,应当由交付该出资的股东补足其差额;公司设立时的其他股东承担连带责任。

关于股份有限责任的资本充实责任,《公司法》第93条对股份有限公司发起人的缴纳担保责任和差额填补责任作出了规定,即股份有限公司成立后,发起人未按照公司章程的规定缴足出资的,应当补缴;其他发起人承担连带责任。股份有限公司成立后,发现作为设立公司出资的非货币财产的实际价额显著低于公司章程所定价额的,应当由交付该出资的发起人补足其差额;其他发起人承担连带责任。值得注意的是,不同于有限责任公司,股份有限公司成立后,发起人未按照公司章程的规定缴足出资的,除该发起人承担补缴责任外,其他发起人还需对该发起人的补缴承担连带责任。

(4) 设立人、股东的出资违约责任。设立人、股东的出资违约责任是指设立人、股东不履行出资义务时对其他出资人所应承担的违约责任。《公司法》第28条第2款规定了有限责任公司股东的出资违约责任:"股东不按照前款规定缴纳出资的,除应当向公司足额缴纳外,还应当向已按期足额缴纳出资的股东承担违约责任。"《公司法》第83条第2款规定了股份有限公司发起人的出资违约责任:"发起人不依照前款规定缴纳出资的,应当按照发起人协议承担违约责任。"

2. 中介机构在公司设立过程中的民事责任

在公司设立过程中,承担资产评估、验资或者验证的机构出具的评估报告、验资或验证证明是公司设立过程中的重要资料。中介机构在出具这些材料的过程中应该做到独立、真实、准确、完整。根据《公司法》第207条的规定,如果承担资产评估、验资或者验证的机构因其出具的评估结果、验资或者验证证明不实,给公司债权人造成损失,除能够证明自己没有过错外,应当在其评估或者证明不实的金额范围内承担赔偿责任。在规制中介机构如实出具评估结果、验资或者验证证明方面,《公司法》明确设定的过错推定原则,加重了中介机构的举证责任,旨在促使中介机构能够更加真实地从事评估、验资、验证等事务。

(二) 公司设立过程中相关主体的行政责任

1. 公司在公司设立过程中的行政责任

(1) 欺诈取得公司登记的行政责任。根据《公司法》第198条的规定,虚报注册资本、提交虚假材料或者采取其他欺诈手段隐瞒重要事实取得公司登记的,由公司登记机关责令改正,对虚报注册资本的公司,处以虚报注册资本金额5%以上15%以下的罚款;对提交虚假材料或者采取其他欺诈手段隐瞒重要事实的公司,处以5万元以上50万元以下的罚款;情节严重的,撤销公司登记或者吊销营业执照。

(2) 外国公司擅自设立分支机构的行政责任。根据《公司法》第212条的规定,外国公司违反本法规定,擅自在中国境内设立分支机构的,由公司登记机关责令改正或者关闭,可以并处5万元以上20万元以下的罚款。

2. 设立人、股东在公司设立过程中的行政责任

设立人、股东在公司设立过程中的行政责任,主要是指设立人、股东因虚假出资而应承担的行政责任。根据《公司法》第199条的规定,公司的发起人、股东虚假出资,未交付或者未按期交付作为出资的货币或者非货币财产的,由公司登记机关责令改正,处以虚假出资金额5%以上15%以下的罚款。

3. 中介机构在公司设立过程中的行政责任

(1) 提供虚假材料的行政责任。根据《公司法》第207条第1款的规定,承担资产评估、验资或者验证的机构提供虚假材料的,由公司登记机关没收违法所得,处以违法所得1倍以上5倍以下的罚款,并可以由有关主管部门依法责令该机构停业、吊销直接责任人员的资格证书,吊销营业执照。

(2) 提供有重大遗漏报告的行政责任。根据《公司法》第207条第2款的规定,承担资产评估、验资或者验证的机构因过失提供有重大遗漏的报告的,由公司登记机关责令改正,情节较重的,处以所得收入1倍以上5倍以下的罚款,并可以由有关主管部门依法责令该机构停业、吊销直接责任人员的资格证书,吊销营业执照。

4. 公司登记机关相关责任人员在公司设立过程中的行政责任

公司登记机关对符合要件的公司进行登记并颁发营业执照的行为,是一种典型的行政许可行为。公司登记机关对于符合条件的公司登记申请应当依法予以登记,对于不符合条件的登记申请应当不予登记。否则,对直接负责的主管人员和其他直接责任人员,依法给予行政处分。公司登记机关的上级部门强令公司登记机关对不符合《公司法》规定条件的登记申请予以登记,或者对符合《公司法》规定条件的登记申请不予登记的,或者对违法登记进行包庇的,对直接负责的主管人员和其他直接责任人员依法给予行政处分。

(三) 公司设立过程中相关主体的刑事责任

根据我国《刑法》的有关规定,公司及相关主体在公司设立过程中的违法犯罪行为及其刑事责任主要有以下几种:

1. 虚报注册资本罪

这里主要针对的是申请公司登记的自然人或单位。根据我国《刑法》第158条的规定,申请公司登记使用虚假证明文件或者采取其他欺诈手段虚报注册资本,欺骗公司登记主管部门,取得公司登记,虚报注册资本数额巨大、后果严重或者有其他严重情节的,处3年以下有期徒刑或者拘役,并处或者单处虚报注册资本金额1%以上5%以下罚金。单位犯前款罪的,对单位判处罚金,并对其直接负责的主管人员和其他直接责任人员,处3年以下有期徒刑或者拘役。

2. 虚假出资罪

这里主要针对的是公司设立人和股东。根据我国《刑法》第159条的规定,公司发起人、股东违反《公司法》的规定未交付货币、实物或者未转移财产权,虚假出资,或者在公司成立后又抽逃其出资,数额巨大、后果严重或者有其他严重情节的,处5年以下有期徒刑或者拘役,并处或者单处虚假出资金额或者抽逃出资金额2%以上10%以下罚金。单位犯前款罪

的,对单位判处罚金,并对其直接负责的主管人员和其他直接责任人员,处5年以下有期徒刑或者拘役。

3. 提供虚假证明文件罪和出具证明文件重大失实罪

这里主要针对的是中介组织从业人员。根据我国《刑法》第229条的规定,承担资产评估、验资、验证、会计、审计、法律服务等职责的中介组织的人员故意提供虚假证明文件,情节严重的,处5年以下有期徒刑或者拘役,并处罚金。前款规定的人员,索取他人财物或者非法收受他人财物,犯前款罪的,处5年以上10年以下有期徒刑,并处罚金。另外,上述人员如果严重不负责任,出具的证明文件有重大失实,造成严重后果的,处3年以下有期徒刑或者拘役,并处或者单处罚金。

4. 滥用管理公司、证券职权罪

这里主要针对的是公司登记机关等国家主管部门的国家机关工作人员。根据我国《刑法》第403条的规定,国家有关主管部门的国家机关工作人员,徇私舞弊,滥用职权,对不符合法律规定条件的公司设立、登记申请或者股票、债券发行、上市申请,予以批准或者登记,致使公共财产、国家和人民利益遭受重大损失的,处5年以下有期徒刑或者拘役。上级部门强令登记机关及其工作人员实施上述行为的,对其直接负责的主管人员,依照前款的规定处罚。

二、公司存续过程中的法律责任

(一) 公司存续过程中相关主体的民事责任

1. 股东在公司存续过程中的民事责任

公司成立后,公司以其全部财产对外承担责任,股东原则上以出资为限对公司承担责任。但是股东在行使股东权利的过程中,可能会损害到公司、其他股东、公司债权人等相关利害关系人的利益及社会公共利益。当上述情形发生时,股东则要对这些被侵害主体承担相应的民事责任。

(1) 滥用股东权利的损害赔偿责任。任何权利的行使都是有限度的,超过该限度行使权利即为权利的滥用。权利滥用禁止理论是近代民法为制止个人利益极度膨胀、危及其他民事主体的合法权益和市民社会的和谐秩序而发展起来的一条法律原则。公司股东依据公司法及其他法律获得的权利,其行使也应该受到权利滥用禁止的限制。当股东利用其权利谋取不正当利益,使公司或其他股东的利益受到损害时,即为股东权利滥用。此种行为就应当受到权利滥用禁止原则的限制。所以,我国《公司法》第20条第1款、第2款规定,公司股东应当遵守法律、行政法规和公司章程,依法行使股东权利,不得滥用股东权利损害公司或者其他股东的利益……公司股东滥用股东权利给公司或者其他股东造成损失的,应当依法承担赔偿责任。

(2) 公司法人人格否认时的连带责任。公司独立人格和股东有限责任制度有其优越的一面,但也有其消极的一面。股东掌握着公司控制权,其存在着利用公司独立人格和股东有限责任逃避债务或者规避法定义务,损害公司债权人的利益或者社会公共利益的可能。所以,我国《公司法》规定了公司法人人格否认制度。据此,公司股东滥用公司法人独立地位和股东有限责任,逃避债务,严重损害公司债权人利益的,应当对公司债务承担连带责任。

(3) 利用关联关系损害公司利益的赔偿责任。关联关系是指公司控股股东、实际控制人、董事、监事、高级管理人员与其直接或者间接控制的企业之间的关系,以及可能导致公司利益转移的其他关系。公司控股股东、实际控制人、董事、监事、高级管理人员具有直接或者间接控制企业的能力,这种能力如果不受法律规制,则可能被滥用,即被用以谋取不正当利益,从而可能损害公司利益。因此,《公司法》第21条规定,公司的控股股东、实际控制人、董事、监事、高级管理人员不得利用其关联关系损害公司利益。违反上述规定,给公司造成损失的,应当承担赔偿责任。

2. 董事、监事、高级管理人员在公司存续过程中的民事责任

公司董事、监事、高级管理人员是公司运行过程中的主要参与者与执行者,公司一般经营事项的决策、公司经营状况的管理和监督、公司具体经营事务的执行等都是由公司董事、监事、高级管理人员来负责。因此,对公司董事、监事、高级管理人员的义务履行和责任承担作出规制是必需的。如果董事、监事、高级管理人员滥用权力,违反义务,则应承担相应的法律责任。

(1) 董事对董事会决议的民事责任。董事会在公司中的地位至关重要,尤其是在股权高度分散的股份公司中,董事会的地位更是显赫,几乎决定着公司的命运。董事在执行职务时应当遵守法律法规,遵守公司章程,遵守股东大会决议,恪尽职守,忠诚勤勉,维护公司最高利益。如果董事的行为违反上述原则,给公司造成损害,则应承担赔偿责任。如果该项损害行为是由董事会集体决议作出的,那么参与决议的公司董事便要承担赔偿责任。这是各国公司法中普遍确认的规则。根据我国《公司法》第112条的规定,董事应当对董事会的决议承担责任。董事会的决议违反法律、行政法规或者公司章程、股东大会决议,致使公司遭受严重损失的,参与决议的董事对公司负赔偿责任。但经证明在表决时曾表明异议并记载于会议记录的,该董事可以免除责任。

(2) 董事、高级管理人员违反忠实义务谋取私利的收入返还责任。董事、高级管理人员掌握着公司的经营管理权,其经营管理权的行使可能会为董事、高级管理人员进行利益冲突交易、篡夺公司商业机会、从事竞业经营、将公司利益向个人输送等提供可操作的空间。为防范此类行为的发生,我国《公司法》第148条明确规定,董事、高级管理人员不得有下列行为:① 挪用公司资金;② 将公司资金以其个人名义或者以其他个人名义开立账户存储;③ 违反公司章程的规定,未经股东会、股东大会或者董事会同意,将公司资金借贷给他人或者以公司财产为他人提供担保;④ 违反公司章程的规定或者未经股东会、股东大会同意,与本公司订立合同或者进行交易;⑤ 未经股东会或者股东大会同意,利用职务便利为自己或者他人谋取属于公司的商业机会,自营或者为他人经营与所任职公司同类的业务;⑥ 接受他人与公司交易的佣金归为己有;⑦ 擅自披露公司秘密;⑧ 违反对公司忠实义务的其他行为。董事、高级管理人员违反上述禁止性规定所得的收入应当归公司所有。

（3）董事、监事、高级管理人员违法行为的赔偿责任。董事、监事、高级管理人员执行公司职务时违反法律、行政法规或者公司章程的规定，给公司造成损失的，应当承担赔偿责任。董事、高级管理人员违反法律、行政法规或者公司章程的规定，损害股东利益的，股东可以向人民法院提起诉讼。

（二）公司存续过程中相关主体的行政责任

1. 公司在公司存续过程中的行政责任

（1）在法定会计账簿以外另立会计账簿的行政责任。根据《公司法》第201条的规定，在法定的会计账簿以外另立会计账簿的，由县级以上人民政府财政部门责令改正，处以5万元以上50万元以下的罚款。

（2）不依法提取法定公积金的行政责任。根据《公司法》第203条的规定，公司不依照法律规定提取法定公积金的，由县级以上人民政府财政部门责令如数补足应当提取的金额，可以对公司处以20万元以下的罚款。

（3）擅自歇业的行政责任。根据《公司法》第211条第1款的规定，公司成立后无正当理由超过6个月未开业的，或者开业后自行停业连续6个月以上的，可以由公司登记机关吊销营业执照。

（4）不依法办理变更登记手续的行政责任。根据《公司法》第211条第2款的规定，公司登记事项发生变更时，未依照法律规定办理有关变更登记的，由公司登记机关责令限期登记；逾期不登记的，处以1万元以上10万元以下的罚款。

（5）利用公司名义从事严重违法行为的行政责任。根据《公司法》第213条的规定，利用公司名义从事危害国家安全、社会公共利益的严重违法行为的，吊销营业执照。

2. 设立人、股东在公司存续过程中的行政责任

设立人、股东在公司存续过程中的行政责任，主要指公司存续过程中抽逃资金的行政责任。根据《公司法》第200条的规定，公司的发起人、股东在公司成立后，抽逃其出资的，由公司登记机关责令改正，处以所抽逃出资金额5%以上15%以下的罚款。

3. 其他相关责任人员在公司存续过程中的行政责任

根据《公司法》第202条的规定，公司在依法向有关主管部门提供的财务会计报告等材料上作虚假记载或者隐瞒重要事实的，由有关主管部门对直接负责的主管人员和其他直接责任人员处以3万元以上30万元以下的罚款。

（三）公司存续过程中相关主体的刑事责任

根据我国《刑法》的有关规定，公司及相关主体在公司存续过程中的违法犯罪行为及其刑事责任主要有以下几种：

1. 违规披露、不披露重要信息罪

根据《刑法》第161条的规定，依法负有信息披露义务的公司、企业向股东和社会公众提供虚假的或者隐瞒重要事实的财务会计报告，或者对依法应当披露的其他重要信息不按照规定披露，严重损害股东或者其他人利益，或者有其他严重情节的，对其直接负责的主管人员和其他直接责任人员，处3年以下有期徒刑或者拘役，并处或者单处2万元以上20万元

以下罚金。

2. 隐匿、故意销毁会计凭证、会计账簿、财务会计报告罪

根据《刑法》第162条之一的规定,隐匿或者故意销毁依法应当保存的会计凭证、会计账簿、财务会计报告,情节严重的,处5年以下有期徒刑或者拘役,并处或者单处2万元以上20万元以下罚金。单位犯前款罪的,对单位判处罚金,并对其直接负责的主管人员和其他直接责任人员,依照前款的规定处罚。

3. 欺诈发行股票、债券罪

根据《刑法》第160条的规定,在招股说明书、认股书、公司、企业债券募集办法中隐瞒重要事实或者编造重大虚假内容,发行股票或者公司、企业债券,数额巨大、后果严重或者有其他严重情节的,处5年以下有期徒刑或者拘役,并处或者单处非法募集资金金额1%以上5%以下罚金。单位犯前款罪的,对单位判处罚金,并对其直接负责的主管人员和其他直接责任人员,处5年以下有期徒刑或者拘役。

4. 擅自发行股票或者公司、企业债券罪

根据《刑法》第179条的规定,未经国家有关主管部门批准,擅自发行股票或者公司、企业债券,数额巨大、后果严重或者有其他严重情节的,处5年以下有期徒刑或者拘役,并处或者单处非法募集资金金额1%以上5%以下罚金。单位犯前款罪的,对单位判处罚金,并对其直接负责的主管人员和其他直接责任人员,处5年以下有期徒刑或者拘役。

5. 抽逃出资罪

根据《刑法》第159条的规定,公司发起人、股东违反《公司法》的规定在公司成立后又抽逃其出资,数额巨大、后果严重或者有其他严重情节的,处5年以下有期徒刑或者拘役,并处或者单处虚假出资金额或者抽逃出资金额2%以上10%以下罚金。单位犯前款罪的,对单位判处罚金,并对其直接负责的主管人员和其他直接责任人员,处5年以下有期徒刑或者拘役。

6. 职务侵占罪

根据《刑法》第271条的规定,公司、企业或者其他单位的人员,利用职务上的便利,将本单位财物非法占为己有,数额较大的,处5年以下有期徒刑或者拘役;数额巨大的,处5年以上有期徒刑,可以并处没收财产。

7. 挪用资金罪

根据《刑法》第272条第1款的规定,公司、企业或者其他单位的工作人员,利用职务上的便利,挪用本单位资金归个人使用或者借贷给他人,数额较大、超过3个月未还的,或者虽未超过3个月,但数额较大、进行营利活动的,或者进行非法活动的,处3年以下有期徒刑或者拘役;挪用本单位资金数额巨大的,或者数额较大不退还的,处3年以上10年以下有期徒刑。

8. 非国家工作人员受贿罪

根据《刑法》第163条第1款、第2款的规定,公司、企业的工作人员利用职务上的便利,索取他人财物或者非法收受他人财物,为他人谋取利益,数额较大的,处5年以下有期徒刑

或者拘役；数额巨大的，处5年以上有期徒刑，可以并处没收财产。公司、企业的工作人员在经济往来中，违反国家规定，收受各种名义的回扣、手续费，归个人所有的，依照上述的规定处罚。

三、公司清算过程中的法律责任

在清算的过程中，公司机构成员和清算组成员如有违反法律、法规等行为造成债权人损失或公司财产损失的，应当承担法律责任。公司清算的法律责任既有民事责任、行政责任，构成犯罪的还应承担刑事责任。我国《公司法》《刑法》及其他法律规范规定了公司清算过程中各相关人员应当承担法律责任的情形。

（一）公司清算过程中相关主体的民事责任

在公司清算期间，清算组是公司的执行机关，负责公司清算期间的各项事务，清算组成员是公司在这个特殊阶段中具体事务的执行者。根据《公司法》第189条的规定，清算组成员应当忠于职守，依法履行清算义务。清算组成员不得利用职权收受贿赂或者其他非法收入，不得侵占公司财产。清算组成员因故意或者重大过失给公司或者债权人造成损失的，应当承担赔偿责任。

（二）公司清算过程中相关主体的行政责任

1. 公司在公司清算过程中的行政责任

（1）不依法通知或公告债权人的行政责任。公司的清算与公司债权人等利害关系人的切身利益息息相关，及时、准确地通知或公告债权人是公司进入清算阶段的基本义务。清算组应当自成立之日起10日内通知债权人，并于60日内在报纸上公告。根据《公司法》第204条第1款的规定，公司在进行清算时，不依照法律规定通知或者公告债权人的，由公司登记机关责令改正，对公司处以1万元以上10万元以下的罚款。

（2）清算期间违法处置公司财产的行政责任。公司清算应严格依照法律规定的条件和程序处置、分配公司财产。根据《公司法》第204条第2款的规定，公司在进行清算时，隐匿财产，对资产负债表或者财产清单作虚假记载或者在未清偿债务前分配公司财产的，由公司登记机关责令改正，对公司处以隐匿财产或者未清偿债务前分配公司财产金额5%以上10%以下的罚款；对直接负责的主管人员和其他直接责任人员处以1万元以上10万元以下的罚款。

（3）清算期间开展经营活动的行政责任。公司进入清算阶段后，虽然公司的人格尚未清灭，但不得开展与清算无关的经营活动。根据《公司法》第205条的规定，公司在清算期间开展与清算无关的经营活动的，由公司登记机关予以警告，没收违法所得。

2. 清算组在公司清算过程中的行政责任

公司清算结束后，清算组应当制作清算报告，报股东（大）会或者有关主管机关、人民法院确认，并报送公司登记机关，申请注销公司登记，公告公司终止。根据《公司法》第206条第1款的规定，清算组不依照《公司法》的规定向公司登记机关报送清算报告，或者报送清算报告隐瞒重要事实或者有重大遗漏的，由公司登记机关责令改正。

3. 清算组成员在在公司清算过程中的行政责任

清算组成员在清算期间,应当忠于职守,依法履行清算义务。清算组成员不得利用职权收受贿赂或者谋取其他非法收入,不得侵占公司财产。根据《公司法》第 206 条第 2 款的规定,清算组成员利用职权徇私舞弊、谋取非法收入或者侵占公司财产的,由公司登记机关责令退还公司财产,没收违法所得,并可处以违法所得 1 倍以上 5 倍以下的罚款。

(三) 公司清算过程中相关主体的刑事责任

有关公司清算过程中相关主体的刑事责任的规定较少,主要就是妨害清算罪。根据《刑法》第 162 条的规定,公司、企业进行清算时,隐匿财产,对资产负债表或者财产清单作虚伪记载或者在未清偿债务前分配公司、企业财产,严重损害债权人或者其他人利益的,对其直接负责的主管人员和其他直接责任人员,处 5 年以下有期徒刑或者拘役,并处或者单处 2 万元以上 20 万元以下罚金。

【测试题】

1. 李某和王某正在磋商物流公司的设立之事。通大公司出卖一批大货车,李某认为物流公司需要,便以自己的名义与通大公司签订了购买合同,通大公司交付了货车,但尚有 150 万元车款未收到。后物流公司未能设立。关于本案,下列哪一说法是正确的?( )(2016 年国家司法考试,卷三第 25 题)

    A. 通大公司可以向王某提出付款请求

    B. 通大公司只能请求李某支付车款

    C. 李某、王某对通大公司的请求各承担 50% 的责任

    D. 李某、王某按拟定的出资比例向通大公司承担责任

2. 严某为鑫佳有限责任公司股东。关于公司对严某签发出资证明书,下列哪一选项是正确的?( )(2014 年国家司法考试,卷三第 27 题)

    A. 在严某认缴公司章程所规定的出资后,公司即须签发出资证明书

    B. 若严某遗失出资证明书,其股东资格并不因此丧失

    C. 出资证明书须载明严某以及其他股东的姓名、各自所缴纳的出资额

    D. 出资证明书在法律性质上属于有价证券

3. 2014 年 5 月,甲乙丙丁四人拟设立一家有限责任公司。关于该公司的注册资本与出资,下列哪些表述是正确的?( )(2014 年国家司法考试,卷三第 68 题)

    A. 公司注册资本可以登记为 1 元人民币

    B. 公司章程应载明其注册资本

    C. 公司营业执照不必载明其注册资本

    D. 公司章程可以要求股东出资须经验资机构验资

4. 某上市公司因披露虚假年度财务报告,导致投资者在证券交易中蒙受重大损失。关于对此承担民事赔偿责任的主体,下列哪一选项是错误的?( )(2010 年国家司法考试,卷三第 30 题)

A. 该上市公司的监事

B. 该上市公司的实际控制人

C. 该上市公司财务报告的刊登媒体

D. 该上市公司的证券承销商

5. 甲、乙、丙、丁拟设立一家商贸公司,就设立事宜分工负责,其中丙负责租赁公司运营所需仓库。因公司尚未成立,丙为方便签订合同,遂以自己名义与戊签订仓库租赁合同。关于该租金债务及其责任,下列哪些表述是正确的?(   )(2011年国家司法考试,卷三第68题)

A. 无论商贸公司是否成立,戊均可请求丙承担清偿责任

B. 商贸公司成立后,如其使用该仓库,戊可请求其承担清偿责任

C. 商贸公司成立后,戊即可请求商贸公司承担清偿责任

D. 商贸公司成立后,戊即可请求丙和商贸公司承担连带清偿责任

【参考答案】

1. 答案:A。

解析:本题考查的是设立人职责。需要读者明确公司设立失败时,设立人为公司设立而与第三人订合同,使用自己的名义或使用未来公司的名义的后果有无不同。债权人的请求权向谁行使,以及在多个设立人时设立人之间的连带责任。

根据本题所设情境,应当认识到属于公司发起设立失败的法律责任问题。依据《公司法司法解释(三)》第4条第1款的规定:"公司因故未成立,债权人请求全体或者部分发起人对设立公司行为所产生的费用和债务承担连带清偿责任的,人民法院应予支持。"故选项A通大公司可以向另一发起人王某提出请求正确,选项B将责任人仅限于李某是错误的。无论设立人内部均分或按出资比例,按设立人之间应当承担连带责任的规定,都不得以内部关系对抗债权人请求,故选项C和选项D错误。

2. 答案:B。

解析:《公司法》第31条规定:有限责任公司成立后,应当向股东签发出资证明书。出资证明书应当载明下列事项:(1)公司名称;(2)公司成立日期;(3)公司注册资本;(4)股东的姓名或者名称、缴纳的出资额和出资日期;(5)出资证明书的编号和核发日期。出资证明书由公司盖章。故选项A错误,公司签发出资证明书须在公司成立之后。选项C错误,出资证明书只需要载明严某的姓名与出资额即可。《公司法》第32条第2款规定:记载于股东名册的股东,可以依股东名册主张行使股东权利。出资证明书只是出资的凭据,并不是股东资格的证明,也不是有价证券,故选项B正确,选项D错误。

3. 答案:ABD。

解析:2013年《公司法》修改,删除了"有限责任公司注册资本的最低限额为人民币3万元"的规定,故选项A正确。《公司法》第25条第1款规定:有限责任公司章程应当载明下列事项:(1)公司名称和住所;(2)公司经营范围;(3)公司注册资本;(4)股东的姓名或者名

称;(5)股东的出资方式、出资额和出资时间;(6)公司的机构及其产生办法、职权、议事规则;(7)公司法定代表人;(8)股东会会议认为需要规定的其他事项。故选项B正确。《公司法》第7条第2款规定:公司营业执照应当载明公司的名称、住所、注册资本、经营范围、法定代表人姓名等事项。故选项C错误。2013年《公司法》修改,删除了有限责任公司股东缴纳出资后必须经验资机构验资并出具证明的规定。但是,公司章程可以要求股东出资须经验资机构验资,这符合意思自治的原则,故选项D正确。

4. 答案:C。

解析:本题涉及公司存续期间董事、监事、高级管理人员未尽披露义务的责任。《证券法》第69条规定:发行人、上市公司公告的招股说明书、公司债券募集办法、财务会计报告、上市报告文件、年度报告、中期报告、临时报告以及其他信息披露资料,有虚假记载、误导性陈述或者重大遗漏,致使投资者在证券交易中遭受损失的,发行人、上市公司应当承担赔偿责任;发行人、上市公司的董事、监事、高级管理人员和其他直接责任人员以及保荐人、承销的证券公司,应当与发行人、上市公司承担连带赔偿责任,但是能够证明自己没有过错的除外;发行人、上市公司的控股股东、实际控制人有过错的,应当与发行人、上市公司承担连带赔偿责任。根据该条规定可知选项A、B、D是正确的,至于选项C中的刊登媒体,其既没有审查的义务也没有审查的能力,对于投资者的损失不承担责任。

5. 答案:AB。

解析:《公司法司法解释(三)》第2条规定,发起人为设立公司以自己名义对外签订合同,合同相对人请求该发起人承担合同责任的,人民法院应予支持。公司成立后对前款规定的合同予以确认,或者已经实际享有合同权利或履行合同义务,合同相对人请求公司承担合同责任的,人民法院应予支持。因此,无论公司是否成立,合同相对人都有权请求该发起人承担合同责任。故选项A正确,选项C、D错误。商贸公司成立后,如其使用该仓库,即已经实际享有合同权利,戊当然可以请求该商贸公司承担清偿责任,故选项B正确。